Auxiliando a humanidade a encontrar a Verdade

Atlântida
No reino das Trevas

VOLUME 2

ROGER BOTTINI PARANHOS

Editora do Conhecimento

© 2010 — Conhecimento Editorial Ltda

Atlântida
No reino das trevas
Roger Bottini Paranhos

Todos os direitos desta edição
reservados à
CONHECIMENTO EDITORIAL LTDA.
Rua Prof. Paulo Chaves, 276 - Vila Teixeira Marques
CEP 13480-970 — Limeira — SP
Fone/Fax: 19 3451-5440
www.edconhecimento.com.br
vendas@edconhecimento.com.br

Nos termos da lei que resguarda os direitos autorais,
é proibida a reprodução total ou parcial, de qualquer
forma ou por qualquer meio — eletrônico ou mecânico,
inclusive por processos xerográficos, de fotocópia e de
gravação —, sem permissão, por escrito, do Editor.

Revisão: Meiry Ane Agnese
Projeto gráfico: Sérgio Carvalho
Projeto da capa: Sandro Cruvinel (Contati Design)

ISBN 978-65-5727-048-6
3ª Edição – 2020
• Impresso no Brasil • Presita en Brazilo
Produzido no departamento gráfico da
CONHECIMENTO EDITORIAL LTDA
Fone: 19 3451-5440
conhecimento@edconhecimento.com.br

Dados Internacionais de Catalogação na Publicação (CIP)
(Câmara Brasileira do Livro, SP, Brasil)

Paranhos, Roger Bottini
    Atlântida : no reino das trevas, vol. 2 / Roger Bottini
Paranhos. — 3ª ed. — Limeira, SP : Editora do Conhecimento, 2020.

    ISBN 978-65-5727-048-6

    1. Romance espiritualista 2. Espiritismo 3. I. Título

10-09302   CDD – 133.93

Índices para catálogo sistemático:
1. Romance espiritualista : Espiritismo : 133.93

Roger Bottini Paranhos

Atlântida
No reino das trevas

Volume 2

3ª edição
2020

A todos aqueles que, de uma forma ou de outra, colaboraram com a elaboração desta complexa narrativa.

Recebam um abraço afetuoso e um especial agradecimento por abrirem mão de seu tempo para, de maneira abnegada e idealista, ajudar a materializar no mundo este livro e, consequentemente, por intermédio dele, o projeto Universalismo Crístico na Terra.

Deus oferece infinitas bênçãos a quem trabalha em seu augusto nome.

Sumário

Prelúdio 9

CAPÍTULO INTRODUTÓRIO
A desativação da pirâmide hipnótica 10

CAPÍTULO 1
Vinte anos depois 41

CAPÍTULO 2
A fonte da juventude 59

CAPÍTULO 3
Amores e ódios 78

CAPÍTULO 4
Milhares de almas gritam 91

CAPÍTULO 5
O chamado das gêmeas 109

CAPÍTULO 6
Um triângulo dentro de outro 116

CAPÍTULO 7
As batalhas do vril 131

CAPÍTULO 8
O poder cobiçado 145

CAPÍTULO 9
Relações tensas 158

CAPÍTULO 10
Nasce um mito: a deusa Ártemis 170

CAPÍTULO 11
Reunião das trevas 185

CAPÍTULO 12
Cumprindo promessas 200

CAPÍTULO 13
Gadeir revida 217

CAPÍTULO 14
O desequilíbrio do vril 225

CAPÍTULO 15
O último duelo do vril 240

CAPÍTULO 16
O apocalipse atlante 256

CAPÍTULO 17
Magos negros *versus* dragões 270

CAPÍTULO FINAL
O retorno de Arnach 298

Prelúdio

O bem e o mal são apenas os dois extremos da mesma realidade comportamental; nada mais do que as duas faces de uma mesma moeda.

Os opostos são idênticos, de igual natureza; porém em graus diferentes.

Assim como os anjos da luz, os magos das sombras trabalham indiretamente em nome do Espírito Criador, ainda que algumas vezes não percebam.

Os emissários das trevas são os senhores do carma, responsáveis por impulsionar a evolução nas esferas mais primitivas de mundos incipientes como a Terra. Por meio dos mecanismos draconianos da dor, despertam as almas teimosas que rejeitam a evolução pelo amor e pela sabedoria. Como em todos os aspectos da vida, nada foge ao controle onipresente de Deus.

Hermes

Capítulo introdutório

A desativação da pirâmide hipnótica

Deitado em minha cama, abri os olhos, sobressaltado. Meu coração batia acelerado, e eu apenas observava o movimento das pás do ventilador de teto, girando lentamente, como se estivessem em câmera lenta.

Fiquei assim, com o olhar vidrado, por vários segundos, até que percebi a movimentação frenética que se desenrolava ao meu redor. Ramiro e os demais técnicos da espiritualidade avaliavam meus sinais vitais e faziam comentários preocupantes. Fiquei assustado e comecei a me debater.

Crystal aproximou-se e me disse, com sua voz serena:

— Roger, fica calmo! Já estamos regularizando a situação. Tudo está sob controle.

A observação segura da mestra da chama violeta não me tranquilizou. O estado de transe em que me encontrava era tal que não os reconhecia. Hermes percebeu então que eu estava com a consciência projetada para a época da extinta Atlântida, semilúcido, e rapidamente assumiu sua forma perispiritual como Ártemis. Crystal fez o mesmo, retornando à sua personalidade da época como Evelyn.

Ao vê-la, saltei da cama e gritei, segurando firmemente sua mão:

— Evelyn, socorre-me! Eu não quero passar por aquela porta.

Ela sentou-se serenamente ao meu lado e, utilizando meu nome na extinta Atlântida, disse-me, passando delicadamente a mão sobre minha fronte suada:

— Andrey, fica tranquilo! Estaremos lá contigo. Jamais te abandonaríamos nesta perigosa e difícil tarefa.

Eu acalmei a respiração e fechei novamente os olhos, procurando controlar minha crise de pânico, enquanto Crystal, personificada como Evelyn, segurava delicadamente minha mão. Assim, na fração de um segundo, vi-me novamente naquele corredor escuro, onde repulsivas larvas deslizavam lentamente pelas paredes viscosas, enquanto emitiam sons estranhos e expeliam um cheiro acre.

Abaixei a cabeça, respirei fundo várias vezes e só assim recuperei completamente a lucidez. Hermes me avisara de que naquela noite deveríamos realizar um complicado trabalho nas zonas mais sinistras do astral da Terra. A Nova Era estava chegando, e precisávamos desativar um perigoso artefato, armado havia muito tempo por espíritos que conspiravam contra a evolução da humanidade terrena.

Depois de alguns instantes de hesitação, comecei a caminhar pelo extenso corredor mal iluminado. Somente algumas tochas, tomadas por teias de aranha, permitiam-me ver o caminho a seguir.

A cada passo, o corredor tornava-se mais estreito, como se estivesse se afunilando.

"Maldição!", pensei. "Sempre tem que ser do jeito mais difícil."

Respirei fundo e prossegui andando, meio de lado, para não encostar nas paredes da estreita passagem.

À medida que avançava, eu observava os símbolos da antiga língua atlante gravados nas paredes; muitos deles representando poderosos comandos de magia negra que foram muito utilizados nas últimas décadas do continente que desapareceu nas águas profundas do Oceano Atlântico.

A magia atlante não era ritualística como a dos povos que a sucederam; ela era essencialmente mental, carregada de comandos hipnóticos, submetida tanto aos homens quanto aos espíritos desencarnados.

Alguns magos negros atlantes eram tão maléficos que chegavam ao ponto de submeter espíritos desencarnados, oriundos do mundo primevo da Terra, ao seu total comando. Era uma verdadeira obsessão de encarnado para desencarnado, a fim de atender os objetivos mais funestos.

Muitos entre eles ficavam dias acocorados nos porões dos palácios dos magos atlantes, aguardando serem chamados para lhes servir, assim como faz o mais dócil dos cães. Após o apocalipse de Atlântida, esse processo prosseguiu até os dias atuais, nas zonas astrais da Terra. Quando a Grande Ilha desapareceu do mapa, esses espíritos ardilosos adentraram na Vida Maior e lá estabeleceram seus impérios sobre os vivos e os mortos.

Boa parte desses comandos hipnóticos era bem simples, como os que eu lia nos hieróglifos atlantes pelas paredes:

"Tu estás desamparado e sofrendo, logo vais perceber facilmente que nesses domínios és fraco e impotente"; "estou curioso para saber se tu já percebeste onde estás e quem manda aqui"; "perde todas as esperanças porque é inútil resistir"; "tu te renderás agora ou preferes sofrer mais um pouco?"; "só te restam dois caminhos a seguir: servir-nos ou morrer".

Mentes despreparadas e fracas, ao lerem esses comandos, rapidamente se sugestionavam, colocando-se docilmente sob o controle dos magos das sombras, em razão de seus cérebros não encontrarem alternativa ao exposto. Sem contar que se deparavam com a imagem invencível dos magos atlantes, que parecia deixar bem claro à vítima que ela não teria chance alguma de resistir àquela indução hipnótica. Muito do domínio que sempre exerceram foi em decorrência da postura assumida de seres invencíveis.

Os magos negros atlantes sempre viveram em regiões pouco acessíveis às equipes interventoras do astral superior. Eles raramente eram incomodados porque vendiam a ideia de serem intocáveis. Mas, na verdade, Deus sempre teve outros planos para eles, pois nada foge ao controle do Criador; nós é que somos ignorantes demais para compreendermos seus augustos desígnios.

Depois de alguns metros mais, enxerguei a porta pela qual deveria entrar. Então, o caminho a percorrer ficou ainda mais apertado, e pude vislumbrar um rosto satânico na porta de acesso, observando-me com um olhar sinistro e com as sobrancelhas arqueadas.

A entidade do mal sorriu e falou em tom sarcástico, cuspindo no chão:

— Que tu vieste fazer aqui, traidor, cão imundo? Esses domínios não lhe pertencem mais.

Eu nada respondi. Apenas olhei para a maçaneta da porta tomada por larvas repulsivas e pensei: "Será que vou ter de colocar a mão nisso?".

Segundos depois, surgiu inesperadamente em minhas mãos uma chave longa e com formato de flecha. Percebi que ela se adequava perfeitamente à fechadura da porta e a inseri no local exato, olhando no fundo dos olhos da carranca no centro da entrada. O ser manteve-se em silêncio, apenas sustentando meu olhar, com indisfarçável raiva e desprezo.

Ao girar a chave, ouvi um som metálico, típico de fechaduras antigas e pesadas. Empurrei a porta com a própria chave e então percebi que lá dentro o ambiente era outro.

Ao contrário do acesso externo àquela sala, ao ultrapassar a porta o ambiente tornava-se límpido e iluminado. O piso, as paredes e o teto eram de um branco que ofuscava os olhos. Tudo parecia irradiar uma luz prateada, tal o brilho. Ao encostar a porta para cerrá-la, notei que a fechadura por dentro era ultramoderna, mantida por um cartão de acesso eletrônico; bem diferente da do lado externo.

Olhei para minhas roupas e percebi que, instantaneamente, eu então usava vestes semelhantes às dos magos negros atlantes, mas completamente brancas, tanto as calças e os calçados como a capa. Notei também que eu estava com minha configuração perispiritual natural, a mesma de minha existência no continente perdido, quando vivi a personalidade de Andrey. Essa metamorfose me trouxe um inexplicável sentimento de confiança, como se os poderes de outrora novamente estivessem sob meu controle: a força absoluta do Vril.

Observei com irritação a claridade que me cegava. Ela era forte demais, chegando ao ponto de causar-me desconforto. Somente almas ascensionadas conseguem suportar luz tão intensa e sintonizar-se com ela.

Atlântida – No reino das trevas

Contudo, aquela luz extrema possuía a benéfica função de manter distantes os espíritos das sombras e suas emanações fluídicas, que porventura estivessem naquele local. Assim como o alho, o crucifixo e outros apetrechos afastavam os vampiros mitológicos, a luz cristalina dos planos superiores impedia a ação dos espíritos das sombras.

Certamente, Hermes e toda a nossa equipe espiritual haviam higienizado aquele ambiente para que pudéssemos trabalhar sem a influência dos seres maléficos que reinavam por ali.

Enquanto refletia sobre isso, percebi outra porta se abrindo no lado oposto da sala, e Arnach entrando através dela, utilizando as mesmas vestes que eu; absolutamente igual, nos mínimos detalhes.

Cruzamos nossos olhares e mantivemo-nos em silêncio. Sabíamos o que deveríamos realizar ali, naquela noite. Depois de mirarmo-nos por alguns segundos, como se estivéssemos estabelecendo um pacto de confiança mútua, dirigimos a atenção para o motivo de nossa presença naquela sala.

Ali ao centro, uma pequena réplica da pirâmide de cristal branco de Atlântida reinava soberana, iluminando ainda mais o agradável recinto. O artefato tinha em torno de um metro de altura e repousava sobre um pedestal de aproximados cinquenta centímetros. No centro da sala, o teto se afunilava para absorver e canalizar as energias e transmissões emitidas por aquela esplendorosa pirâmide.

Arnach e eu caminhamos em direção ao centro da sala, com passos lentos. Quando chegamos próximo à pequena pirâmide, ele desviou o olhar e disse-me, com seu tradicional senso de humor, admirando suas vestes claras:

— Ficamos bem de branco, não é mesmo, Andrey?

Eu sorri para o amigo, sem deixar transparecer minha preocupação acerca de nossa tarefa naquele local, e falei:

— Certamente que sim! É isso que estamos tentando lhe mostrar faz alguns séculos. Para ser digno de trajar a "vestimenta da luz", é necessário muito esforço na difícil arte de vencer-se. No entanto, realizar essa conquista é algo que não tem preço.

Ele desviou o olhar para cima, levemente para a esquerda, buscando acessar recordações remotas em sua memória, e completou de forma descontraída:

— É verdade. Tudo tem seu tempo. Acho que chegou o meu momento.

Eu concordei, com um gesto sincero, e falei:

— Sim. Agora é o tempo de desmontarmos esse sinistro artefato. Hermes disse que se trata de um momento histórico, há muito esperado. Vamos fazer nossa parte e sair logo daqui.

Eu me aproximei da pirâmide e girei o cume levemente para o lado direito, desencaixando-o do restante da peça. Fiquei admirado em saber como desarmá-la. Naturalmente, isso estava gravado em regiões de minha mente das quais eu poderia ter consciência somente quando estava totalmente liberto do corpo. Eram lembranças de um passado muito distante.

Com o cume em mãos, exclamei, espantado:

— Arnach, isso é oricalco maciço, o ouro dos deuses! Esse pequeno cume piramidal custaria a fortuna de um rei no mundo físico.

Ele concordou serenamente e completou:

— Sim. O oricalco é o símbolo de um mundo superior, o mais nobre dos metais, um tesouro somente compatível com a dimensão superior da Grande Ilha, que se perdeu com o passar dos séculos. Sem dúvida é uma joia sem igual.

Se o homem moderno conhecesse os poderes impressionantes do oricalco, principalmente para a medicina, ficaria assombrado e tentaria de todas as formas produzir essa liga superior do ouro. Contudo, sem o Vril, isso não é possível!

Arnach meneou a cabeça e concluiu, de forma soturna:

— Vivíamos em um mundo perfeito. Entristece-me a ideia de ter de reencarnar na dimensão primeva da Terra, esse mundo de almas alienadas.

Eu o observei com carinho, lembrando-me de como ele sempre se referia ao plano físico da Terra como um mundo de macacos falantes, e disse-lhe, sem delongas:

— Sim. Mas é necessário ingressar no plano da terceira dimensão. Desrespeitamos o mundo perfeito de Atlântida; agora, temos de viver neste mundo primitivo, o qual está de acordo com nossa elevação espiritual. Se tivéssemos demonstrado outro comportamento naquela época, nossa história teria sido bem diferente.

Enquanto apreciávamos aquela peça que brilhava com uma

beleza indescritível, a base da pirâmide se abriu em camadas, mostrando seu interior, onde era possível perceber um painel com a programação daquele complexo artefato da milenar magia atlante. Essas camadas, ao se abrirem, formaram teclados típicos de computador, sensíveis ao toque, elaborados a partir do mais puro cristal branco.

Arnach e eu nos debruçamos como crianças afoitas sobre o interior da pirâmide, para estudarmos sua programação, e nem percebemos a presença de várias entidades sombrias surgindo lentamente ao nosso redor, com capuzes negros cobrindo suas maléficas cabeças, que irradiavam energias densas e destruidoras.

Apesar da luz intensa, eles pareciam não se afetar e se achegavam cada vez mais, vagarosamente, como se estivessem flutuando, feito terríveis almas penadas.

Arnach notou a sinistra aproximação e tocou meu ombro. Empurrei seu braço, pedindo para que não me atrapalhasse. Mas, ao virar-me, pela insistência do amigo, pude observar um ser sombrio retirando o capuz e mostrando seu semblante. Era Galeato, o mago negro que tentou dissuadir-me de escrever o livro *Universalismo Crístico – O Futuro das Religiões*.

Naquele instante, ele se apresentava com um tom de pele muito branco e com cabelos longos, bem pretos. Seu rosto era emoldurado por uma rala barba da mesma cor dos cabelos, aparada à moda espanhola. Seus olhos penetrantes focaram profundamente os meus, quando ele falou, sem afetação, porém com voz carregada de ódio:

— Desisti, vós não conseguireis desativar a pirâmide.

Arnach virou-se para ele e atalhou:

— Galeato, tu sabes que precisamos. Nada vai nos impedir.

Ele ergueu a cabeça, de forma imponente, o que destacou seu nariz aquilino, e disse-nos, com um leve tremor nas narinas, denunciando sua profunda irritação:

— Aonde vós pretendeis chegar com isso? A desativação dessa pirâmide sensorial não mudará em nada a alienação da humanidade. Existem outras ativas, e, além disso, creio que, mesmo sem elas, a civilização terrena será sempre assim: desligada de seu destino espiritual.

Os encarnados não passam de bois sendo conduzidos para

o abate, diariamente; são seres irracionais que não têm consciência de que são eternos. Servem apenas para carregar suas carcaças cansadas de um lado ao outro e vivem como animais, reproduzindo-se para seguir sempre a mesma rotina alienada que perdura há séculos e séculos.

Eu me afastei do painel de controle e, virando-me em sua direção, intervim, dizendo:

— Galeato, nós estamos aqui cumprindo ordens de Hermes e da Alta Espiritualidade da Terra. Não estamos pensando nas consequências de desligar ou não esse aparelho, nem estamos em condições de julgar os resultados dessa tarefa. Apenas te pedimos para não interferir. Deixa-nos trabalhar.

O mago negro sorriu e ironizou:

— Caro Andrey, tu não imaginas por que foste chamado a esta tarefa? Gadeir ficou revoltado ao saber de tua ousadia.

A menção a Gadeir causou-nos certo desconforto. Não há como negar. O rei da raça branca atlante – quem muito havíamos incomodado no passado – certamente não estava nada contente com nossas últimas intervenções. Graças a Deus tínhamos o amparo dos mestres da luz.

Entretanto, não era prudente realizar um enfrentamento de tal natureza. Mas, naquele mesmo instante, Hermes materializou-se na sala iluminada e falou, aliviando nossos corações:

— Galeato, deixe-os trabalhar. Tudo tem seu tempo. Essa máquina do mal já exerceu sua infeliz função por um período muito longo na história da humanidade. Chegou o momento de encerrarmos sua atividade.

Com um simples gesto, Hermes irradiou poderosa energia, a qual afastou Galeato e os demais seres das sombras para o canto oposto da sala. Contrariado, mas sem esboçar reação, ele recuou com seus asseclas.

Enquanto isso, Arnach e eu começamos a acessar os códigos de programação daquele transmissor hipnótico que estimulou por séculos a alienação humana.

Sem tirar os olhos do monitor interno, perguntei ao nosso mentor:

— Diz-nos, Hermes, o que é essa pirâmide e por que a estamos desativando hoje.

Atlântida – No reino das trevas

O sábio mestre sentou-se ao nosso lado e falou, com tranquilidade, enquanto acompanhava nosso trabalho com olhar curioso:

— Estamos a um passo de adentrarmos em um novo estágio da transição para a Nova Era. Em 21 de dezembro de 2012, a Terra entrará definitivamente no disco de radiação da estrela Alcyone, chamado de cinturão de fótons. A cada dez mil anos, o Sistema Solar penetra por dois mil anos nesse anel de fótons, ficando mais próximo dessa importante estrela de nossa galáxia.

Demonstrando empolgação e serenidade pouco indicada para o local em que nos encontrávamos, nosso sábio mestre arrematou:

— Amigos, estamos entrando novamente na Era da Luz. A última vez em que nosso planeta viveu essa fase foi durante a Era de Leão, há doze mil anos.

Neste momento, eu ergui a cabeça e exclamei:

— Mas isso foi durante os últimos dias de Atlântida!

Hermes concordou e falou, com seu tom de voz elegante e cordial:

— Sim. Mais precisamente, no final da época de ouro. O Sistema Solar saiu da esfera de atuação do cinturão de fótons da estrela Alcyone justamente no ano em que a guerra entre as duas raças começou, conforme narramos no livro *Atlântida – No Reino da Luz*. A partir daquele ano, a vibração espiritual do planeta tornou-se mais pesada e afeita a energias densas, facilitando o desencadeamento do ódio e dificultando a percepção extrassensorial dos encarnados, mesmo na elevada esfera espiritual em que se encontrava Atlântida.

Os capelinos que migraram para a Terra, assim como vós, eram pouco sensíveis aos valores da alma. Além disso, ainda chegaram à Terra no início de um período de baixas vibrações astrais, o que terminou por dificultar sua adaptação ao novo mundo, intensificando sua alienação humana com relação à sua eterna consciência espiritual.

Arnach aproveitou o silêncio de Hermes e completou:

— A partir de então, a humanidade enveredou pelo caminho do materialismo e tornou-se incapaz de ouvir a voz que vinha do Céu, como faziam os antigos atlantes da Era de Ouro. O domínio das trevas ficou mais intenso; a humanidade se esqueceu de seu Pai, o Espírito Criador, e terminou por perder-se; os homens, escravos de seu ego, desacreditaram definitivamente na finalidade da evolução espiritual e afastaram-se do roteiro de luz. Por serem cegos com relação à espiritualidade genuína, passaram a crer em rituais e oráculos de natureza duvidosa. Essa pirâmide, entre outras iniciativas das sombras, foi o golpe de misericórdia à humanidade já falida espiritualmente.

Virei-me para Hermes e aguardei seus comentários a respeito de tudo aquilo.

— Arnach tem razão — respondeu o mentor. Essa pirâmide é uma poderosa estação de transmissão de comandos hipnóticos para desestabilizar a conexão dos encarnados com seu mundo original: a pátria espiritual. Os homens são alienados com relação à realidade do Mundo Maior, por sua própria imaturidade, falta de capacidade meditativa e também pela ação de artefatos como este.

Hermes suspirou e prosseguiu:

— Apesar da ação de instrumentos como este, a Alta Espiritualidade da Terra conseguiu trazer a mensagem de luz. Porém, isso aconteceu com muita dificuldade e à custa do sofrimento dos mestres que desceram ao mundo físico para esclarecer uma humanidade com seus sentidos espirituais debilitados. Caso o carma dos capelinos e da humanidade primitiva da Terra fosse outro, talvez não sofressem esse entorpecimento que os cega para a dimensão espiritual. Somente aquele que crê e busca dentro de si a essência espiritual consegue ver, ouvir e sentir o Mundo Maior que cerca o limitado plano físico da Terra.

Aquele que se mantém alheio à meditação e à reflexão sobre o mundo invisível jamais verá, sentirá e compreenderá o Plano Maior.

Depois de meditar por alguns segundos, o grande mestre concluiu, com o braço apoiado sobre sua perna, a qual repousava na mesa de sustentação da pirâmide maléfica:

— De certa forma, a humanidade só colhe o que planta. Nada acontece por acaso. Assim deveria ser para o próprio progresso do homem. Chegará o dia em que os espíritos encarnados no plano físico da Terra conseguirão ascender sua sensibilidade espiritual em algumas frequências mais altas, assim como

Atlântida – No reino das trevas

fazem os músicos, atingindo notas musicais sublimes, e perceberão, então, o mundo que lhes está velado, por sua própria comodidade e ignorância espiritual. E esse momento agora é chegado para os eleitos da Nova Era. Os espíritos sintonizados com a frequência espiritual do terceiro milênio despertarão e transformarão o mundo. Na Era de Aquário, que ora está se iniciando, ficaremos outros dois mil anos nesse anel de radiação da estrela Alcyone. Como já lhes disse, estamos chegando à Era da Luz. Aquele que tiver olhos para ver verá. As almas eleitas a prosseguir reencarnando na Terra perceberão a mudança e auxiliarão no trabalho de sedimentação definitiva da evolução em nosso mundo. Desde 1975, data do início da transição planetária da Terra, o Sistema Solar vem entrando no cinturão de fótons. A partir do final de dezembro de 2012, a Terra estará completamente imersa nessa energia transmutadora. Esse alinhamento com o coração da galáxia abrirá um canal para a energia cósmica fluir em nosso planeta, levando-o a um nível mais elevado de vibração. As crianças eleitas para o terceiro milênio, almas vencedoras em suas encarnações anteriores na Terra, estão voltando ao plano físico em grandes levas, para transformar o planeta. Por isso precisamos desligar esse artefato e outros mais, com urgência. Isso facilitará a adaptação dessas crianças, conhecidas como índigos, à sua real frequência. Alegrai-vos, meus irmãos, pois estamos próximos do retorno da consciência crística ao planeta!

Concordamos sinceramente com Hermes e voltamos nossa atenção para o poderoso artefato que brilhava como um diamante. O código era milenar e possuía centenas de atualizações. A pirâmide parecia ter vida própria e programava um refinado mecanismo de defesa a cada nova ação que executava. Desarmá-la exigia aprofundar-se mais e mais em um número sucessivo de camadas.

Eu olhei para Arnach e disse-lhe, com um olhar desanimado:

— É mais fácil difundir o Universalismo Crístico na Terra do que desativar esse intrincado mecanismo de hipnose coletiva.

Ele concordou, enxugando o suor da testa. Assim prosseguimos por um bom tempo, concentrados na tarefa de desarmar o artefato, enquanto Hermes nos acompanhava com um olhar discreto. Até que dei um pulo para trás, com os olhos saltando das órbitas, e fiquei estático, em estado de choque. Por mais que tentasse, eu não conseguia sair daquele transe.

Arnach parou sua atividade e disse-me com tranquilidade, tentando me acalmar:

— Andrey, isso foi há muito tempo. Esquece e volta ao trabalho.

Jamais imaginei deparar-me com aquilo. Na verdade, era algo muito natural, tendo em vista meu próprio passado. Porém defrontar-me com o que meus olhos viam e lutavam para acreditar foi muito chocante.

Algumas vezes, gostaria que a equipe me preparasse antes para estes momentos. No entanto, Hermes acredita que nós obtemos as melhores lições nas vivências, as quais nos provocam um aprendizado tanto no nível consciente como no inconsciente.

Como estou encarnado no mundo físico, minha consciência no plano espiritual também fica limitada, não me permitindo recordar amplamente de todas as minhas experiências e ações pretéritas.

Enquanto eu decodificava a programação, havia topado com uma trilha onde constavam as assinaturas dos construtores daquele artefato. Entre os nomes de diversos magos negros de Atlântida, encontrei ali o meu e o de Arnach, grafados em relevo na antiga língua atlante, mas ainda tão brilhantes como o ouro mais bem polido do mundo.

Galeato percebeu minha vacilação e se aproximou novamente. Sorrindo e sentindo-se o senhor da situação, falou com ironia:

— Vieste limpar a sujeira que fizeste no passado, caro Andrey? Agora é tarde, meu amigo. Muitas almas se perderam com a ajuda desse poderoso hipnotizador coletivo. Não penses que é só vir até aqui e posar de bom moço. Também és responsável por todo o mal que essa máquina gerou.

E, com o dedo em riste, ameaçou-me, quase espumando pela boca:

— Nem tentes te isentar da responsabilidade, traidor. Enganas-te, se acredita limpar séculos de malefícios com a simples desativação desse dispositivo de alienação hipnótica.

Atlântida – No reino das trevas

Arnach colocou a mão sobre meu ombro e falou, com sinceridade e emoção:

— Faz muito tempo, meu irmão. Tu já retornaste para o caminho da luz faz cinco mil e cem anos. Já saldaste teu débito com relação a isso. E eu, que recentemente estou voltando, quanto ainda terei que corrigir de meus erros? Nada fiz ainda para saldar minha dívida para com a humanidade e para com o Espírito Criador.

Eu concordei com um gesto sereno, segurando a mão de meu amigo, dando-lhe e recebendo dele força. Em seguida, prosseguimos nosso trabalho, sem dar maior atenção às palavras carregadas de intrigas do mago das sombras. Hermes acompanhava nosso trabalho, interferindo apenas quando necessário.

Entretanto, enquanto isso, Galeato acionou um dispositivo na pirâmide que fez revelar diversas cenas da história da humanidade, quando aquele artefato ajudou a hipnotizar multidões para que permanecessem em sua cegueira espiritual.

Vários episódios se passaram, demonstrando as grandes oportunidades de evolução e aprendizado que a humanidade da Terra perdera no intento de tornar-se feliz e viver em harmonia. Guerras, conflitos, escravidão, desrespeito à dignidade humana; diversos lances foram exibidos, atormentando nossa concentração, tão necessária para o trabalho que realizávamos.

Até que surgiu na tela à nossa frente a famosa cena da escolha que o povo judeu deveria fazer entre Jesus e Barrabás, antes da ignominiosa crucificação. Jesus estava cabisbaixo e violentamente surrado ao lado de Pôncio Pilatos, que pedia ao povo para escolher entre o melhor homem do mundo e um criminoso rebelde. O povo, entorpecido por sua ignorância espiritual e hipnotizado pelas frequências sinistras daquela pirâmide, gritava, de forma fanática, o nome do infame bandido. Eles pediam a libertação de Barrabás, com suas faces entorpecidas pelo ódio e pela ignorância.

Diante desta imagem, eu coloquei a mão sobre a boca e pensei: "Meu Deus! Meu Deus! Eu ajudei, indiretamente, nessa infeliz escolha?".

Hermes se aproximou, então, e disse-me, com carinho:

— Tudo aconteceu como deveria na missão do Mestre dos mestres. Naquela época, tu já estavas com outra consciência espiritual. Inclusive, estávamos encarnados naqueles dias memoráveis, torcendo e trabalhando pelo êxito da missão de Jesus.

Eu olhei para ele e perguntei, chocado, demonstrando até mesmo irritação:

— Mas por que não desligamos esse maldito artefato antes? Por que, meu Deus, esperar milhares de anos para isso?

Hermes olhou-me com compaixão e falou:

— Como já falei anteriormente, tudo tem seu tempo. Concentra-te no teu trabalho; apenas isso. Faz o que deve ser feito! Não te deixes influenciar. Caso contrário, não poderei auxiliá-los na conclusão desse trabalho. Lembra: precisamos estar na mesma faixa vibratória para eu ter como apoiá-los nesta região.

Eu fiquei transtornado com a ideia de ter ajudado a alienar tantas pessoas, por tantos séculos, e perguntei, com um forte aperto no peito, tentando segurar as lágrimas:

— Por que, meu mestre? Por que fiz isso?

Ele me abraçou, comovido, e respondeu com energia, olhando fixamente para meus olhos marejados, segurando firme minha cabeça com suas mãos abençoadas:

— Agora entendes por que te angustias tanto para libertar a humanidade de sua ignorância espiritual? Compreendes por que desejas tão ardentemente que os encarnados despertem para a verdadeira vida? É uma luta inconsciente que tu travas contigo mesmo para reparar o passado. Mas não te punas, meu irmão. Tu estás indo bem. Agora já sabes o porquê da tarefa que lhe foi designada no mundo físico. Voltaste do teu passado de trevas há mais de cinco mil anos; entretanto, ainda existem alguns carmas daquele período que necessitas resgatar. E essa pirâmide é um desses carmas. Desligá-la é um dos passos necessários. O outro é continuar na luta que realizas bravamente para despertar a humanidade pelo ideal do Universalismo Crístico. Compreendes, agora, por que foste escolhido para essa tarefa?

Eu concordei com um gesto sincero e disse-lhe, ainda meio atordoado com tudo aquilo:

— Sim, Hermes. Como seria bom se todos os encarnados tivessem a oportunidade que tenho neste instante de tomar consciência de sua própria missão e assim lutar para executá-la com êxito. Sim, eu entendo! Temos que continuar lutando para

Atlântida – No reino das trevas

23

despertar a humanidade. E eu preciso agir nesse sentido. É a lei de ação e reação. No passado, alienei; agora, devo libertar. Sim. É isso. Agora compreendo com clareza. Obrigado, meu mestre.

Hermes me abraçou, comovido, e Arnach não resistiu em participar daquele amplexo fraterno, mostrando que o amor começava a criar raízes cada vez mais profundas em seu coração; fato que me trouxe grande alegria. Eu me sentia responsável também pelos milênios em que Arnach relutara em voltar para a luz. E agora eu o estava vendo voltar. Deus, meu coração se enchia de especial alegria por isso!

Galeato gargalhou e arrematou, demonstrando irritação por estar perdendo o controle sobre nós:

— Isso é inútil! A humanidade jamais mudará. A Terra será sempre habitada por almas estúpidas e alienadas. E não venhais com essa teoria de reencarnação de eleitos ou almas especiais. Nada vai acontecer. Isso é uma grande piada. Desde a época de Jesus que os homens esperam esse famigerado "fim dos tempos" ou "grande juízo". Nada disso ocorrerá, e a humanidade será sempre como foi: um bando de selvagens que nada mais são do que nossas marionetes idiotas.

Ele se virou para Hermes e falou, mantendo um olhar flamejante, carregado de ódio:

— A humanidade sempre dançou nossa música. Nada mudará isso.

O iluminado mentor olhou com compaixão para o antigo mago atlante e disse-lhe, com carinho:

— Galeato, tu provavelmente já estás pronto para perceber quando uma nova e libertadora visão chegou para ficar, ao contrário dos leigos, que ainda não possuem essa percepção desenvolvida. O Universalismo Crístico é essa visão. Será somente uma questão de tempo para a Terra entrar definitivamente nessa nova frequência, e a humanidade do futuro estabelecer a "Jerusalém renovada", prometida por Jesus.

O mago das sombras se irritou ainda mais com as palavras envolventes de amor e verdade de nosso mentor e retalhou:

— Não me convencerás dessa forma. Sabes bem disso. Agora, deixemos essas duas "criaturas abençoadas" executarem seu trabalho.

Ele deu-nos as costas e voltou para o lado oposto da sala. Sua fisionomia não mudou, mas não sei por que senti que lá no fundo de sua alma as palavras de Hermes alojaram-se para reflexões futuras. Isso já era uma grande vitória, tratando-se de Galeato.

A princípio, Arnach e eu não entendemos o tom irônico de suas declarações, mas não demorou muito para percebermos aonde ele queria chegar. Apesar dos esforços de Hermes para manter nossas sintonias elevadas, Galeato e seus assessores começaram a estimular em nossas mentes sentimentos negativos e de desequilíbrio, provocando uma queda vertiginosa em nossas vibrações espirituais.

Tínhamos vivido recentemente um momento sublime ao lado de Hermes, mas as recordações do passado e minha descoberta como colaborador na construção daquele maldito aparelho fizeram nos desestabilizar rapidamente. Este é nosso mal: temos o material para construir nossa evolução espiritual, mas não o cimento para firmá-la. Ao primeiro vento, as bases sempre oscilam.

Hermes tentou nos alertar para ficarmos em estado de prece e não nos influenciarmos, mas tínhamos nossos dramas e traumas seculares que dificultavam nossa luta interior para não nos abalarmos.

Galeato projetava em nossas mentes, de forma rápida e contundente, todas as nossas falhas e fraquezas, com uma habilidade notável, fruto de séculos de trabalho na hoste do mal.

Eu tentei lutar contra aquele domínio demoníaco, fechando os olhos e procurando focar-me na imagem de Jesus e dos grandes avatares que realizaram nobres tarefas de iluminação em toda a Terra, mas não conseguia. Ele me fazia ver somente o lado podre da humanidade, o qual, infelizmente, ainda é muito grande. Foi triste constatar que tínhamos mais sintonia com Galeato do que com Hermes, naquele instante.

Assim, quando abri rapidamente os olhos, percebi que Arnach estava paralisado, completamente hipnotizado e sem reação. O mundo de tormentos internos dele era muito maior que o meu, tornando-o uma presa fácil às intenções de Galeato.

Ao vê-lo de tal jeito, notei também que o ambiente já não estava mais iluminado, e o piso não era mais branco como o mármore. Tudo estava tornando-se cinzento, e a figura perispiritual de Hermes estava cada vez mais apagada e distante.

Estendi a mão para o nobre mentor, em sinal de socorro. Ele fez apenas um gesto de impotência, dando-me a entender que estar com a luz ou com as trevas dependia somente de nós, naquele instante. Ele nada poderia fazer.

O pânico se instalou em meu coração. Hermes se desmaterializando e Arnach petrificado à minha frente. O que fazer, meu Deus? Os olhos do amigo demonstravam estranha tonalidade azul, atestando seu estado de profunda hipnose. Olhei para Galeato e percebi o sutil sorriso de vitória em seus lábios.

Procurei reordenar meus pensamentos para escapar de sua esfera de influência. Entretanto, parecia que seu domínio se tornava maior a cada segundo. Com uma mente perspicaz, ele conseguia explorar justamente meus pontos mais fracos e ainda fazia uma profunda relação com os mesmos fatos que me levaram à decadência espiritual na extinta Atlântida.

Além disso, ele relacionava sutilmente esses fatos à terrível morte de Evelyn. Apesar de eu saber que tudo aquilo fora fruto natural dos acontecimentos, meu inconsciente insistia em me punir, como se eu fosse o principal responsável pela tragédia que levara minha esposa à morte e minha vida ao caos.

Ele percebeu minhas reflexões e perguntou-me, com uma entonação hipnótica na voz:

— Diz-me, caro Andrey, o que mudou? Tu és apenas um lobo em pele de cordeiro. Se te fosse dado o poder sobre o Vril no mundo físico atual, farias o mesmo que fizeste naquela época ou talvez até pior. Nós fomos criados na mesma escola da vida, a escola dos magos negros do Vril.

Eu sacudi a cabeça e respondi:

— Não é assim, Galeato. Eu mudei. Esses mais de cinco mil anos desde que abandonei o sacerdócio das trevas me ensinaram muitas coisas. Ainda tenho muito a caminhar, mas não sou mais aquele Andrey que lutou ao teu lado na guerra das duas raças.

Ele fez um sinal de descontentamento e retalhou com rispidez:

— Lutou ao meu lado? Tu tinhas duas caras: apoiavas Gadeir e, ao mesmo tempo, conspiravas a favor de Atlas. E não aceito que reveles minha identidade. Tínhamos um acordo com relação a isso.

Em uma tentativa desesperada de reverter o domínio de Galeato, dei um soco no painel da pirâmide e falei, com irritação:

— Nós tínhamos um acordo aqui também. Esse é o momento de desativação dessa maldita pirâmide. E tu estás quebrando o trato que empenhaste com Hermes. Logo irei revelar tudo no livro *Atlântida – No Reino das Trevas*. Tu quebraste tua palavra, assim me autorizas a quebrar a nossa. Ademais, não vejo motivo para esconder-te. Se tu acreditas na força do mal como sendo soberana, permita, então, que todos a conheçam claramente e decidam por si qual o melhor caminho a seguir.

Aquela discussão momentânea fez com que Arnach se libertasse de seu torpor e recuperasse a lucidez. Ele entrou na conversa com boa presença de espírito, dizendo:

— Andrey tem razão, Galeato. O que temes? Logo tu, que se diz tão poderoso. Será que o grande mago das sombras tem medo da verdade?

Eu me virei para o amigo, feliz por seu restabelecimento, e fiz um gesto de que apoiava suas palavras, colocando a mão sobre seu ombro. Em seguida, mirei Galeato, com um olhar desafiador.

Controlando sua irritação, ele disse-nos:

— Uma coisa não tem nada a ver com a outra. Desprezo a humanidade e apenas creio que ela não é digna de conhecer minha história. Já acho um absurdo que relates sobre Atlântida. Era melhor que os homens conhecessem apenas as narrativas superficiais e fantasiosas que já existem sobre o continente perdido. O que estás fazendo já passa dos limites do tolerável. Deixa os encarnados acreditando nos contos místicos sobre a Atlântida. Eles estavam felizes com isso.

Enquanto Galeato falava, Arnach dava-se conta do estado vibracional do ambiente em que nos encontrávamos. A cada instante, a luz ficava mais fraca. Estávamos mergulhando em um terrível breu. Mais um pouco e não conseguiríamos nem mesmo enxergar os comandos do painel de programação. Hermes já tinha sumido aos nossos olhos fazia algum tempo. Estávamos por nossa conta e risco.

Deus nos proteja!

Eu aguardei o término da exposição dos argumentos do mago negro e falei:

— Galeato, revela-te aos homens. Permita que teu nome seja citado. Até Gadeir não fez objeção; demonstrou total desprezo por nosso trabalho. O que temes? Seria alguma referência à "Sociedade Vril"? Este fracasso durante a Segunda Grande Guerra te envergonha?

Durante a Segunda Guerra Mundial, o partido nazista instituiu um culto chamado Sociedade Vril, que reuniu os mais fanáticos seguidores de Adolf Hitler, na busca pelo domínio do quinto elemento no plano físico da Terra. Entre eles estavam os terríveis Heinrich Himmler, Martin Bormann e Rudolf Hess.

Os membros desta seita acreditavam que Hitler era um médium em contato com forças poderosas, as quais estavam empenhadas em criar uma poderosa nação ariana, pela utilização do Vril. A personalidade megalomaníaca de Hitler logo o estimulou a essa busca insana, a qual não media limites e deformou ainda mais as mentes doentias desse grupo que era dominado no astral pelos magos negros atlantes.

Inclusive, eles recebiam do astral inferior a informação de que em pouco tempo estabelecer-se-ia na Terra uma Nova Era, que eles interpretaram erroneamente como sendo marcada pela soberania da raça ariana sobre todo o planeta, tendo o partido nazista como único governante mundial e distorcendo o advento da Era de Aquário, que celebra a irmandade, a tolerância e a compreensão maior da vida, sem líderes autocratas e sem terror.

Os fundamentos da energia Vril, o poder místico da suástica e a ideia de que a raça ariana dominaria o mundo eles obtiveram, também, por intermédio de um entendimento distorcido do livro *A Doutrina Secreta*, de Helena Blavatski, publicado em 1888. Infelizmente, algumas vezes, textos que deveriam iluminar a humanidade são mal interpretados por mentes doentias, causando caos e destruição.

Todas essas informações foram habilmente distorcidas nas mentes desses homens em razão de uma impositiva ação obsessiva dos magos negros atlantes que atuavam sobre eles diretamente do astral. Obviamente, eles tinham perfeita sintonia por terem profunda ligação passada. Esse grupo encarnado fazia parte do segundo escalão de magos negros atlantes da raça branca.

Os historiadores tendem a subestimar os fundamentos ideológicos ocultos do nazismo, temendo banalizar os horrendos crimes de guerra. Entretanto, outros pesquisadores investigam o tema em busca da história não contada de uma perigosa religião secreta no coração do nazismo, que, caso tivesse atingido suas metas, promoveria uma tragédia de proporção global.

Alguns desses historiadores acreditam que a inspiração filosófico-ideológica que resultou no nazismo tem sua origem em uma novela de ficção científica do século dezenove que falava de discos voadores, de uma raça alienígena habitando o centro da Terra e de uma energia misteriosa chamada Vril. Porém, os leitores que estão acompanhando esta narrativa, desde o primeiro volume, *Atlântida – No Reino da Luz*, já podem perceber que não havia nada de fantasioso nisso, e sim uma orquestração dos magos negros atlantes para instalar seu domínio de forma definitiva no mundo físico, utilizando-se de seus iguais que estavam reencarnados durante esse período na Alemanha nazista.

E realmente existia uma raça no centro da Terra querendo dominar o mundo, conforme relatava essa novela fictícia, mas ela não era alienígena. Tratava-se da legião de espíritos infernais que habitam o astral inferior do planeta e procuravam intensamente dominá-lo por completo. Esse foi um dos mais intensos combates entre as forças do bem e do mal, em toda a história do planeta.

Os nazistas estudaram e tentaram dominar outra poderosa força do mundo oculto, denominada "Sol Negro". Felizmente, eles não compreenderam que o "Sol Negro" era algo mais profundo, fundamentado na força destrutiva da antimatéria para provocar a desintegração dos inimigos. Os relatos a respeito foram perdidos com o passar do tempo.

Os partidários de Hitler acreditavam que existiam dois sóis, e não apenas um, branco e luminoso, que nos dá vida. O outro seria de matéria astral e, se ativado, causaria o desequilíbrio, o caos.

Essa Ordem do Sol Negro teve por objetivo principal (já que não conseguiu obter o que procurava) estudar maneiras de atrair energias cósmicas negativas do "Sol Negro" e pôr em marcha projetos secretos de dominação mundial. No fim, tornou-se apenas uma seita, em que seus seguidores faziam seus rituais secretos para mentalmente manipular energia astral negativa, a fim de atingir seus objetivos funestos.

Inclusive, Himmler utilizou algumas médiuns mulheres em seus rituais satânicos, para tentar obter o segredo do Vril, até mesmo realizando estranhos ritos sexuais, mas não obteve sucesso.

Gadeir não revelaria de forma tão simples o segredo definitivo do domínio, e também não seria fácil manipulá-lo na densa atmosfera da Terra do século vinte, à beira do período de transição planetária para a Nova Era ou fim dos tempos.

Mas falaremos mais sobre esse e outros métodos perigosos utilizados pelo lado sombrio no decorrer desta obra; obviamente, dentro dos limites que forem autorizados pela Alta Espiritualidade.

Graças à intervenção do Alto, o poder do Vril e do "Sol Negro" jamais se consolidou nas mãos de Hitler, e este perdeu o poder hipnótico que exercia sobre as massas que o apoiavam, encerrando-se, assim, este triste capítulo da história da humanidade.

Galeato, então, sorriu e respondeu:

— Fracasso? Vergonha? Causamos o caos durante aquele período. Infelizmente, não conseguimos concluir a tarefa, mas certamente ainda detemos o poder sobre as almas de milhões de espíritos na Terra, por meio da "ação oculta".

— Ação oculta? — perguntei. Do que se trata?

Galeato se aproximou e falou-me com atenção:

— Simples, caro Andrey, a ação radical que exercemos durante o nazismo, naquele período, não chocou a nação alemã. Somente depois, quando saíram do estado hipnótico em que se encontravam, é que perceberam o tamanho da atrocidade que estavam cometendo. Mudou alguma coisa hoje em dia? Estamos construindo novos cenários de dor e treva, mas a humanidade, hipnotizada por seus próprios interesses e valores imediatistas, nada percebe. Dança conforme nossa música, sem se dar conta de suas atitudes anticrísticas. Entrega-se ao que se acredita ser a "nova ordem mundial", em matéria de valores. O homem, atualmente, vive inserido em uma grande ilusão, que o leva para o abismo a médio e longo prazos. Muitos alegam não fazer o mal a ninguém, mas alimentam um sistema social excludente e do qual todos, sem exceção, são responsáveis. O assassino que mata ali na esquina de sua casa e que lhe causa horror é alimentado carmicamente pela forma de viver daquele que se diz um cidadão correto, mas é indiferente aos valores morais, sociais e espirituais. Os homens modernos vivem somente para si e para seus familiares e desejam que os reflexos de inconformidade e desequilíbrio de seus irmãos da família universal não os atinjam. Além disso, estabelecem relação semelhante com a natureza: eles a respeitam somente até onde isso não contraria seus interesses. Não matam uma árvore de forma deliberada, mas alimentam um modelo econômico, industrial e social que atenta contra todo o ecossistema do planeta. Não torturam animais, mas estimulam com o consumo as carnificinas diárias dos frigoríficos, gerando vibrações cada vez mais densas na psicosfera do planeta.

Abandonei o trabalho que estava realizando na pirâmide e me aproximei de Galeato, perguntando, interessado:

— Como assim?

Arnach me repreendeu, dizendo que deveria deixar a conversa para outra hora, para terminarmos logo nosso trabalho. As trevas estavam ficando cada vez mais espessas.

Eu fiz um sinal para que ele aguardasse e disse-lhe:

— Não se preocupe com as trevas. Essa foi nossa casa por muitos séculos. Não ficaremos assim tão indefesos.

Galeato sorriu com minha presença de espírito e voltou a falar:

— O homem escolheu para si um sistema social e de vida individualista, materialista e de negação da existência de Deus. A civilização moderna diz que acredita em Deus, mas é mera hipocrisia. As pessoas pensam somente em si e em sua família, legando ao Estado a obrigação de estabelecer uma sociedade irmanada. Não foi Jesus quem disse: "Quem é minha mãe e quem são meus irmãos?" ou algo assim? Tu bem sabes que ele falava sobre a importância da família universal e de estarmos todos interligados dentro desse organismo vivo que é a Terra, a Gaia.

Galeato tinha razão. Gaia é composta pela biosfera (seres vivos) e pelos componentes físicos da Terra – atmosfera (ar), criosfera (gelo), hidrosfera (água) e litosfera (solo) –, que formam um complexo sistema integrado que mantém o clima do planeta e as condições biogeoquímicas em perfeito equilíbrio. A Terra é de fato um organismo vivo que reage por intermédio de seus sistemas, buscando sempre uma condição de equilíbrio.

Ele meditou por alguns instantes e prosseguiu:

— A criminalidade e o caos da natureza são a resposta cármica correspondente ao padrão de vida que as sociedades pelo mundo todo elegeram para suas existências atuais. É a história da Atlântida que se repete nos tempos modernos. Em breve, cataclismos semelhantes aos da Grande Ilha repetir-se-ão por todo o planeta, em resposta às ações anticrísticas do homem.

Galeato sorriu, divertindo-se com minha admiração às suas palavras:

— E ainda colocam a culpa por suas desgraças em nós, os famosos "maus espíritos". A humanidade é má, e isso faz com que colha o mau. Hipócritas! Medíocres! Quem vive verdadeiramente no caminho do bem não precisa despertar pela dor. Não estou correto? A dor visita somente aqueles que precisam dela para abrir os olhos. Não existe o acaso; ninguém sofre uma violência sem ter se sintonizado com ela. Só precisa de armas de fogo para se defender quem alimenta uma sintonia com essa própria ação. Quem está verdadeiramente com Deus não sofre mal algum, salvo raras exceções de almas em missão pela Terra e que necessitam ser símbolos da ação divina para redenção dessa multidão de alienados que povoa a Terra desde tempos remotos.

Eu reclinei a cabeça em sinal de admiração e falei:

— Conclusões notáveis, meu irmão, dignas do mais sábio mentor espiritual.

Ele fez uma cara de desdém e arrematou:

— Tu sabes que não somos ignorantes, Andrey. Tu já foste um de nós. Não deverias ficar surpreso.

Eu concordei com um gesto e prossegui:

— Sim, eu sei. Por isso não entendo o porquê de lutares contra a nossa tarefa de desligarmos esse artefato hipnótico, já que isso é algo inevitável. Quando Deus quer.

Eu me virei e vi Arnach debruçado, com a cabeça enfurnada dentro da pirâmide, realizando a reprogramação.

Galeato deu de ombros e falou:

— Cada um deve exercer seu papel no mundo. Para que uma força seja transformadora é necessário que outra, de natureza oposta, exerça seu papel. O que seria dos corpos humanos se não fosse a força da gravidade a lhes aprisionar ao solo?

Eu sacudi a cabeça, em sinal de contrariedade, e arrematei:

— Não, não é só isso. Essa justificativa é poética demais para um mago negro.

Galeato alisou a rala barba negra que emoldurava seu rosto branco como uma folha de papel e concluiu, com menosprezo:

— É, tu tens razão. No final, tudo se resume a uma única coisa: poder. E tu sabes bem disso. Já viveste desse lado e te alimentaste por séculos desse combustível irresistível. Ter o poder para realizar tudo o que desejares; jamais se frustrar por deixar de possuir algo; a vitalidade obtida pelo vampirismo das forças alheias; força e virilidade eternas. E por aí vai, como tu bem sabes.

Eu abaixei a cabeça e concordei, de forma decepcionada. Eu não tinha argumentos para discordar. Sabia que seria inútil falar-lhe coisas das quais eu não tinha plena convicção e de que também não era exemplo.

Arnach, então, não permitiu que eu me perdesse em meus pensamentos, chamando-me para a tarefa que nos trazia ali.

Galeato indicou com desprezo meu local de trabalho junto à pirâmide. Eu olhei para ele com tristeza e falei:

— Eu gostaria de poder ajudar-te.

Ele fez um gesto irônico, mais parecendo um artista no picadeiro, e disse-me:

— Mas não podes. Não possuis credenciais para isso. Portanto, volta ao teu trabalho, reles serviçal dos maiorais do bem, porque lá tu és o último na hierarquia. No lado negro, estarias ombreando conosco pelo poder. No lado da luz, mal tens qualificação moral para servir ao último de seus mestres.

Eu não dei atenção a ele e segui para o lado de meu irmão. Arnach parecia perdido em meio àquele emaranhado de códigos e falou-me:

— Pensei que fosse mais fácil. É como desenredar uma teia de fios constituída por séculos e séculos de execução de trilhas do mal.

Atlântida – No reino das trevas

E ele tinha razão. Estávamos diante de um aparelho que parecia uma máquina do tempo. Cada novo dia que se passava na esteira dos séculos parecia criar novos bloqueios ao âmago do sistema central que necessitava ser desativado, como se fosse um genial código de proteção.

A escuridão intensa e a ausência de Hermes abalaram ainda mais nossa confiança. Sentíamos que estávamos perdendo vários pontos naquele jogo. Mas não tínhamos escolha; era preciso nos debruçar sobre o artefato e desativá-lo.

A presença mental dos magos negros nos enfraquecia e causava um terrível estresse. Nossa proteção espiritual, naquele momento, era mínima. Se não fosse isso, eles já teriam partido para cima de nós sem piedade.

Eu sentia meu rosto suado, com os cabelos em desalinho, tapando minha visão, sem poder retirar as mãos dos comandos do painel da pirâmide, para não perder o trabalho realizado. A situação já estava se tornando desesperadora, quando, com as mãos suadas e tremendo, depois de longos minutos, sob forte esgotamento, eu clamei:

— Hermes, por favor, ajude-nos! Fale conosco por telepatia, seja de que forma for. Precisamos de ajuda. Não estamos encontrando o caminho para desativar a pirâmide do mal.

O socorro do nobre mentor não demorou muito.

— Calma, meus queridos irmãos, eu estou aqui. Vós não podeis me ver, mas acompanho atentamente cada passo.

Ele, então, meditou por alguns segundos e falou-nos pela linguagem mental:

— Analisai o espírito das sombras à vossa direita; mais precisamente, aquele com manto rústico.

Arnach e eu imediatamente viramos para ele e perguntamos:

— O que há com ele? Trata-se da resposta a este enigma? Como pode esse troglodita primário estar em meio à assembleia de magos negros?

O sábio mentor, com sabedoria e tranquilidade, orientou-nos:

— Afastai-vos por alguns segundos da pirâmide e concentrai-vos nele. Procurai ver pelos olhos dele, em todos os detalhes.

Não entendemos aonde Hermes desejava chegar, mas fizemos o que ele solicitou. Contrariados, largamos todo o trabalho realizado, e, na pirâmide, por um momento, foram criadas novas trilhas de bloqueios. Parecia um animal vivo, cheio de tentáculos, tentando proteger-se.

Olhei para Arnach, decepcionado com aquilo, e o amigo me disse:

— Hermes deve saber o que está fazendo. Vamos confiar.

Eu concordei com ele, e resolvemos seguir a orientação de nosso mentor. Mas qual não foi nossa surpresa quando invadimos o mapa mental do ser sombrio e enxergamos por intermédio de seus olhos. Impressionante! Ele não via uma pirâmide feita com alta tecnologia, como nós, mas sim o cadáver de um antílope, no qual Arnach e eu estávamos realizando rituais de magia, pelo estudo de suas entranhas.

Percebemos um sutil sorriso de Hermes em nosso campo mental, e, em seguida, seu sublime pensamento nos invadiu novamente:

— O mundo é mental, irmãos. Programai esse artefato com a mente, libertos de vossos paradigmas. A pirâmide existe no mundo das formas, tanto físicas como astrais, mas principalmente no mundo essencial: o plano mental.

Ficamos boquiabertos com aquela afirmação e resolvemos entrar em um estado de consciência superior. Em questão de segundos, Arnach e eu nos vimos dentro de outra sala, imune à ação dos magos negros. Estávamos deitados em cadeiras semelhantes às da grande pirâmide de Atlântida, manuseando diretamente o Vril que controlava a pirâmide hipnótica. Analisando diante daquele novo paradigma, tornou-se muito mais fácil desativá-la, por intermédio de vigorosos comandos mentais.

Arnach gargalhou de felicidade e gritou:

— Viva! Agora é conosco.

Hermes surgiu então à nossa frente, mais iluminado do que nunca, e falou:

— O painel de programação não existe, muito menos o antílope selvagem com as entranhas expostas; tudo está na mente. Desativai esse artefato com a força da vontade dirigida, sem a necessidade de utilizar um painel de comandos do mundo das formas.

Arnach, mal conseguindo controlar sua alegria com aquela virada no jogo, respondeu:

— Deixa conosco, chefe! Vai ser um passeio.

Atlântida – No reino das trevas

Rapidamente, realizamos vários comandos mentais que parecíamos conhecer muito bem, tal a facilidade para executá-los, até que chegamos finalmente em nossas assinaturas astrais sobre o artefato. Sem hesitar, comandamos a senha de desativação, e a pirâmide desapareceu em todas as dimensões, que eram apenas reflexos de sua existência no plano mental.

Naquele instante, pareceu que a aura do planeta sentiu um breve alívio. A alma da Terra, o Cristo Planetário, o espírito responsável por esse belo ser vivo que é nosso próprio mundo, respirou um pouco mais aliviado.

Hermes pareceu ler nossos pensamentos e disse, com sua habitual tranquilidade:

— Sim, a Nova Era está chegando. É necessário desintoxicar a aura de "Gaia" para que a geração dos eleitos da Nova Era consiga sintonizar-se com a verdadeira vida e criar o mundo novo predito pelos grandes profetas desde eras remotas. As almas endurecidas pelo ódio e interesses mesquinhos não sentirão mudança nenhuma. No entanto, os bem-aventurados, os mansos e pacíficos perceberão uma nova brisa de paz, amor e prosperidade espiritual pairando no ar, possibilitando que eles utilizem todo o seu potencial espiritual para transformar o mundo e promover tanto sua evolução individual como também a ascensão conjunta da humanidade.

O nobre mentor fez breve pausa e depois prosseguiu:

— Neste ponto Galeato estava com a razão: nós, habitantes da Terra, somos como as células de um grande organismo, que chamamos de "Gaia". Só seremos verdadeiramente felizes e venceremos as trevas se orquestrarmos uma evolução conjunta. E a Nova Era possibilitará isso com a chegada de espíritos de boa vontade, voltados para o bem comum. A humanidade da "Jerusalém renovada" purificará a aura do planeta e também trabalhará para salvar a natureza, que a cada dia está sendo mais devastada pelo homem desse final de ciclo. Uma Nova Era está para se iniciar.

Hermes ergueu as mãos para o Alto e falou, em tom de prece:

— O Espírito Criador não permitirá que seus filhos rebeldes destruam sua bela obra realizada no Planeta Azul. Somos gratos a Ti, Senhor dos Mundos, por permitir realizarmos nossa pequena contribuição nesse período de transição.

Arnach e eu murmuramos um "que assim seja", tímido, e nos abraçamos a Hermes, que mal teve tempo para parabenizar-nos, porque, naquele mesmo instante, fomos transportados por nossas mentes para a sala onde estavam nossos corpos astrais e tentávamos anteriormente desarmar a pirâmide.

Ela já não existia mais, pois a tínhamos destruído no plano mental. Não demorou muito para percebermos a irritação profunda dos seres sombrios que a protegiam. Eles estavam chocados, pois não compreendiam como a pirâmide havia sumido repentinamente, diante de seus olhos. Alguns seres grotescos estavam ali presentes fazia milênios, incumbidos da tarefa de protegê-la. E, agora, instantaneamente, o motivo de suas existências havia sumido. Isso não acabaria bem.

Arnach e eu recuamos para um canto e fechamos a guarda para resistir ao forte ataque que sofreríamos. Eu olhei para o amigo e disse-lhe:

— Mais uma vez vamos colher aquilo que plantamos. É a lei de ação e reação.

Arnach esboçou um sorriso e disse, de forma divertida:

— Preciso me acostumar com isso. Às vezes, pergunto-me como tu aguentaste isso por todos esses séculos, sendo que ainda em várias ocasiões eu fui teu algoz.

Eu apertei seu ombro e disse, sem rancor algum:

— Relaxa, com o tempo, a gente se acostuma. O importante é sermos firmes na decisão de percorrer o caminho da luz. O resto nós tiramos de letra. Hermes não nos abandonará. Nunca o fez; jamais o fará.

Eu senti nos olhos de Arnach um sentimento de extrema confiança em nosso mentor, e ele me falou, com os olhos úmidos:

— Eu sei que não, meu irmão. Nem ele nem tu nunca me abandonaram. Hoje, percebo e reconheço isso.

Aquelas palavras me emocionaram profundamente, ao ponto de eu nem mais temer o ataque. Parecia que o tempo havia parado naquele instante. Eu olhei para ele e o abracei, imensamente feliz por suas descobertas internas. Sentia-me, naquele momento, como em nossa infância em Atlântida,

Atlântida – No reino das trevas

quando brincávamos pelas colinas do templo do Sol, sem saber nada sobre aqueles fantásticos acontecimentos que viveríamos nos anos futuros.

Entretanto, naquele instante, todos os magos negros nos lançaram dardos fluídicos de ódio e revolta. Fui despertado, então, de meus devaneios e pensei: "Certamente, amanhã meu corpo físico estará com os músculos todos contraturados".

Mas isso faz parte do processo do despertar eterno e definitivo. Sentindo na própria carne o mal que fizemos, podemos compreender melhor o quanto isso deve ser afastado de nossos pensamentos e de nossas ações. O homem somente será verdadeiramente feliz quando vencer todos os seus sentimentos inferiores e assim neutralizar as ações negativas que repercutem de seus carmas passados.

Claro que não estamos aqui estimulando as pessoas a se martirizarem. Isso não espiritualiza ninguém. Entretanto, é sábio receber com resignação aquilo que não podemos evitar, e essa era a situação naquele momento. As cargas astrais deletérias que recebíamos eram alimento para nossas almas, que precisavam sedimentar a força do bem em suas fibras mais íntimas.

Não sei quanto tempo ficamos ali, Arnach e eu, ajoelhados, recebendo a rajada de raios do mal, mas permanecemos sempre abraçados, em apoio mútuo, parecendo duas tartarugas embaixo de uma frágil couraça protetora.

Então, Arnach arregalou os olhos e alertou-me, com preocupação:

— Vê aquela entidade que Hermes pediu para observarmos, aquela que nos via abrindo as entranhas de um antílope?

Fiz um sinal afirmativo. Ele olhou com receio para mim e completou:

— Creio que esse troglodita parece não estar para brincadeiras com aquele machado em punhos.

A criatura terrível, que parecia um urso gigante, correu em nossa direção e desceu o machado sobre nossas cabeças. Apertei firme a mão de Arnach e gritei:

— Deus nos proteja!

Em uma fração de segundos, sentimos nossos rostos mergulhados em uma água pura e cristalina. O canto suave dos pássaros e uma brisa acolhedora nos davam as boas-vindas ao reino da luz.

O som terrível oriundo do ódio dos magos vingativos dava agora espaço para as vozes familiares da equipe técnica, que comemorava nosso retorno com segurança. Todos se abraçavam e cantavam, como se tivessem marcado um gol em um jogo de futebol.

Arnach e eu erguemos nossas cabeças atordoadas e vimos Hermes e os outros mestres avaliando os resultados da desativação da pirâmide. Eles perceberam nosso olhar e acenaram, armando um vasto sorriso no rosto e realizando gestos de felicitação, enquanto membros da equipe nos abraçavam pelo êxito na difícil missão.

Estávamos ajoelhados na beira de um lago, com o rosto na água e com as pernas moles. Respiramos aliviados e nos jogamos de costas na água rasa, procurando nos recompor do forte estresse.

Arnach, logo depois, sentou-se e gargalhou, dizendo, enquanto sacudia a cabeça, demonstrando não estar acreditando no que vivera:

— Isso é uma loucura!

Eu dei um tapa gentil em suas costas, como fazem os grandes irmãos, e permaneci em silêncio. Ele ficou então observando os mestres conversando, animados, no gramado, à margem do lago. Eu me apoiei nos cotovelos e fiquei espiando discretamente o amigo que abandonara as trevas havia tão pouco tempo.

Ele mantinha um misterioso brilho em seus enigmáticos olhos azuis. Um novo mundo de verdadeira amizade e parceria se descortinava, fazendo-lhe perceber os verdadeiros valores da alma.

Ele sorriu e, depois de um breve silêncio, perguntou-me:

— Eles são sempre assim, tão alegres e radiantes?

Eu também sorri e disse-lhe, feliz por presenciar suas novas descobertas:

— Sim. Eles já conquistaram a felicidade eterna, venceram seus carmas, seus medos inconscientes e encontraram o equilíbrio por meio do amor universal e incondicional.

Ele passou as mãos pelos longos cabelos louros, quase brancos, e falou-me, quase como se fosse um sussurro:

Atlântida – No reino das trevas

— Gostaria de não sentir mais esta tristeza que me invade a alma de forma incontrolável. Desejaria ser feliz pelas pequenas coisas, assim como eles. Também seria algo muito bom abrir mão de meu egoísmo.

Eu me ergui, estendi-lhe a mão e, enquanto o puxava para levantar-se, disse-lhe:

— Um dia nós seremos como eles, meu irmão. Mas ainda temos de realizar muitas ações em nome do Cristo para vencermos nosso passado. Por enquanto, vamos vivendo momentos fugazes de felicidade, assim como a humanidade em geral. Pelo menos não estamos mais perdidos; encontramos o caminho da luz. Basta apenas termos convicção para segui-lo.

Ele me abraçou com sinceridade, e caminhamos em direção aos mestres, que nos receberam com efusivos abraços. Mais uma das centenas de etapas da implantação da Nova Era na Terra tinha sido concluída com êxito.

Ainda teríamos muito a realizar até o final de 2012 e também nas etapas seguintes, até a implantação definitiva. Muito trabalho ainda restava para ser feito, mas, pelo menos, poderíamos dormir sossegados, com a consciência tranquila por termos feito nossa parte, independentemente de nosso passado.

Capítulo 1

Vinte anos depois

Uma elegante águia real sobrevoava os céus das montanhas de Kandur, imponente, realizando voos precisos, mesmo sob as fortes rajadas de vento daquele fim de tarde. No momento em que ela observava os bosques e os campos à procura de alimento para seus filhotes, teve sua atenção desviada para algo incomum àquele local ermo.

Eram pequenos e distantes pontos negros sobre o gramado verdejante. A imponente águia deu um rasante em direção ao solo, e, ao aproximar-se, sua natureza instintiva identificou o alvo. Não eram presas, mas sim terríveis predadores. Ela abriu as imensas asas, que mediam mais de dois metros de uma ponta até a outra, e deu um grito selvagem, em um misto de ameaça e cumprimento aos seus iguais. Em seguida, deu uma rápida sobrevoada sobre nossas cabeças indiferentes à sua presença e voltou aos céus para prosseguir com sua busca.

Mas lá de cima ainda continuou observando aqueles três homens vestindo roupas negras, as tradicionais capas dos magos negros atlantes: preta por fora e escarlate por dentro, que pareciam asas, semelhantes às suas, sendo agitadas ao vento.

Arnach e Ryu estavam de pé, dois passos atrás, um de cada lado, em respeitoso silêncio. Eu estava de joelhos, com um semblante frio e impassível, em frente à pequena sepultura de Evelyn. Somente as lágrimas que desciam lentamente por meu rosto denunciavam meus sentimentos, mas eram rapidamente dissipadas pelo forte vento que desalinhava nossos longos cabelos louros e secava o pranto que não condizia com a natureza de seres insensíveis como nós.

Evelyn tinha sido sepultada dentro da "bolha dimensional" criada por Atônis, para evitar que os atlantes guerreiros importunassem o projeto de preparar dignos cidadãos para migrarem rumo ao mundo primevo e lá manterem vivos os conhecimentos e a sabedoria de nosso povo, conforme já relatado no livro *Atlântida – No Reino da Luz*.

Como eu não tinha mais acesso àquela esfera superior, sofri por não ter como visitar o local de repouso de minha falecida esposa. Porém, algum tempo depois, tive uma grata surpresa: o local onde ficava a sepultura (e onde estávamos naquele momento) tinha sido retirado da área de proteção, ou seja, havia descido para a dimensão natural de Atlântida, permitindo que eu realizasse minhas orações aos pés do túmulo de Evelyn.

Certamente, meu pai percebeu minhas visitas e quis dar-me esse consolo.

Vinte anos havia se passado desde sua morte, mas jamais deixara de visitar periodicamente aquele local que simbolizava o fim de nossa união neste mundo. Éramos muito esclarecidos com relação à sobrevivência do espírito, principalmente por nossa família. Eu sabia que ali encontraria tão somente os restos mortais da adorada consorte. Talvez nem isso, pois sua morte por desintegração atômica deve ter facilitado em muito a natural metamorfose biológica no transcorrer daquelas duas décadas.

Ali havíamos enterrado algo mais residual do que cinzas humanas. Entretanto, eu necessitava de uma ligação, uma forma de senti-la perto de mim e assim prestar-lhe minhas homenagens. No entanto, minha passagem para o lado negro terminou por afastá-la definitivamente. Eu não sentia mais sua presença espiritual em momento algum; algo que era bem fácil para os antigos atlantes.

Lembro-me de que, durante os melhores anos de nossas vidas, conseguíamos, inclusive, conversar telepaticamente, a milhares de quilômetros de distância. Agora isso já não era mais possível, pois estávamos em sintonias espirituais muito diferentes.

Em meio às minhas reflexões, sentia que Arnach estava impaciente. O irrequieto amigo desejava voltar logo à capital, mas respeitava minha demora. Naqueles dias, precisávamos estar mais unidos do que nunca. Nossas forças conjuntas com o Vril forneciam-nos relativa segurança. Sozinhos, corríamos graves riscos. A luta havia se tornado mais intensa. E, como nossa posição era dúbia, Gadeir parecia estar sempre nos espreitando com intenções perigosas.

Além disso, estávamos nas montanhas de Kandur, na Atlântida Oriental, ou seja, nos domínios de Atlas. Arnach preocupava-se principalmente com um encontro inesperado com Nereu, irmão de Ariane, uma das vítimas das paixões desenfreadas do confuso amigo.

Sim, muitas coisas aconteceram depois que assumi meu lado sombrio e defini minha posição na guerra; na verdade, uma posição pouco clara. Arnach, Ryu e eu estabelecemos um triângulo fechado, uma união de interesses próprios, conforme o pacto que selamos no dia em que vesti a sinistra capa negra dos magos atlantes pela primeira vez.

Em algumas vezes, apoiávamos as diretrizes de Gadeir, que reinava soberano sobre o exército da raça branca; em outras, realizávamos um jogo duplo, causando surpresa em Atlas e em seus seguidores da raça vermelha. Em diversas oportunidades, fomos repreendidos por Gadeir, por colocarmos nossos interesses pessoais acima daquilo que o grupo defendia.

Não foram poucas as ocasiões nas quais o chantageamos, em momentos críticos da batalha, com a intenção de obter poder e riqueza. E também não foram poucos os dias em que ele desejou nossa morte. Mas, para manter o equilíbrio de forças com Atlas, ele aceitava nossos caprichos, pois necessitava de nosso concurso diário. Ademais, Gadeir nem se preocupava em atender nossos interesses, porque planejava nossa morte imediata, depois de vencer Atlas.

Logo percebemos que manter Atlas vivo significava nossa garantia de vida. Caso ele morresse, seria nosso fim. Além disso, se ele vencesse, seríamos submetidos à raça vermelha, fato que não nos agradava. A guerra terminou tornando-se fundamental para mantermo-nos a salvo e em relativo conforto e domínio sobre o povo atlante.

Atlântida – No reino das trevas

Dessa forma, tornamo-nos vampiros da guerra. Nós a alimentávamos diariamente, como se faz a um moribundo inconveniente que não desejamos que morra. Sugávamos a estrutura da guerra até exaurir suas forças; depois, revitalizávamo-nas para que jamais a guerra acabasse. Enquanto o povo rezava diariamente pedindo proteção e o fim da guerra aos seus deuses pagãos, nós a estimulávamos para que não acabasse tão cedo.

Os capelinos reencarnados já começavam a impor sua cultura decadente à Grande Ilha, abandonando o culto ao Espírito Criador para adorar estátuas de animais. O deus Ápis, em forma de touro, cultuado posteriormente no Egito, teve sua origem nesse período, dentro das fronteiras do continente atlântico.

Se um dia o homem moderno encontrar a Atlântida, descobrirá centenas de estátuas como a dessa figura; todas do período final, época em que esse culto primitivo tornou-se uma febre, pouco antes do cataclismo mais famoso da história.

Gadeir, aquele ser sinistro e sem coração, ainda chorava a morte da irmã, mas sua ambição era maior do que qualquer sentimento nobre. De certa forma, isso se tornou algo muito comum entre todos nós.

Ele pagaria o preço que fosse pela vitória, e a melhor forma de agradá-lo era fazer vê-lo que tínhamos como dar-lhe esse tão sonhado presente. Nos momentos em que eu percebia que estávamos por um fio em seu conceito, ressurgíamos com ideias e atitudes inéditas e inesperadas, que nos davam importante vantagem na batalha, fazendo com que ele se esquecesse do ódio que nutria por nós e até mesmo premiasse-nos pelos significativos resultados obtidos.

A frieza que tomara conta de nossos corações era algo impressionante. Nenhuma morte, nenhum sofrimento sensibilizava-nos. Desejávamos somente atender nossos desejos e interesses. Naqueles dias, nenhum motivo era empecilho para eu atender meus objetivos.

O poder que o Vril conferia a todos os magos negros distanciou-nos demasiadamente das pessoas comuns. Aos poucos, víamo-nas cada vez mais como meros objetos; nada mais do que peões dispostos para o sacrifício, em um imenso tabuleiro de xadrez. A vida deles dependia de nosso humor ou de nossos interesses. Pobre daquele que fosse útil aos nossos propósitos ou se tornasse um empecilho. O melhor era não ser notado. Sobrevivia quem não era percebido. Inclusive, os serviçais pareciam robôs, que mal respiravam, para evitar um possível dia de desgraça em suas vidas.

Se acordássemos de mau humor ou então estivéssemos frustrados por não atingir algum objetivo, alguém poderia pagar caro para aplacar nossa ira. Eu, particularmente, tornei-me arrogante e irritadiço. Caso algum ser comum me dirigisse a palavra sem ser autorizado, cometia grave ofensa, a ponto de eu o punir com a morte.

Eu não os respeitava de forma alguma. Inclusive, escondiam suas mulheres de minhas vistas, para que eu não as seduzisse na frente deles, em total desrespeito ao laço matrimonial. Em determinada ocasião, explodi o marido de uma de minhas conquistas, assim como fiz com o assassino de Evelyn, somente porque ele foi tirar satisfação por eu ter assediado sua mulher.

Aquele dia, eu não estava para conversa e não o achava digno de ser esposo daquela mulher. Imaginei também que a queria para toda a vida, mas, três dias depois, abandonei-a. Ela ficou viúva e deprimida pelo resto de seus dias.

E, assim como uma criança mimada que recebe tudo dos pais, sem passar por contrariedades, fui externando lentamente o pior de mim, alicerçando-me no poder fabuloso do Vril em minhas mãos.

Quem seria louco de desafiar-me ou questionar minhas ações? Apenas Gadeir fazia isso. Mas, como era um ser mau e inescrupuloso, não achava minhas atitudes reprováveis. Apenas nos cobrava por estarmos cansados em decorrência das noitadas sem fim, quando ocorria alguma "batalha do Vril" contra os sacerdotes de Atlas.

Entretanto, esse comportamento não era exclusivo dos magos negros. Boa parte da civilização atlante, desde os líderes até o mais ínfimo dos homens, sempre encontrava alguém menor para pisotear e explorar. Somente os fracos trabalhavam, enquanto os poderosos usufruíam do labor alheio.

Aos poucos a sociedade filosófica e espiritualizada de Atlântida tornou-se guerreira e vingativa. O semblante sereno dessa gloriosa raça estava sendo substituído por olhares de cupidez e vingança. Os mais valorosos eram aqueles que se destacavam nos campos de batalha ou influindo indiretamente na terrível guerra das duas raças.

Conceitos como amor e respeito não eram mais dignos de louvor. Assim como na sociedade atual, que passa por semelhante processo, o que era certo passou a ser errado, e o que era errado passou a ser certo. As palmas eram para os malandros que levavam vantagem em tudo; os honestos começaram a ser tachados de idiotas e tolos.

As classes menos favorecidas, que se formaram entre os atlantes, jogavam-se de cabeça na guerra, na tentativa de tornarem-se bons guerreiros e, assim, saírem da condição humilhante em que se encontravam. Além disso, todos queriam consumir.

A falta de espiritualidade levou nosso povo a tornar-se ávido por bens materiais, como acontece nos dias de hoje. Todos faziam qualquer coisa para terem condições de consumir de forma compulsiva. E, para isso, precisavam de dinheiro; algo que era quase desnecessário na época de ouro de Atlântida.

Logo, a corrupção imperou rapidamente, pois todos desejavam ganhos fáceis para entregarem-se ao consumismo desenfreado. Como acontece com todos que só pensam em bens materiais, estavam sempre tristes e frustrados, pois nada os completava.

O discurso empolgado de Gadeir mobilizava os cidadãos comuns para entregarem-se de corpo e alma à luta fratricida. Não importava se eram homens ou mulheres; todos pegavam em armas para obter uma supremacia racial estúpida e sem sentido e também para dar sentido às suas vidas distanciadas da luz do Espírito Criador.

Muito tempo depois, na Segunda Guerra Mundial, diretamente do plano astral, Gadeir repetiria essa mesma fascinação, utilizando-se de alguns de seus discípulos que estavam reencarnados. Eles foram instrumentos das sombras para tentar repetir o horror do passado. Por esse motivo, o ódio racial foi tão intenso por parte do partido nazista. Mais uma vez, Gadeir tentou impor a raça ariana como a perfeita e eleita por Deus, desdenhando as demais e procurando exterminá-las.

Onde estavam a sabedoria e o bom-senso atlante? Almas impuras agora dominavam o cenário político da terra de Possêidon. Nada mais de bom poder-se-ia esperar.

O governo é um reflexo de seu próprio povo.

Enquanto isso, eu arrastava Arnach e Ryu para uma rebeldia difícil de explicar. Eu odiava aquela guerra estúpida, mas parecia que desejava cada vez mais que ela ganhasse força para destruir tudo e todos. Eu jamais me esquecera dos alertas de meus pais sobre o fim trágico de Atlântida. E, como tudo indicava para esse caminho, eu fazia questão de colaborar para o desfecho sinistro. Eu tinha literalmente o desejo de "ver o circo pegar fogo".

Falava para meus amigos que nosso destino era morrermos engolidos pelo apocalipse que fatalmente ocorreria. De forma nenhuma poderíamos ser derrotados antes da "Grande Batalha" que ocorreria contra o Espírito Criador.

Eu lhes dizia também que esse era o motivo mais importante para arrastarmos a guerra pelo tempo que fosse necessário. Nós deveríamos contribuir decisivamente para a vitória de Gadeir somente quando surgisse no céu a "estrela de fogo", que era o asteroide que meus pais sempre comentavam que se chocaria contra Atlântida no dia derradeiro.

Arnach, algumas vezes, dava-me ouvidos, mas, em outras, achava que eu estava delirando, por causa da morte de Evelyn ou então por causa das "loucuras" que Ártemis e Criste me ensinaram quando eu era criança.

Já Ryu sorria e dizia, de forma irônica, com as mãos na cintura:

— O que gosto em Andrey é que ele não perde as melhores batalhas. Está sempre pronto para a diversão. Antes vê-lo guerreiro tresloucado do que com aquelas doidices do passado de viver como camponês no mundo primitivo.

Contudo, apesar de nosso poder com o Vril, éramos relegados a um plano secundário. Gadeir não nos confidenciava seus planos mais secretos, com medo de que vazássemos informações para Atlas. Mas o trio de rebeldes era chamado quando o equilíbrio de forças entre os dois lados em conflito exigia força máxima.

Atlântida – No reino das trevas

Gadeir vivia tenso, porque era notório que, nas batalhas do Vril, Atlas não dava tudo de si. Em muitas vezes, parecia que o gigante vermelho tinha condições de realizar o golpe final e exterminá-lo, mas isso nunca acontecia. Nosso líder retornava, então, para a capital, completamente exausto e suado, tanto pelo esforço empreendido como pelo nervosismo. Naqueles dias, ele acreditava que escapava da morte por causa da intervenção divina, que desejava a vitória da raça branca: a escolhida dos imortais.

Nós participávamos das reuniões mais importantes, mas também era comum nossa ausência, já que as noitadas consumiam nossas forças. Arnach era o mais perdido neste aspecto, pois tornara-se um verdadeiro alcoólatra irresponsável. Ryu era o mais centrado, porém tinha um lado rancoroso muito profundo. Aquele que o prejudicasse jamais seria esquecido. Vingava-se com uma frieza assustadora e repentina, tal qual uma cobra pronta para dar o bote. Ele nem ao menos nos consultava. Quando percebíamos, seu rival já estava morto.

Esse seu comportamento causou-nos alguns problemas também com Gadeir, principalmente quando ele matava sacerdotes de segunda linha de nossa raça. Foram poucos e insignificantes, apenas elementos que tinham reduzido poder com a grande energia, mas Gadeir não podia se dar ao luxo de perder absolutamente nada, por causa da força assustadora de Atlas.

Já Arnach não gostava de sujar as mãos com sangue, mas também não se chateava de fazer isso, se fosse necessário. Ele sempre lidava com a situação de forma irônica. Gargalhava como um louco após matar; talvez uma fuga inconsciente para não ter de racionalizar sobre as atrocidades que cometia. Seu inconsciente já era povoado por muitos fantasmas para ele guardar mais dor.

Eu parecia ser o único que sentia o peso na consciência decorrente de minhas ações. Eu fui educado sob uma filosofia espiritual cristalina; logo, entendia todos os intricados processos da vida criada por Deus. Sabia e entendia o que era certo e o que era errado. Agir de forma negativa causava-me desconforto e profundos traumas, que iam se acumulando no porão de minha consciência. Entretanto, isso não me impedia de fazer nada.

48   Roger Bottini Paranhos

Quando era preciso, matava e fazia sofrer, ainda com um riso de escárnio no canto da boca.

Bem que algumas vezes me refestelava com aquilo tudo, como se eu estivesse demonstrando minha revolta pela perda de Evelyn. Se a vida tinha se tornado um inferno, por que não alimentá-lo? Para que ser correto, se o Espírito Criador havia me retribuído os esforços na prática do bem com dor e sofrimento? Ele me abandonara quando mais precisei dele para controlar meu monstro interior. Por que, então, não conspirar contra o projeto da luz na Terra?

Eu brincava, ironizando Deus, citando uma das máximas de Antúlio: "Colhemos o que plantamos". Ou seja, o mal que eu fazia era a colheita do plantio que o Espírito Criador havia realizado em meu coração. E, depois, dava gargalhadas, enquanto tomava o alucinante guaianás.

Após as risadas sem fim, eu me deprimia. Meus grandes olhos azuis ficavam parados em um ponto, como faz um louco em seus delírios, e um suor gelado inundava minha testa, refletindo todo o meu desequilíbrio e os conflitos internos que eu precisava administrar para não enlouquecer.

E assim vivíamos como escravos de todos os tipos de excesso: bebidas, sexo desregrado e discursos inflamados de protestos. Passávamos as noites bebendo e filosofando sobre a decadência de nosso mundo, acompanhados das mais belas e sedutoras mulheres de nossa sociedade. Elas riam de nossas asneiras e, dessa forma, divertíamo-nos, esquecendo-nos de nossos problemas do mundo real.

Creio que elas nunca deram crédito às minhas profecias apocalípticas, até que o asteroide surgiu bem próximo ao céu e sentenciou Atlântida a seu fim. Ali meus discursos deixaram de ser delirantes para tornarem-se proféticos; momento em que todos choraram de angústia.

Aquela rotina era tão viciante que ficávamos aflitos nas noites em que Gadeir demorava em encerrar os debates sobre as táticas de guerra. Arnach se impacientava de tal forma que Gadeir o expulsava da reunião, debaixo de impropérios, chamando-o de fraco e viciado.

Éramos verdadeiros vampiros; ao cair da noite, precisávamos saciar-nos com a "energia vital" das belas mulheres de nossa sociedade. Mas não eram as mulheres ou a bebida que buscávamos, e sim um mundo de ilusões, para fugir de nossos compromissos espirituais e de nossa dor.

Electra, a assassina de Evelyn, terminou não obtendo o que desejava. Ela acreditava que, cometendo seu crime hediondo, conquistaria meu amor, com o passar do tempo, caso eu jamais viesse a descobrir que ela fora a responsável pela tragédia ocorrida na Grande Pirâmide, que mudou drasticamente meu destino.

Em seus delírios, ela imaginou que eu lhe devotaria o mesmo amor que dedicara à Evelyn. Pura ilusão de sua parte! Eu apenas nutria por ela uma aparente e injustificável aversão. Minha intuição me dizia para rejeitá-la, apesar de todo o jogo de sedução que ela se empenhava em realizar. É óbvio que, em algumas noites, eu cedia aos apelos daquela mulher atraente, mas tão somente por estar em estado alterado de consciência, pelo consumo abusivo de guaianás.

Nós transávamos intensamente. Eu a levava a um estado de êxtase jamais sentido por ela, o que era intensificado por sua paixão por mim. Contudo, no dia seguinte, apesar de sua beleza, agia como se ela nem existisse. Jamais participei de algum evento social ao seu lado, o que tornava sua revolta ainda maior, porque, além do amor que sentia por mim, ela desejava o *status* social resultante de uma união conjugal. Ela sonhava também em ter filhos comigo, para que eles fossem herdeiros da grande linhagem dos sacerdotes do Sol. Nada disso aconteceu.

Esses vinte anos de desprezo e desinteresse de minha parte haviam-na destruído. Ela envelhecera rapidamente para uma atlante e me acusava de tê-la iludido por todos aqueles anos. Somente as mulheres que se amam verdadeiramente e são bem resolvidas entregam-se sem esperar nada em troca. Aquelas que se acham injustiçadas e abandonadas normalmente são as que entram em uma relação mais para sugar do que para doar seu amor. Geralmente, terminam sozinhas e abandonadas, assim como Electra.

Durante as noites amarguradas em que vivia abandonada por causa desta insana obsessão por mim, realizava funestos rituais de magia negra para vingar-se – apenas mais um pouco das muitas cargas negativas que viriam pesar em meus ombros por causa dessa triste página da história de minha vida imortal.

Todavia, o que mais a enlouquecia era que Arnach, Ryu e eu não envelhecíamos. Ela sabia que isso tinha algo a ver com alguma fonte de energia da Grande Pirâmide. Os boatos que corriam pela sociedade eram de que, após as noitadas, corríamos como vampiros para o grande catalisador energético e lá dormíamos, dentro de câmaras especiais de rejuvenescimento, até altas horas da manhã. E isso era verdade! Tanto era que Arnach, sempre vaidoso, tornara-se obcecado por esse ritual. Eu o fiz prometer jamais revelar nosso segredo a quem quer que fosse. E, como eu tinha programado a pirâmide para atender somente meus comandos, tínhamos o total controle sobre este processo.

Naqueles dias, o poder da pirâmide não era assim tão fundamental quanto no início da guerra. Novas formas de manipular o Vril tinham sido desenvolvidas para evitar a escassez do fluido cósmico universal programado pelos atlantes da Era de Ouro, antes de partirem ou serem assassinados pelos atlantes-capelinos.

Muitos morreram por calarem-se sem revelar o que estava acontecendo na atmosfera atlante para o Vril desaparecer sem causa aparente. Alguns sacerdotes dessa era simplesmente afirmavam que a maldade dos novos atlantes é que fez a grande energia abandonar-nos, mas Gadeir não acreditava nesta resposta.

O líder da raça branca os eliminou e depois passou a preocupar-se mais em dominar o "Sol Negro" e as bombas magnéticas do que se preocupar com a pirâmide atlante. Era necessário agregar mais poder, e ele sabia que o poderoso catalisador energético já estava no limite do que poderia fornecer.

Electra suspeitava desse poder rejuvenescedor e me amaldiçoava ainda mais por não compartilhar com ela essa maravilhosa "fonte da juventude", que, além de manter-nos conservados, tinha a capacidade de obstruir qualquer processo enfermiço em nossos corpos físicos. Além da longa mocidade, seríamos saudáveis por tempo indefinido; era o verdadeiro elixir da longa vida.

Simplesmente decidimos que Electra não merecia ser preservada do envelhecimento, e jamais revelamos isso a ela. Não éramos generosos: o que era nosso não deveria ser de mais ninguém. Somente meus irmãos recebiam qualquer benefício que estivesse ao meu alcance, e eles faziam o mesmo por mim.

Vivíamos para nossos egos. Não éramos deliberadamente maus. Tudo acontecia segundo algum propósito. Praticávamos o mal, mas para atender nossos propósitos; jamais por sadismo ou perseguição infundada.

Não agredíamos gratuitamente, mas éramos intolerantes com servidores indisciplinados. Estávamos no topo da escala hierárquica. Como eu já disse, tratávamos como iguais somente quem dominava o Vril; o resto da população deveria prestar-nos reverência e dirigir-se a nós somente quando autorizado.

Vingança, sim. Jamais poderemos negar este sentimento anticrístico, porém, nós nos considerávamos justiceiros. Por que motivo Deus nos teria dado tanto poder se não fosse para realizar justiça, colocar ordem no caos?

Tanto na matéria como depois, fora dela, alegávamos que o Espírito Criador não se interessava por almas que viviam distanciadas das virtudes crísticas. Logo, cabia aos sacerdotes atlantes administrar aquela esfera desprezada pelo Todo-Poderoso. Pertencíamos ao mundo das sombras e precisávamos regê-lo.

Eu vivia a ilusão de crer que tinha o controle total sobre a situação. Na verdade, era apenas uma forma de tentar dominar o sentimento de insegurança que nasceu em mim com a perda de Evelyn.

Eu acreditava poder restabelecer a ordem e fazer com que todos seguissem minhas diretrizes. Mas quem era eu, além de mais um perturbado e perdido em seus próprios conflitos? Como eu poderia colocar ordem em Atlântida se minha vida era uma sucessão de tormentos e dúvidas? Eu vivia uma vida desregrada e acreditava que poderia, em determinado momento, fazer nossa civilização perceber que deveríamos retomar os bons valores de outrora. Mas como crer em bons valores se meu comportamento diário estava longe de ser um exemplo de dignidade, assim como era o de meus pais? Minha alma em conflito vivia entre a luz e a treva; como sempre, balançando sobre o abismo, vivendo no fio da navalha.

Em alguns dias, eu acordava envolto em luz por ter recebido instruções no plano astral superior, com o objetivo de corrigir meus erros. Dirigia-me às reuniões com os líderes da raça branca com propostas de paz e entendimento, mas, ao chegar lá, eu me irritava com a hipocrisia e a vileza de meus pares. Em poucos minutos, eu me esquecia dos ensinamentos de luz e entrava na mesma frequência destrutiva da cúpula do poder do continente atlântico, que caminhava, dia após dia, para seu terrível destino.

Ao ódio eu revidava com revolta. Desejava a luz, mas não era tolerante com as trevas. Logo, não conseguia me desligar dos sentimentos negativos que escravizavam minha alma.

Perdido nesses pensamentos e ajoelhado em frente à sepultura de Evelyn, eu percebi, mais uma vez, a impaciência de Arnach. Ergui-me, colocando a mão em seu ombro e dizendo-lhe, com um tom amigável:

— Só mais um pouco, meu grande amigo. Já partiremos.

Ele fez um sinal de concordância, enquanto eu caminhei em direção a uma região mais arborizada do cume daquela montanha. O vento castigava minha capa negra, que se agitava como uma bandeira no topo do mastro.

Lembrei-me da chegada dos primeiros grupos de alunos àquele ponto alto das montanhas. Apreciei a vista do mar, relembrando a alegria das gêmeas correndo por aqueles campos e bosques, enquanto Evelyn realizava seus estudos botânicos, em uma época em que o clima não era tão severo quanto naqueles novos tempos. As vibrações densas da nova geração de atlantes desciam o nível vibracional de todo o continente, dia a dia, levando-nos a conviver com intempéries semelhantes às do mundo primevo.

Recordei-me também da satisfação estampada no rosto de meu pai, Atônis, o filho do Sol, no dia em que inaugurou o templo das montanhas de Kandur. De forma segura e serena, mantendo a esperança na humanidade, ele abraçava os jovens com um sorriso no rosto e sonhava que talvez aquele grupo selecionado pudesse retornar à própria região urbana de Atlântida e recuperar os valores perdidos, em vez de ter de fugir do cataclismo para civilizar o mundo primevo, como a última geração honrada da Grande Ilha.

Atlântida – No reino das trevas

Eu sacudi a cabeça e falei para mim mesmo: "Sinto, meu pai! Somos piores que lobos; somos chacais à espera de uma vítima. Jamais poderíamos viver nesse mundo encantado que você idealizou. Somos almas impuras, indignas de tal benção".

Naquele instante, perdido em meus pensamentos, senti uma vibração especial alguns passos adiante. Meu coração não poderia estar me enganando. Caminhei em direção a uma árvore frondosa que se destacava das demais por sua imponência e fiquei com o olhar fixo em determinado ponto.

Eu nada podia ver, mas sabia quem estava ali, em outro nível dimensional, dentro do portal que meu pai havia criado para seu grupo de alunos. Ali era a colônia de Kandur, e eu sentia a presença de Ártemis e das meninas. Sabia que estavam ali. Tinha certeza disso.

Sim, e elas estavam naquele mesmo local onde eu fixara meu olhar. Lua deu um passo à frente e afirmou, com sua voz rouca e sensual, carregada de emoção decorrente da forte impressão:

— Minha mãe, Andrey pode nos ver! Ele está olhando para mim. Ele pode sentir-nos. Tenho certeza.

Ártemis deixou correr uma serena lágrima e disse:

— Ele não pode nos ver, mas sente nossa presença. Andrey sabe que estamos aqui neste exato local. A ligação que temos com ele ainda é muito grande.

Sol correu até o lado da irmã e segurou firmemente sua mão. Ambas ficaram olhando-me nos olhos, sem respirar. Enquanto isso, eu caminhei lentamente, como um cego, tentando utilizar os demais sentidos para melhor captar a presença que tinha atraído minha atenção de forma tão especial.

Ryu e Arnach notaram meu estranho comportamento e perguntaram, preocupados, se estava tudo bem comigo. Eu os tranquilizei com um gesto e pedi que aguardassem em silêncio.

Então, estendi o braço e toquei nas folhagens da árvore limítrofe entre as duas dimensões. Percebi que ali estava a fronteira que nos separava. Fiquei parado por alguns instantes, realizando uma prece silenciosa de agradecimento por aquela dádiva, depois de tantos anos.

As gêmeas, agora duas mulheres adultas de vinte e cinco anos, ficaram abraçadas, em silêncio, acompanhando com seus vivos olhos cada movimento que eu realizava e meu semblante sofrido.

Os anos pareciam não ter passado para mim. A única coisa que havia mudado era a expressão de meu rosto: antes, triste e abatido pela morte de Evelyn; agora, duro e indiferente por causa das lutas internas que havia travado nos últimos vinte anos.

Meu porte físico e dos demais amigos tinha se tornado atlético. Por causa da vaidade humana, dedicávamo-nos a exercícios para desenvolver um belo porte. Os braços musculosos, com as veias saltadas, indicavam que erguíamos pesos por esporte e vaidade.

Meus longos cabelos louros, que esvoaçavam com as fortes rajadas de vento, continuavam os mesmos. Realmente, apenas o olhar havia sofrido uma mudança significativa, em consequência de minha alma ter passado por diversas metamorfoses, desde os tempos em que Atlântida vivia o final de sua época de ouro.

Sol tinha se tornado uma verdadeira deusa, com seus longos e cacheados cabelos louros. Sua pele branca como a neve e os olhos verdes penetrantes haviam se tornado especialmente encantadores com a maturidade. O formato suave de seus lábios refletia toda a sua nobreza e elegância. A doce loirinha irradiava a mesma vitalidade impressionante da infância.

Já Lua reproduzia exatamente a graça e a maturidade que lhe eram característicos desde criança. Cabelos e olhos negros e envolventes emolduravam uma expressão facial irresistível. Se Lua já era uma criança madura, agora tinha se tornado uma mulher sábia, dona de uma profundidade espiritual rara. Por ser mais séria do que Sol, Lua impunha medo em quem se aproximava dela. Raros homens ousariam tentar seduzi-la, ao contrário de Sol, que sempre sorria ao receber um galanteio.

Sol tinha uma expressão contínua de felicidade no rosto. Já Lua, às vezes, era um tanto melancólica e vivia perdida em pensamentos misteriosos, o que a distanciava das relações sociais; talvez até por não ser uma legítima representante da raça branca e ter de viver, no futuro, em seu meio.

Sol era autêntica, um livro aberto, sem segredos, meticulosa, enquanto Lua era misteriosa, indevassável. Acredito que somente eu conseguia ler seus pensamentos. Nos anos seguintes, eu brincava com elas, chamando Sol de "minha bela artista" e Lua de "minha bela feiticeira".

Mesmo com a túnica discreta de sacerdotisas, demonstravam uma silhueta encantadora. Naquele momento, não pude vê-las, mas sutilmente estabelecemos uma conexão telepática, unindo nossas almas como nos velhos tempos, em que elas eram apenas duas crianças arteiras.

Senti uma onda de bem-estar envolvendo meu coração e sorri, de forma ingênua e sem malícia, algo pouco comum naqueles tempos. Em seguida, murmurei, sabendo que elas ouviriam no imo da alma:

— Que saudade de minhas capetinhas!

Lua colocou a mão no peito, externando toda a sua saudade, e Sol deixou escorrer lágrimas abundantes dos olhos. O sorriso delas invadiu minha alma, e eu retribuí serenamente; algo pouco comum em todos aqueles anos, desde a morte de Evelyn.

Enquanto eu me divertia, em um mundo íntimo incompreensível aos amigos, percebi que eles se dirigiam para a nave que nos trouxera até as montanhas de Kandur.

Eu, então, encostei minha mão nos lábios e soprei um beijo carinhoso em direção às meninas. Em seguida, girei sobre os calcanhares e corri até o veículo, que já se preparava para partir. Naquele momento, eu não notei, nem mesmo Ártemis, mas as gêmeas ficaram profundamente envolvidas emocionalmente.

Rapidamente, retornamos à capital Posseidonis, e me dirigi para meus aposentos. Naqueles tempos de guerra, os sacerdotes do primeiro escalão viviam em um grande edifício administrativo, em amplos apartamentos luxuosos que tinham piscina e sauna privativa. Era importante estarmos sempre juntos e a postos, caso fosse necessário rebater algum ataque massivo dos sacerdotes de Atlas.

Passei com passos rápidos pelos guardas que vigiavam a entrada de meus aposentos, joguei a capa em um divã, tirei a roupa e dirigi-me para a ampla banheira de hidromassagem que dava vista para o bosque ao lado. Pouco depois, várias mulheres, entre as mais belas de Atlântida, vieram banhar-me. Não eram servas, e sim mulheres nobres da sociedade atlante que faziam qualquer coisa para estarem ao lado dos grandes sacerdotes do Vril. Certamente eu escolhia as mais belas e interessantes para me fazerem companhia.

Mas, naquela noite, eu não queria conversar. Estava perdido em meus pensamentos. Elas imaginaram que se tratava dos problemas da guerra, mas minha mente estava focada em minhas queridas gêmeas que eu não via fazia tanto tempo. Uma saudade profunda se apossou de meu espírito e me deixou nostálgico. Tive que, inclusive, disfarçar uma lágrima e outra que escapavam de meus olhos.

Elas começaram, então, a perguntar-me o motivo de minha tristeza. Beijei todas, uma a uma, e pedi, gentilmente, que me deixassem sozinho, porque eu precisava meditar. Todas sorriram e foram para seus aposentos, no amplo e sofisticado edifício. Elas sabiam quando eu desejava dormir só.

Apesar de eu estar vinculado à linha das trevas, tratava minhas mulheres com total respeito e carinho. Jamais as forcei a fazer o que não desejavam; ainda mais porque eu possuía uma infinidade delas para atender meus anseios mais íntimos.

Esse gesto, além de garantir-me todo o amor que elas tinham a oferecer, ainda me tranquilizava em relação a eventuais atentados. Além dos vigilantes, eu podia contar com a atenção de todas elas, que me amavam de coração, caso eu sofresse algum ataque durante meu repouso noturno. Sempre tive o sono muito pesado.

Elas se retiraram, e eu fiquei tomando um copo de guaianás, olhando pela janela e meditando sobre o tempo em que eu vestia a cor da luz. Logo o efeito daquela bebida mágica tomou conta de meu corpo, e fiquei com um relaxado sorriso no rosto, observando sua misteriosa tonalidade através da transparência da taça de cristal. Leves bolhas subiam do fundo do copo; uma efervescência natural resultante da fermentação do fruto.

O guaianás era feito a partir de um fruto raro, chamado guaiá, que passou a ser cultivado de forma desenfreada nos últimos vinte anos por causa da excessiva procura. A fermentação desse fruto, cítrico e de coloração avermelhada, resultava em um elevado teor alcoólico, sendo o guaianás mais forte do que a vodca, porém menos forte que o absinto.

Sua tonalidade ficava entre a cor do vinho branco e o *rosé*.

Além disso, possuía propriedades energéticas, estimulantes e levemente alucinógenas. Apesar de ser quase uma droga, não passava da mais refinada e inebriante bebida já desenvolvida na história de nossa humanidade.

Ela era forte para a sutil constituição física dos atlantes, porém quase comum e inócua para os habitantes do mundo primevo, descendentes do *Homo Sapiens*, que já estavam acostumados com drogas bem mais fortes e primitivas. Além disso, eles não tinham sensibilidade para perceber o sutil e refinado paladar do guaianás, sendo seus efeitos perceptíveis somente para nós.

Eles consumiam ervas alucinógenas bem mais densas e destrutivas, algo que já estava se tornando rotina também em algumas regiões mais afastadas da capital atlante. Já o excessivo consumo do guaianás só não nos causava prejuízo orgânico por causa do poderoso efeito regenerativo do Vril, que relataremos no capítulo seguinte.

Então, envolvido pela bebida, não consegui mais controlar a saudade e comecei a chamar as gêmeas pela linguagem telepática, procurando estabelecer novamente aquela profunda ligação que nos unia de forma tão misteriosa quando as conheci. Eu me lembrei dos poemas de Lua e das canções que Sol adorava cantar e comecei a repeti-los bem baixinho, como se estivesse recitando mantras sagrados.

No fundo da alma, eu ouvia seus pensamentos, como se fossem um cântico sereno, e elas os meus. Não era uma linguagem absolutamente clara, mas eu sentia suas vibrações, pedindo-me para abandonar a capital, rasgar a roupa negra e voltar para a luz.

Eu apenas respondi, sorrindo e em êxtase:

— Quem sabe um dia, meus amores.

Capítulo 2

A fonte da juventude

Na manhã seguinte, entrei com passos rápidos na Grande Pirâmide. Diante de minha presença, todas as portas se abriram sem objeção. Antigamente, almas impuras eram impedidas de entrar. Mas, naqueles dias, o símbolo máximo da tecnologia atlante atendia nossos interesses. Agora, os senhores do Vril não eram mais os sábios atlantes de outrora, e sim nós, os espíritos arrogantes e guerreiros exilados de Capela.

As salas de estudo, o desenvolvimento industrial de produtos usando o Vril e toda a sua aplicação para o bem haviam desaparecido. Pouco a pouco, a tecnológica sociedade atlante começava a se tornar tribal, igual ao restante do planeta. Ainda mais que o quinto elemento se tornara raro na natureza. Seu domínio era cada vez mais restrito, limitando-se à produção de produtos industrializados em série.

Era fácil perceber que, em algumas décadas, nossa vida seria quase tão limitada como a dos habitantes do mundo primevo. As únicas naves que decolavam eram as pilotadas por sacerdotes do Vril de nível médio ou superior. Não éramos mais vistos como cientistas, e sim como feiticeiros de uma seita obscura. A nobre classe dos sábios e cientistas agora era ocupada por bruxos traiçoeiros, e o simples povo trabalhador e honesto agora dava espaço para uma gente malandra e sem valores. Os que se faziam de vítima, ao primeiro vacilo, passavam a perna em seus semelhantes, sem o menor escrúpulo.

Com o passar dos anos, crendices e rituais foram criados para entender o Vril, distorcendo sua aplicação para atender interesses obscuros. Somente os maiores manipuladores da grande energia conseguiram manter o domínio sobre ela, assim como havia previsto Gadeir. E estes estavam empenhados na guerra ou haviam fugido para as montanhas ou locais ermos, para viverem como eremitas. Alguns ainda eram procurados, praticamente caçados, pelos dois lados da batalha. Seu peso valia ouro, e não podiam ser desprezados.

Eu me tranquilizava por meus pais terem migrado para um local inacessível à ambição desses homens.

Já aqueles que tinham um domínio mediano se conformaram com isso ou, então, tornaram-se ridículos mistificadores, que afirmavam ao povo simples poder controlar o Vril, tal como ocorre hoje em dia com alguns farsantes que afirmam se comunicar com os espíritos apenas para tirar dinheiro de pessoas ingênuas.

As gerações mais novas nem mesmo entendiam como o quinto elemento funcionava. Tenho certeza de que, se as pessoas de Atlântida vivessem para contar suas histórias, as gerações futuras acreditariam que a pirâmide seria apenas um templo funerário ou algo assim, semelhante ao que acontece no Egito com as pirâmides de Gizé.

Com um olhar carregado e com a capa negra esvoaçando, tal a rapidez de meus passos, cruzei por vários sacerdotes menores que trabalhavam dentro da pirâmide, com o objetivo de construir armamentos convencionais e desenvolver estudos sobre bombas de destruição em massa para a guerra. Nem mesmo retribuí as mesuras que eles insistiam em realizar, em sinal de reverência.

Naqueles dias, minha arrogância e meu desprezo por seres hierarquicamente inferiores já estavam no auge. O máximo que eu permitia eram essas demonstrações de servilismo. Dirigir-me a palavra sem serem solicitados poderia custar-lhes muito caro. Eu acreditava não ter tempo a perder com seus assuntos banais; um triste gesto de imaturidade espiritual, pois o verdadeiro sábio é aquele que consegue descobrir ensinamentos em todas as manifestações da vida, inclusive em uma ingênua conversa cotidiana. Além do mais, o verdadeiro líder é aquele que cativa, e não o que impõe medo.

Talvez achasse que impor medo e respeito fosse necessário para manter o controle sobre aqueles que estavam sob nosso comando. Não percebia, mas essa forma de agir era uma clara demonstração de insegurança, pois simplesmente não era necessária. Quem iria enfrentar um sacerdote do Vril de primeira linha? Esse seria um gesto que nem o mais insano cidadão atlante cometeria.

Atravessei o amplo salão no piso térreo e me dirigi ao elevador que levava ao cume da pirâmide. Eu subi até o topo, local onde antigamente se reunia o Conselho do Vril, e abri a porta a que somente Arnach, Ryu e eu tínhamos acesso.

Os gatos que antigamente realizavam a purificação e o controle não existiam mais. Tínhamos matado todos eles, porque tinham nos atacado e nos arranhado, nas primeiras tentativas de acessarmos algumas áreas restritas da pirâmide.

Isso foi o suficiente para percebermos que não teríamos uma convivência amistosa com aqueles bichanos. Assim, nós reprogramamos os computadores e o Vril com certa facilidade, mas os gatos, por serem sencientes, possuem alma. Além disso, por estarem ligados a uma poderosa alma-grupo, jamais se venderiam.

Hoje em dia, a domesticação reduziu o potencial energético e sensitivo desses enigmáticos animais, mas, naquela época, eles pareciam seres racionais com altíssima sensibilidade. Os atlantes, inclusive, ensinaram os egípcios e persas a utilizarem as elevadas capacidades dos felinos para esse fim.

Eu caminhei até o centro da sala, joguei minha capa sobre a mesa e, ajeitando os cabelos que caíam sobre meu rosto, observei Ryu e Arnach dentro das câmaras de irradiação de Vril.

Havíamos desenvolvido aqueles equipamentos, semelhantes aos caixões de vampiros dos filmes de ficção, nos quais dormíamos algumas horas para operar o rejuvenescimento celular.

Não é difícil constatar que os criadores das lendas de vampiros foram intuídos por essa prática milenar que se propagou principalmente no astral inferior da Terra, nos milênios seguintes.

Atlântida – No reino das trevas

61

Lá dentro, as correntes da energia Vril percorriam nossos organismos a uma velocidade fantástica, provocando uma recuperação celular que nos rejuvenescia vários dias em poucas horas. Uma hora de exposição correspondia a três dias de recuperação dos excessos, prevenindo o envelhecimento, com a eliminação da formação dos radicais livres.

Com esse processo, evitávamos o natural desgaste causado pelas toxinas de nossas almas desequilibradas, que desciam para o corpo físico, corrompendo com doenças degenerativas o excelente material genético que recebêramos de herança de nossos pais, os perfeitos atlantes da Era de Ouro.

Esse recurso era fundamental, também, para reparar o estrago orgânico provocado pelos excessos com o guaianás, com a guerra e com o grande desgaste energético causado pelas atividades sexuais intensas, que também vampirizavam nossas forças.

Acreditávamos absorver a vitalidade juvenil das mulheres que conquistávamos, mas, muitas vezes, elas nos contaminavam com suas vibrações espirituais perturbadas, além de sorverem nossas energias.

Havia uma crença de que as mulheres que mantivessem relações com os sacerdotes do Vril poderiam se beneficiar indiretamente com o poder curativo e rejuvenescedor dessa misteriosa energia. Tal ilusão era alimentada principalmente pelo fato de que o tempo passava, e não envelhecíamos, por causa das câmaras de rejuvenescimento.

A vagina dessas mulheres era como uma ventosa, a qual, depois de conectada, sugava-nos de forma impressionante. Sabíamos disso, mas gostávamos e precisávamos dessa troca de energias. Éramos ambos parasitas, sugando-nos mutuamente.

O gesto de doar amor alimenta ambos, já a vampirização mútua causa um terrível esgotamento nos dois parceiros.

Eu bati no visor da cápsula e fiz sinal para saírem. Arnach desligou o aparelho e abriu a tampa de vidro, resmungando. Ryu estava muito sonolento. Apenas se ergueu com um olhar parado, entre um bocejo e outro.

— Arnach, se você continuar utilizando as câmaras de rejuvenescimento neste ritmo, terminará mais jovem que uma criança. Você sabe que o uso ideal prescreve apenas algumas horas por noite, e não mais que quatro vezes por semana.

Ele sorriu com minha brincadeira e disse:

— Dou um dedo da mão para não me tornar um velho decrépito. Os atlantes antigamente viviam mais de um século e com saúde; hoje em dia, tenho me assustado com o envelhecimento precoce de nosso povo e com as estranhas doenças do mundo primevo que estão surgindo por aqui também. Isso parece uma praga maldita.

Eu concordei com um gesto, lembrando-me das pesquisas que realizara ao lado de Evelyn entre os povos primitivos. Arnach tinha razão: Atlântida estava perdendo sua profilática energia espiritual, a qual mantinha tudo e todos puros e perfeitos. Havíamos contaminado aquele paraíso com nossos pensamentos e ações que contrariavam o princípio divino universal: "ama ao teu próximo como a ti mesmo e faça a ele somente o que gostaria que te fizessem".

Esse era o resumo das leis espirituais, segundo tinha nos ensinado o nobre Antúlio, o maior mestre espiritual dos atlantes em toda a sua história.

A humanidade atual sofre com doenças e tragédias de toda a natureza por não estar em sintonia com essa máxima suprema citada. Esse é o resumo central da mensagem de todos os grandes mestres da humanidade e reflete diretamente a vontade divina. Nenhum outro ensinamento espiritual está mais perto da verdade absoluta de Deus do que esse.

A Terra só abandonará sua senda sem fim de carmas, que resultam em doenças e sofrimentos, quando seguir o roteiro da luz, assim como ocorria na Atlântida da época de ouro.

Os dois desceram lentamente de seus "caixões de rejuvenescimento" com a pele coberta pelo tradicional "suor escuro", oriundo da purificação orgânica disparada pelo Vril. As toxinas eram liberadas por meio de uma transpiração peculiar, que deixava a pele engraxada.

Em seguida, eles caminharam até um compartimento no canto da sala, por onde passavam por uma última e rápida descarga energética, que cristalizava os resíduos finais da purificação. Em segundos, a pele expelia, de forma impressionante, os resíduos finais das toxinas, por meio de pequenos cristais negros. Essa era uma limpeza realizada no corpo físico e também no astral, prevenindo o desencadeamento de doenças oriundas das toxinas que agregávamos à alma quando praticávamos nossos atos negativos. Era uma forma de driblarmos a justiça divina.

Nos anos finais de Atlântida, utilizávamos esses cristais negros, que condensavam poderosa enfermidade astral, para trabalhos de magia transcendental, com o objetivo de atingirmos nossos inimigos.

Hoje em dia, o termo mago ou mágico é mal compreendido. Os mágicos que vemos nos espetáculos circenses são, na verdade, ilusionistas. Eles fazem a plateia crer em algo que não existe. Apenas provocam uma ilusão momentânea, enganando os sentidos do espectador. Magia é realmente provocar alterações concretas a partir da manipulação de energias astrais.

Na época da extinta Atlântida, viveram os maiores magos da história de nosso mundo, pois eles conseguiam manipular o fluido cósmico universal para esse fim. O Vril, entre outras tantas aplicações, era utilizado para a prática de magia branca e negra.

Com o passar dos séculos, no mundo primevo, alguns mágicos poderosos conseguiram bom êxito no campo da magia, mas nem de longe se comparavam aos magos atlantes. Mesmo assim, realizaram grandes proezas tanto para o bem como para o mal.

Depois do processo de limpeza prévia, Ryu e Arnach jogaram seus corpos fatigados em duas grandes banheiras de limpeza.

Ryu, já mais acordado, porém ainda demonstrando cansaço, perguntou-me:

— Irmão, o que você faz aqui tão cedo? Não o chamamos para a noite ontem porque sabemos que nos dias em que você visita o túmulo de Evelyn prefere ficar recolhido, meditando.

Eu andei de um lado ao outro, perdido em meus pensamentos. Minha mente era uma usina que parecia jamais descansar. Algumas vezes, eu achava que seria muito bom ter alguns momentos de paz, como aqueles idiotas que ficavam nas praças dando comida aos pássaros, sem nada para pensar, mas eu não conseguia me desligar.

Ao ouvir as palavras de Ryu, virei-me e disse-lhe, passando a mão pelos longos cabelos louros:

— Sim, preferi ficar meditando ontem à noite. Foi melhor assim. Mas o que me traz aqui tão cedo é um chamado de Gadeir. Ele convocou uma reunião de emergência faz pouco. Imaginei que vocês estariam em sono profundo e resolvi alertá-los. Já tivemos muitas desavenças ultimamente com nosso arrogante líder, não seria prudente faltarmos a essa reunião.

Os dois concordaram com um gesto, e Arnach perguntou:

— Quanto tempo nós temos até a hora da reunião?

Eu ergui a mão e disse-lhes:

— Banhem-se e vistam-se com tranquilidade. A reunião é no final da manhã. Enquanto isso, eu farei umas pesquisas no computador central da pirâmide. Encontro vocês lá embaixo.

Arnach agradeceu o aviso e disse:

— Pelo menos esse velho insuportável marcou a reunião para um horário adequado. Deteto quando ele nos convoca à noite e estraga nossas festas.

Todos rimos de seu comentário. Depois, eu desci para a biblioteca central da pirâmide. Lá fiquei realizando algumas pesquisas sobre o poder alquímico da antimatéria e sobre como dominá-la. Nós sabíamos que Atlas e seus sacerdotes também pesquisavam sobre o tema.

O impasse com o poder do Vril já durava duas décadas e parecia uma interminável "queda de braço". Não conseguíamos vislumbrar quem seria o vitorioso daquele embate. O domínio de uma nova forma de poder seria determinante para pôr fim à guerra.

Eu não tinha pressa para isso. Contudo, queria fazer parte do grupo que dominaria qualquer novidade nesse confronto, até mesmo para tentar evitar um desfecho antecipado da guerra, afinal, disso dependia minha vida.

Na verdade, eu não tinha ânimo para nada. Desde a morte de Evelyn, eu não via mais sentido nenhum em minha existência. Lá no fundo, eu desejava manter-me vivo não sei por qual motivo. Eu vivia em uma gangorra ilógica, que me levava ao desejo de viver ou morrer, ser útil ou destruir, ascender aos céus ou descer aos quintos dos infernos.

Atlântida – No reino das trevas

Eu tamborilei os dedos sobre a mesa e fiquei pensando. Meu pai era o grande sacerdote do Sol, regia o poder da luz para o bem e para a manifestação divina do Espírito Criador. E eu ali, estudando uma forma de dominar o poder do "Sol Negro": a manifestação contrária a tudo o que meu pai amava e para o que havia dedicado sua vida incansavelmente.

No início do Universo, matéria e antimatéria foram criadas na mesma proporção. Basicamente, para cada partícula havia sua antipartícula correspondente, ou seja, para cada elétron foi criado um pósitron; para cada quark, um antiquark; e assim por diante.

Esse cenário dominou o Universo logo depois da explosão primordial, que deu início à dimensão em que vivemos. Mas a antimatéria escapou de nosso espaço, criando um universo paralelo.

Assim, quando uma partícula encontra sua antipartícula correspondente (um elétron interage com um pósitron, por exemplo), as duas se aniquilam, transformando-se em energia pura, consumindo-as.

Os estudos que realizávamos tinham como foco principal buscar na dimensão paralela a antimatéria correspondente ao que desejávamos destruir em nosso plano. No momento em que ela fosse trazida à nossa dimensão, exterminaria naturalmente sua contrapartida, em uma profusão de energias de impacto imprevisível.

Já tínhamos acessado essa outra dimensão e trazido algumas partículas de antimatéria para nosso mundo. O difícil era fazer a migração de elementos na proporção exata, sem causar o caos que poderia destruir toda a Atlântida e, quem sabe, o próprio planeta.

O risco de criarmos um ínfimo mas catastrófico buraco negro, com poder de exterminar o planeta inteiro, não poderia ser descartado. O nome "Sol Negro" foi designado para opor essa imensa energia destrutiva à do poderoso Sol, o gerador da vida, ou seja, simplesmente a força máxima da matéria contra a da antimatéria.

A manifestação do bem e do mal configura apenas os dois extremos da mesma energia. Os opostos são idênticos, de igual natureza, porém em graus diferentes. Logo, o lado das sombras sempre soube que, para vencer o bem, precisava trabalhar a mesma energia em sentido oposto. Era a inversão da força, mesmo que ela fosse apenas simbólica.

A representação da força do anticristo é a cruz inversa, um elemento que está em oposição direta ao símbolo maior do cristianismo. A própria cruz suástica dos nazistas foi elaborada no sentido contrário da que naturalmente sempre foi utilizada, para ter essa mesma função energética.

A suástica, ou cruz gamada, é um símbolo místico encontrado em muitas culturas, em tempos diferentes, dos índios hopi aos astecas, dos celtas aos budistas, dos gregos aos hindus. A nazista tem os braços apontando para o sentido horário, ou seja, indo para a direita, e roda a figura de modo a um dos braços estar no topo.

As suásticas budistas e hopi parecem reflexos do símbolo nazista no espelho, demonstrando, assim, a posição anticrística desta última. Inclusive, membros do Terceiro Reich subiram as montanhas do Tibete para tentar desvendar o segredo do Vril, porém, os monges budistas não tinham conhecimento do que eles tanto procuravam. O Vril sempre foi um segredo na mão de poucos.

Dessa forma, quando utilizávamos o Vril para destruir, também o fazíamos de forma inversa a essa energia, manipulando o fluido cósmico universal ao contrário. O poder da força inversa sempre é extraordinário, tanto no plano físico como no astral. As trevas não são apenas escuridão, mas principalmente ausência de luz, e vice-versa. Eis o grande segredo oculto da magia milenar.

Quem compreende que tudo faz parte do Uno abre as portas para a compreensão maior. O Céu e o Inferno estão sobrepostos, porém em graus diferentes, e Deus está em tudo. Não existe um diabo em oposição ao Criador. O mal mora apenas dentro de nossas almas ainda imperfeitas, e o Espírito Criador espera pacientemente que nos libertemos das distorções da realidade que criamos em nossas próprias vidas.

A obra de Deus é naturalmente voltada para o bem. Nós é que ainda não a compreendemos, pois estamos escravizados ao mundo das ilusões, que não reflete a essência do Criador e também a nossa, pois somos feitos à imagem e semelhança do Altíssimo.

Depois dessas reflexões, meus grandes olhos azuis ficaram tristes. Eu afastei os instrumentos de navegação da biblioteca virtual e me levantei. Caminhei até a janela e fiquei apreciando a beleza da natureza, ainda não totalmente corrompida pelos novos atlantes. Fiquei ali imaginando um raio do "Sol Negro", a antimatéria, consumindo o trabalho da luz, destruindo aquele paraíso.

Meu corpo, então, começou a transpirar e, por um instante, imaginei que fosse o suor negro das câmaras de rejuvenescimento. Assustei-me. Mas não era nada; apenas uma transpiração normal, típica de ocasiões em que vivemos grandes estresses emocionais.

Saí porta afora com passos ansiosos e fui aguardar os amigos no pátio central, respirando o ar puro da abundante vegetação e recebendo os raios solares da manhã. Aquele gesto pareceu acalmar meu espírito. Relaxei e até mesmo adormeci por alguns instantes.

Porém, logo fui acordado pela aproximação nervosa de Electra. Naquele tempo era necessário ter os sentidos muito aguçados. A desatenção poderia custar muito caro. Poderia ser a diferença entre a vida e a morte. Não podíamos confiar em ninguém.

Quando senti aquela onda desequilibrada chegando perto de meu campo áurico, despertei sobressaltado. Ela se sentou ao meu lado e perguntou, com ironia:

— O que você faz aqui a essa hora, com o rosto abatido? As festas de ontem não foram de seu gosto? As jovens de nossa sociedade não o alegram mais? Crápula maldito!

Eu olhei com desdém para ela e falei com irritação:

— Deixe-me em paz, Electra. Ontem, fez vinte anos que Evelyn morreu. Permita que eu chore minha dor em paz.

Electra arregalou os olhos, recordando-se daquele fato insignificante para sua alma doentia. No mesmo instante, ela bloqueou todos os seus sentimentos para não me alertar, intuitivamente, de que tinha sido a mentora do assassinato que me fazia chorar havia tantos anos.

Depois de recompor-se, ela aproveitou o momento para

fazer-me sofrer, já que suas esperanças de ter-me como esposo eram cada vez mais remotas. Cruzando suas longas e sedutoras pernas em minha direção, ela disse, em tom sarcástico:

— Nem todas as lágrimas do mundo apagarão sua responsabilidade sobre a morte de Evelyn. Não adianta enganar-se, meu querido.

Eu me virei para ela, espantado, e perguntei:

— De onde tirou essa ideia, mulher louca? Quem disse que sou responsável pela morte dela? Sempre a amei.

Electra gargalhou e respondeu-me:

— Menino ingênuo. Se você tivesse vindo lutar ao lado de seus irmãos de raça mais cedo ou, então, não fosse tão arrogante, exibindo os poderes que possui, provavelmente a guerra já teria sido resolvida, e você e Evelyn estariam agora plantando verduras em algum povoado esquecido do mundo primevo. Mas você não consegue ter uma vida apagada, não é mesmo, meu vaidoso amante?

Eu saltei do banco em que estávamos sentados e, quando ia me defender, percebi a aproximação dos amigos que caminhavam rapidamente em minha direção. Estávamos atrasados para a reunião do conselho.

Eu apenas a fulminei com um olhar e disse-lhe:

— Depois conversaremos sobre isso. Agora, estamos atrasados para a reunião.

Ela fez um gesto irônico de conformidade e falou:

— Sim, precisamos ir.

Nós três entramos em um veículo e, quando Electra foi acompanhar-nos, empurrei-a e gritei, com os olhos em chama:

— Procure sua gente, cobra venenosa!

Ela ameaçou atacar-me com o Vril, e eu me preparei, dizendo-lhe, com os dentes cerrados, em estado extremo de raiva:

— Faça e você não verá o sol nascer amanhã.

Ela deu dois passos para trás, como uma serpente acuada, e eu fiz sinal para Ryu partir. Nosso veículo se deslocou rapidamente, e ela permaneceu no local com um olhar enlouquecido, irradiando-me pesadas cargas de energias densas.

Enquanto Ryu pilotava, Arnach se virou para mim e disse:

— Andrey, você precisa resolver isso. Essa mulher é perigosa. Até hoje, ela não esqueceu seu desprezo por ela. Um dia, Electra atentará contra sua vida. Tenha certeza disso.

Ryu virou a cabeça levemente para nós, sem tirar os olhos dos comandos da nave, e concluiu:

— Arnach tem razão. Foi um erro você ter tido relações íntimas com ela, Andrey. Agora seu ódio é muito maior do que seria caso você não tivesse dado a ela falsas esperanças.

Eu respirei fundo e respondi, irritado com o conselho que era verdadeiro, mas que me chateava ainda mais, por eu não o ter seguido:

— Eu sei. E quem são vocês para me criticarem com relação a isso?

Dei um murro nos painéis da nave e concluí:

— Já devia tê-la matado para resolver isso, mas, além de ela ser sacerdotisa do quinto elemento, é uma das prediletas de Gadeir. Qualquer desequilíbrio na balança do Vril pode ser determinante nessa guerra. E Electra é poderosa. Gadeir vai enlouquecer se ficar sem ela. Acredito que ele só se preocupa com nossa segurança pelo receio de perder nossa força com a grande energia. Caso contrário, nem se importaria com nossas noitadas sem fim.

Os dois amigos fizeram um sinal de concordância, demonstrando preocupação. Depois seguimos em silêncio até o prédio administrativo do governo central da capital atlante. Fomos os penúltimos a entrar no amplo salão com uma mesa oval ao centro. Electra chegou minutos depois, transpirando muito e vermelha de raiva.

Gadeir estava sentado na poltrona presidencial, no canto oposto da mesa, ao lado de seus assessores mais próximos: Pantauér e Galeato. Ele usava um traje preto com diversas insígnias.

Eu sorri para Ryu e falei-lhe, ao pé do ouvido:

— Olhe só, Ryu, o bode velho está se achando melhor que nós. Todos usamos os mesmos trajes, e ele com aquelas frescuras ridículas.

Ryu segurou-se para não rir. Sentamos no extremo oposto da mesa, deixando os lugares próximos a Gadeir para os bajuladores, que não eram poucos.

Arnach procurou sentar-se ao lado de Tessália, uma sacerdotisa que ele estava tentando seduzir fazia meses. Quanto mais ela evitava seu assédio, mais ele ficava obcecado por conquistá-la. Assim era Arnach!

Aproveitei aquele momento inicial, antes de começar a reunião, para estudar nosso líder. Várias vezes eu havia sonhado que morreria pelas mãos daquele ser sinistro. Era um aviso claro. Lembro-me nitidamente de suas palavras na hora extrema. Ele dizia, antes de desferir o golpe fatal:

— Morra, traidor. Ninguém te protegerá neste momento final.

Os olhos quase sem cor de Gadeir, parecendo um demônio, com sua face caricata de ódio rindo de minha desgraça naquele momento, não saíam de minha mente. Ele era um verdadeiro fantasma, branco como um vampiro.

Em diversas ocasiões, eu acordei assustado com tal pesadelo. Era algo que parecia real demais para eu não levar a sério.

Despertei de meus pensamentos quando Gadeir levantou-se e começou a falar. Ele era alto e magro, possuía traços angulares, nariz aquilino e expressões faciais frias, típicas de seres maus e insensíveis. Seu cabelo totalmente branco ia até a altura dos rins. Algumas vezes, como nessa ocasião, ele o prendia trançado, em forma de rabo de cavalo, como os antigos chineses. A roupa muito negra contrastava diametralmente com sua pele e seus cabelos alvos como o mármore.

Ele pediu silêncio e disse-nos, com sua voz malévola:

— Defensores do governo legítimo do reino de Atlântida, creio que chegamos finalmente a mais um passo que pode pôr fim a esta trágica guerra que há mais de vinte anos tem causado tantas mortes de filhos valorosos de nossa raça.

Todos, então, aprumamo-nos em nossas cadeiras. Esse era um fato novo. Gadeir percebeu que tinha obtido nossa mais absoluta atenção, porque Arnach parou de importunar Tessália e ficou com os olhos vidrados em nosso líder.

O silêncio era tal que podíamos até mesmo ouvir o quase imperceptível som do Vril alimentando as luminárias da sala de reunião. Com um sinistro sorriso nos lábios finos, ele disse-nos, com um tom vitorioso:

— Terminamos o desenvolvimento da bomba magnética.

O silêncio na sala ficou ainda maior.

Atlântida – No reino das trevas

Nossos cientistas estavam desenvolvendo uma técnica com a grande energia para gerar uma reação em cadeia com o elemento primordial do Vril. O objetivo era gerar grandes explosões magnéticas para destruir os exércitos rivais, sem que houvesse preocupação com os danos irreversíveis que seriam ocasionados na atmosfera do planeta e nos povoados indefesos da região afetada. Os efeitos seriam devastadores para o ecossistema do planeta.

Pantauér, frio e insensível como Gadeir, interrompeu o silêncio:

— E como poderemos usar essa força contra Atlas? Ela certamente é bem menor do que o poder essencial do Vril, que manipulamos nas batalhas reservadas contra seus exércitos.

Nosso líder sorriu e disse-nos:

— Sim, é menos que o Vril, mas talvez a grande energia não possa se contrapor a essa força, desestabilizando a "balança do Vril", o equilíbrio que se mantém há décadas e faz com que essa guerra permaneça indefinida por tempo indeterminado. Não venceremos a guerra com ela, mas poderemos realizar grandes baixas no exército vermelho, sem um combate homem a homem, como está ocorrendo nos confrontos tradicionais. Isso certamente trará novas preocupações aos nossos inimigos e poderá abrir brechas para obtermos a verdadeira vitória por meio do desequilíbrio que sofrerão em suas bases.

Todos concordaram com o fato de que seria uma boa tentativa. Gadeir meditou por alguns segundos e voltou a falar sem demonstrar preocupação nenhuma com o desfecho de sua terrível proposta:

— Gostaria de saber a opinião de vocês sobre realizarmos um teste com essa bomba de destruição em massa, antes de a utilizarmos contra Atlas e seus exércitos. Como todos sabem, a região costeira, ao norte da Grande Ilha, está em constante rebelião. Eles querem derrubar nossa administração, porque estão passando fome e não recebem socorro. Na verdade, são uns inúteis, pois nada acrescentam ao progresso de nossa nação. É a região mais pobre em todos os sentidos. São completamente dependentes e só geram despesas. Não podemos conviver com esses dois problemas: uma região deficitária e em constante clima de rebelião. Já temos problemas demais com Atlas e o hemisfério oriental. Nossa missão é unificar novamente o continente. Questões menores como essa devem ser tratadas com pragmatismo.

Ele, então, respirou profundamente e arrematou:

— Tenho percebido, também, nessa região, aumento de deficiências físicas e mentais nas novas gerações. Além disso, eles não possuem mais poderes telepáticos, o que é uma prova de que são elementos de nossa raça que estão se degenerando. Precisamos evitar a propagação dessa constituição genética fraca. Vários entre eles se misturaram com a raça vermelha, maculando nosso sangue sagrado. Já nos basta termos de conviver com os impuros vermelhos. Por todos esses motivos, eu proponho realizarmos um teste com essa bomba em nossos próprios domínios.

Com uma frieza assustadora nos olhos, ele sentenciou:

— Exterminaremos essa região. Se eles nada têm para oferecer ao nosso povo, além de problemas, a Atlântida Ocidental estará melhor sem eles.

Gadeir sempre admirou a beleza e o poder da raça branca atlante, e a taxou de superior, pois acreditava que ela deveria prevalecer em toda a Atlântida. Ele era decididamente um racista sem escrúpulos; tanto, que desejava exterminar os vermelhos, assim que destruísse Atlas.

Além disso, poderíamos dizer que ele foi o verdadeiro fundador da eugenia, que é a ciência responsável pelo estudo das condições mais propícias à reprodução e ao melhoramento genético da espécie humana. Porém, com um terrível agravante: Gadeir, assim que percebeu as deformações morais e genéticas que eram fruto da reencarnação de capelinos como ele, passou a selecionar grupos específicos que considerava impuros e iniciou um processo de esterilização e extermínio em massa, como tentativa de eliminar a herança genética desses elementos supostamente imperfeitos.

O leitor já deve ter visto recentemente essa mesma história terrível se repetindo em nossa humanidade. Sim, a criação do programa "higiene racial" do Terceiro Reich na Alemanha nazista também foi inspiração direta do sombrio clã dos magos negros, liderado por Gadeir.

O extermínio das ditas "raças impuras" nos campos de con-

Atlântida – No reino das trevas

centração pelo partido nazista foi manipulado diretamente por esses seres das sombras, sendo que esse ódio foi ainda maior sobre o povo judeu por causa de Atlas, que viria a encarnar como Moisés, tornando-se um símbolo fundamental das três principais religiões do mundo: cristianismo, judaísmo e islamismo, demonstrando a Gadeir que elementos grandiosos nascem no mundo independentemente de raças. Isso porque não estamos nem falando de Jesus, que também era judeu e certamente foi o melhor exemplar humano que nossa humanidade já teve.

Entre todas as etnias, encontraremos sempre elementos notáveis e aqueles que ainda precisam se aperfeiçoar. Fundamentalmente, a questão principal está no espírito que está reencarnando naquela raça, e não particularmente nela. O super-homem tão almejado pela ciência jamais será conquistado a partir da constituição de um corpo biologicamente perfeito, mas sim pela sublimação da alma, tornando-se puro e equilibrado. Eis a fonte verdadeira do aperfeiçoamento integral da humanidade.

Obviamente que toda a dor resultante do holocausto da Segunda Guerra Mundial não fugiu aos imperativos da lei de ação e reação. Colhemos aquilo que plantamos; essa é a Lei. No entanto, tudo poderia ter sido diferente se o homem já tivesse aprendido a amar e a respeitar seus semelhantes, libertando-se da roda cármica das encarnações, com expiações e provas.

Infelizmente, os homens, de todos os povos, ainda não perceberam isso. O povo judeu, que tanto sofreu na mão dos nazistas, hoje em dia realiza ações semelhantes contra os palestinos, sob as mais injustificadas alegações. A insanidade humana insiste em ofuscar a luz de Deus.

Somos todos irmãos, dentro da família universal, e temos um único Pai: o Espírito Criador. Não somos desta ou daquela raça, somente "estamos" momentaneamente vivendo determinada experiência. Somos espíritos imortais; assim, jamais devemos levantar bandeiras sectárias. As raças e etnias são passageiras, e os credos religiosos também o são; somente o que fica é aquilo que adquirimos de valores espirituais em nossa caminhada eterna rumo à luz de Deus.

Atlas (Moisés) se empenhou pessoalmente em todas as iniciativas para evitar a ação descontrolada do Terceiro Reich nas mãos de Gadeir, durante aquele sombrio período da história de nossa humanidade. Infelizmente, nem todo o esforço realizado pelo Alto conseguiu evitar o terrível holocausto.

Em poucos momentos da história de nossa humanidade, as trevas exerceram domínio tão preocupante sobre o mundo. Trabalhamos incansavelmente, no Céu e na Terra, para impedir o avanço das sombras.

Alguns leitores podem se perguntar como Moisés, um guerreiro, ex-mago negro, redimido há poucos milhares de anos, pôde tornar-se um dos líderes mais importantes e significativos do processo de espiritualização da Terra. A resposta é muito simples: nossa humanidade ainda é muito imatura e primitiva. Somente remédios amargos surtem efeito, salvo raras exceções.

É evidente que a aptidão moral de Moisés foi fundamental para isso, no entanto, sua capacidade de liderança e o poder disciplinador que possuía sobre as massas terminaram sendo o elemento definitivo para seu êxito.

Outro fator que preocupava Gadeir era o misterioso desaparecimento de crianças que nasciam com poder sobre o Vril. Na época de ouro, elas já eram raras. As que nasciam com ele se tornavam sacerdotes do Vril e passavam por rigoroso treinamento. Porém, com a chegada dos capelinos, tornaram-se ainda menos frequente os nascimentos desses seres especiais.

Sol e Lua faziam parte da última geração em que o Vril brilhava nas palmas das mãos, sendo que pouco menos de dez nasceram em sua época. O povo, em geral, não tinha poder algum com o Vril.

Gadeir creditava isso à degeneração de nossa raça. Ele dizia que nosso sangue estava perdendo sua força divina e que precisávamos exterminar os fracos e desenvolver os fortes. Ele justificava com argumentos insanos suas decisões doentias, sem encontrar oposição.

É assim que surgem os ditadores cruéis. Quando as massas passam a ser conduzidas como manada, do mesmo modo como ocorre hoje em dia, é porque paramos de pensar e filosofar, abrindo espaço para que tiranos como Gadeir e Hitler se instalem no comando e cometam suas atrocidades.

A alienação da humanidade permite que um pequeno grupo

possa manipulá-la por intermédio de imposições da mídia, manobras políticas e religiosas, sem contar as tendências a modismos para estabelecer elevados padrões de consumo e adoração. A consciência e a liberdade são os bens mais valiosos para a humanidade. Infelizmente, ela costumeiramente faz questão de perdê-los.

Electra, então, ergueu a mão e, demonstrando toda a sua indiferença pela sorte daqueles milhares de seres, apenas perguntou:

— Mas, se testarmos em nosso povo antes, isso não alertará Atlas para preparar-se para a defesa?

Nosso líder fez um sinal de que já havia pensado sobre isso e arrematou:

— Será bom para deixá-lo preocupado. Além disso, atacaremos poucas horas após nosso teste, até para parecer ao nosso próprio povo que esse ataque partiu de Atlas. Talvez nossas cidades fiquem receosas ao saber que estamos atacando nossa própria gente. Não quero temores desnecessários.

Depois de alguns instantes de silêncio, Gadeir perguntou a todos:

— Alguém tem alguma outra ideia ou objeção a esse plano?

Todos se mantiveram em silêncio, enquanto eu sentia um profundo mal-estar com tudo aquilo. Uma onda de tristeza e sofrimento me envolveu, como se eu pudesse ouvir o grito de dor de todos aqueles que morreriam com a terrível explosão.

Essa mudança de sintonia repentina me fez ouvir uma voz dentro de minha cabeça, dizendo:

— Andrey, por tudo o que sempre acreditamos, não permita esse genocídio.

Era a voz de Evelyn. Eu dei um salto na cadeira e fiquei olhando para os lados à sua procura. Todos ficaram me observando, como uma forma de entender que loucura se passava em minha cabeça. Só depois me dei conta de que Gadeir me examinava minuciosamente, aguardando que eu explicasse aquele meu comportamento típico de um dementado.

Eu hesitei por alguns instantes e, por fim, resolvi argumentar sobre a decisão, sem me expor demasiadamente, até porque não estava assim tão preocupado com as milhares de mortes que estavam por acontecer.

— Bom, eu só estava pensando que talvez possam existir pessoas valorosas em meio a essa região que destruiremos. Creio que seria prudente sondarmos se existe por lá algum potencial sacerdote do Vril. Isso pode nos ser útil na batalha de fato. Creio que a guerra será decidida no grande jogo do Vril. Quem conseguir dar o "xeque-mate" com o quinto elemento será definitivamente o vencedor.[1]

Gadeir achou minha ideia enfadonha, mas percebeu que muitos sacerdotes demonstravam apoiar minha ressalva. Ele, então, rapidamente determinou:

— Creio que seja pouco provável encontrar algo de bom naquele meio. Mas, para garantirmos, você, Arnach e Ryu partirão para lá imediatamente para sondar a região. O teste será realizado daqui a sete dias. Este é o prazo que lhes dou para resgatar algo que valha a pena em meio àquela malta infeliz.

E, sem dar tempo para qualquer protesto, ele bradou:

— Reunião encerrada.

Todos começaram a se levantar de suas cadeiras para sair da sala, e Arnach ficou me olhando com aquela sua expressão que dizia: "Você só nos mete em confusão!".

Tive de ouvir, até a hora de partirmos, suas intermináveis reclamações de que perderia festas fantásticas por causa dessa maldita expedição no meio da selva.

Eu lhe disse que era algo melhor que partir para o mundo primevo e que, portanto, ele poderia ficar sossegado.

Quando estávamos nos programando para sair, no saguão principal, Electra acenou e disse-me, com um tom de voz carregado de rancor:

— Boa perda de tempo. Você não vai encontrar nada que valha a pena em meio àquela corja, e, quem sabe, você já fica por lá e me dá uma grande alegria, quando essa região for destruída, daqui a sete dias.

---

1 Como já afirmei anteriormente, ao longo deste trabalho, utilizarei termos que possam ser facilmente compreendidos pela humanidade atual. Obviamente que o jogo de xadrez, como o conhecemos, não existia naquela época, apesar de termos então jogos de estratégia bem similares. Os termos aqui utilizados (xadrez, xeque-mate) têm uma finalidade apenas comparativa para melhor entendimento do leitor.

Capítulo 3

Amores e ódios

Poucas vezes tínhamos viajado para aquela região do vasto continente atlântico. Nossa capital ficava na mesma altura da Flórida, em uma região de clima ameno, enquanto o local de nossa expedição situava-se bem mais acima do Trópico de Câncer, na altura do norte do Canadá. A diferença de temperatura só não era tão grande porque a inclinação do eixo da Terra naquela época era menor, resultando em invernos e verões menos severos na região dos trópicos. Somente nas regiões polares o frio era realmente intenso.

Após a submersão da Grande Ilha, em decorrência de uma série de terremotos e do impacto causado pelo asteroide que deflagrou o início das catástrofes, o planeta assumiu a inclinação em relação ao Sol que perdura até os dias atuais. Por causa disso, o cálculo da precessão dos equinócios não pode ser tomado como absolutamente preciso no ciclo dos últimos vinte e seis mil anos.

Esse cálculo é que possibilita datarmos a construção das grandes pirâmides de Gizé, no Egito, há doze mil anos, no final da época de ouro dos grandes atlantes.

Elas foram originalmente construídas alinhadas com o cinturão de Órion, por volta do ano nove mil e oitocentos antes de Cristo. Muitos historiadores afirmam que sua construção ocorreu no período dos faraós da quarta dinastia, mas ela foi apenas desenterrada das areias do deserto, que as estavam encobrindo por completo, e reformada naquele período.

A esfinge, um leão com cabeça de homem, usando um toucado para proteger-se do Sol do deserto, era um dos símbolos mais importantes da cultura atlante e pouco significava para os egípcios até aquele período. Tanto que o trono de Gadeir tinha patas de leão e o símbolo da pirâmide com o "olho que tudo vê".

Esse fato também demonstra que essas grandiosas obras foram uma iniciativa da cultura atlante, em consórcio com os primitivos habitantes da região. Somente o Vril poderia erguer blocos de pedra que pesam mais de duas toneladas até o pico da pirâmide. A tese do uso de rampas circulares ao redor da construção não se sustenta.

A viagem foi curta, apesar da distância. Dominar o Vril nos permitia o luxo das viagens supersônicas com as naves do império ditatorial de Gadeir. Aos poucos, perdíamos a capacidade de construí-las, mas sabíamos dar a devida manutenção às antigas. Os sacerdotes do Vril de primeira linha tinham o poder necessário para pilotá-las manualmente, utilizando-se de sua própria força com o quinto elemento.

A cidade em que aportamos era a que estava recebendo a pior leva de espíritos exilados de Capela. Em sua grande maioria, eram preguiçosos e viciados, capazes de desestabilizar todo o contexto social do local.

Os descendentes dos trabalhadores atlantes da região deixaram de produzir recursos por si próprios e passaram a viver sem rumo pelas ruas, praticando todo o tipo de crime. Não se tratava apenas de um quadro de pobreza ou subdesenvolvimento, mas de perversão e anarquia.

Logo ao chegarmos, Ryu colocou as mãos na cintura e disse:

— Vamos ter que dar razão a Gadeir: nada que presta pode ser encontrado em meio a esse povo. Vejam que gente desprezível.

Por todo o lado que olhávamos, só víamos ruas sujas, bens públicos depredados e grupos suspeitos à espreita de uma vítima ou de serem contratados para alguma atividade ilícita.

Mas o pior cenário nós encontramos entre os viciados em drogas. Rapidamente, a nova geração, fraca e sem valores, aprendeu a extrair substâncias alucinógenas da natureza e comprometeu sua capacidade neurológica de forma irremediável, da mesma maneira que tem ocorrido atualmente com os viciados em *crack* e êxtase.

Era uma viagem absolutamente sem volta. Aquela triste fauna de viciados, completamente dementada, era depois utilizada para atender os mais variados interesses dos inescrupulosos criminosos que surgiam a cada esquina, até se tornarem totalmente imprestáveis ou, então, morrerem pelos becos ou calçadas daquele povoado falido.

Arnach olhava para o triste cenário, com olhar altivo, e dizia, com frieza e desprezo:

— Escravos; não passam de escravos de corpo e alma.

Arnach, assim como nós, bebia guaianás de forma um tanto abusiva, mas mantinha o controle da situação, sem chegar àquela terrível degradação. Observávamos atônitos jovens quase desmaiados pela calçada, tendo delírios, com as calças urinadas e babando pelo canto da boca.

Ryu olhou para Arnach de forma enigmática, mas não teceu comentário nenhum. Eu também apenas analisei o cenário degradante com um semblante sério e indiferente.

Depois de alguns instantes, falei, com um olhar decepcionado:

— Eis aí os dignos descendentes da raça mais avançada da Terra. Em apenas uma geração, tornamo-nos pouco mais que animais.

O avanço das drogas é o principal indicador de quando uma civilização está em desenfreado processo de decadência. A perda dos valores espirituais e da estrutura familiar é o primeiro passo para o desencaminhamento dos jovens e a consequente entrega ao vício destrutivo.

Na época de ouro da sociedade atlante, esse tipo de comportamento era impensável. Tratava-se de uma era em que os pais estudavam uma profunda filosofia espiritual, o que lhes dava subsídios para bem educar seus filhos. Com a chegada dos capelinos, habitualmente materialistas e imediatistas, começou a acontecer algo semelhante ao que ocorre nos dias atuais de nossa humanidade: uma alienação espiritual cada vez maior e uma entrega a interesses fúteis e transitórios.

Em decorrência do atraso espiritual dos dias atuais, a única coisa que nos resta é o uso de campanhas de combate às drogas para tentar salvar essas pobres almas que se escravizam ao vício. Mas nem isso é realizado de forma eficaz, pois essas campanhas são realizadas com mensagens que convidam os jovens a se afastarem das drogas, o que jamais surtirá efeito.

Os seres humanos têm dois perfis básicos: o primeiro é definido como aquele que segue "em direção ao prazer", que é composto daqueles que buscam desafios e não temem situações de risco; o outro é composto por aqueles que procuram "afastar-se da dor", perfil típico de pessoas que prezam, em primeiro lugar, a segurança e as decisões prudentes.

Os jovens que caem na teia sedutora das drogas geralmente não possuem perfil conservador. Eles são ousados, desejam experiências arriscadas, têm um perfil de querer seguir "em direção ao prazer", enquanto as campanhas são realizadas para pessoas que tendem a "afastar-se da dor". Mensagem com perfil "afastar-se" surte efeito em pessoas que têm medo de perder algo. Os drogados não possuem esse medo, já que eles desejam desafios.

Em vez de realizar propagandas mostrando o que os jovens "perdem" com as drogas, é necessário mostrar o que eles "ganham" sem elas. A propaganda que surtirá melhor efeito neles será aquela que demonstrar que eles ganharão disposição e destreza para seus desafios e esportes prediletos sem o uso da droga; que meninas e meninos atrairão mais a atenção para conquistas amorosas se forem saudáveis e bem cuidados, fato que só ocorre longe das drogas, e assim por diante.

Dizer a eles que a droga mata, debilita, destrói neurônios, causa câncer, impotência, tudo isso não repercute em seu íntimo. A mente deles não processa essa informação. Ameaças somente causam efeito em jovens com o perfil de querer "afastar-se da dor", que são aqueles que possuem elevado sentimento de preservação. Pessoas com tendências às drogas gostam de riscos e desafios, e não de uma vida pacata. Apresente a eles desafios que só podem ser conquistados longe das drogas, aí, sim, darão ouvidos a essas campanhas.

Seguimos caminhando em direção ao centro daquela cidadela, sem tomarmos o cuidado de resguardar nossas identida-

Atlântida – No reino das trevas

des. Nem ao menos nos disfarçamos. Vestíamos naturalmente nossos trajes negros de sacerdotes do Vril.

Isso alertou a população e deixou-a curiosa para saber o que a elite do império regido por Gadeir estava fazendo naquele lugar tão desprezado pela grande capital. Alguns desejavam nos atacar, mas sabiam que seria um ato suicida. Lutar contra quem detinha nas mãos um poder tão grande como o Vril era um gesto no mínimo estúpido.

Então, como todo o ser pequeno e sujo, eles passaram a nos espreitar a distância, como ratos de esgoto, para tentar tirar algum proveito de nossa presença inusitada.

Enviaram algumas mulheres sedutoras para obter alguma informação, mas não éramos idiotas. Nós não tínhamos o mínimo interesse em causar um pânico generalizado na região, e as mulheres que se apresentaram não atendiam o padrão de beleza ao qual estávamos acostumados, além de serem muito vulgares. Pobres criaturas! Mal sabiam eles que tinham pouco mais de seis dias de vida.

Entretanto, encontramos algumas pessoas honestas e valorosas naquela região, mas não o que Gadeir esperava: grandes guerreiros que pudessem auxiliar na terrível batalha do Vril. Tratava-se de pessoas simples e trabalhadoras, que, inclusive, ofereceram-nos hospedagem.

A princípio, já tínhamos decidido voltar naquela noite mesmo. Não era prudente dormirmos em um lugar tão arriscado, ainda mais que tudo indicava que não encontraríamos alguém que interessasse aos objetivos da guerra. Nossa notável sensibilidade apontava claramente para isso.

Mas foi só nosso agradável anfitrião surgir com uma jarra de guaianás para nos estendermos mais um pouco naquela visita. Ele falou-nos sobre a vida na região e como a falta de assistência do governo central estava agravando a formação dos jovens, que se corrompiam cada dia mais por falta de estímulo ao estudo e ao trabalho.

Sem ser ofensivo, ele procurava indicar soluções para reverter o triste quadro daquela região, aproveitando a presença de visitantes tão ilustres.

Querendo ser educado, intervim, dizendo-lhe, um tanto entediado com suas palavras, já que todos morreriam dentro de uma semana mesmo:

— Entendo, caro amigo, mas creio que esse é um mal generalizado em toda a Atlântida. Desde que esquecemos os bons ensinamentos de nossos antepassados, tudo mudou.

Ele ergueu as sobrancelhas e falou, com respeito:

— Vejo, meu jovem, que essa capa preta não obscureceu totalmente sua visão.

Ryu se irritou com aquela observação insolente e ameaçou reagir. Eu lhe fiz um sinal e disse, tomando mais um gole do guaianás, que esquentava nosso sangue de forma especial naquele clima mais gélido do que estávamos acostumados:

— Deixe, Ryu. O velho tem razão.

Um sorriso amarelo tomou conta de meu rosto, enquanto eu meditava sobre as palavras simples mas verdadeiras daquele aldeão. Claro que me senti muito incomodado com aquela reprimenda. Quem aquele velho pensava que era para me interpelar daquela maneira? Em outra situação, certamente ele já estaria morto pela ousadia, mas relevei sua atitude.

Pouco depois, surgiu na sala sua filha; algo nela me encantou. Era uma menina simples do campo, sem a malícia e o jogo de interesses das moças da capital do império. A necessidade de viver um amor verdadeiro e sincero me fez fraquejar e olhar para aquela jovem mulher com um carinho muito especial; algo além do simples interesse sexual ao qual estávamos tão habituados.

Havia dias em que eu me cansava daquela vida de poder e perversão. O desejo de resgatar a rotina tranquila e equilibrada que vivia ao lado de Evelyn tomava conta de minha alma e me deixava pensativo.

Arnach e Ryu se preocupavam com esses meus devaneios, acreditando ser uma depressão ou algo mais preocupante. Com o tempo, perceberam que era algo que havia se tornado natural em minha personalidade e nem mais se importavam. Quando me viam assim, simplesmente saíam sem nada dizer, porque, mesmo que falassem algo, não seriam ouvidos. Naqueles momentos, eu mergulhava em um mundo íntimo, só meu.

Creio que nosso anfitrião percebeu, então, meu interesse por sua filha e chamou-a para conversar conosco. Não achei

Atlântida – No reino das trevas

estranho aquele seu gesto. Qual pai não gostaria de casar a filha com um sacerdote do Vril e tirá-la daquele mar de dor e pobreza em que viviam?

Todos sabiam que magos negros não casam como nos contos de fadas, mas só a oportunidade de fazer parte do harém de um sacerdote do Vril já permitiria uma vida de conforto e poder inimaginável para uma menina simples do campo; ainda mais daquela região que se tornava, dia após dia, um cenário de caos e decadência.

Mesmo que Gadeir não explodisse toda aquela região, os moradores de lá já tinham seus destinos traçados: uma vida de dor, privação e sofrimento.

Ela se chamava Ravena e foi muito gentil, porém reservada. Certamente, percebeu o esforço do pai em nos agradar. Conversamos até muito tarde e depois aceitamos sua hospedagem, mesmo com o quarto oferecido não estando à nossa altura.

Arnach e Ryu estavam tão bêbados que nem protestaram. Caíram em um sono pesado e profundo e até mesmo roncaram; algo raro para um atlante.

Eu também estava muito cansado, mas, antes de dormir, teci uma rede vibratória com o Vril, em todo o entorno do quarto, para proteger-nos. Nosso anfitrião observou esse procedimento com certa mágoa.

Eu lhe fiz um sinal gentil e disse-lhe:

— Não se chateie. Essa precaução tem por objetivo defender-nos de estranhos a esta casa. Não desconfio de você e de sua filha.

Ele concordou com um gesto simpático e retirou-se silenciosamente.

Na manhã seguinte, acordei cedo e convidei Ravena para passear pelo bosque. Ela tinha os cabelos castanhos, parecidos com os de Evelyn, o que me trazia agradáveis recordações. Senti meu coração se aquietar e acreditar na possibilidade de amar verdadeiramente de novo, mesmo vinte anos depois de dezenas de relações tumultuadas e distantes.

A voz suave e melodiosa da jovem me encantou, e as histórias divertidas sobre sua infância me fizeram sorrir sem reservas. Ela me convidou para andar a cavalo, coisa que eu não fazia havia muito tempo. Passeamos descontraidamente pelo entorno do lago, debaixo dos parcos raios de Sol daquela região. Observamos a beleza das flores e fizemos todas aquelas pequenas coisas que aliviam a alma e tornam a vida feliz.

As mãos de Ravena eram delicadas, e sua pele jovem era de uma beleza realmente indescritível, apesar de ser uma moça sem o fino trato da elite da capital. Seu jeito calmo e meigo me trazia paz. Eu estava cansado de relacionamentos febris e repletos de cobranças e ameaças. Também estava cansado de mulheres passionais, bem ao estilo de Electra.

Ela aceitava meus galanteios com educação, sem entregar-se a uma paixão enlouquecedora, como era tão comum entre as mulheres que seduzira antes dela. Talvez isso tenha me cativado ainda mais. Além disso, ela parecia não se importar com minha elevada posição social. Era algo mais do que isso, porém, no momento, não percebi. Somente me dei conta quando já era tarde demais.

Arnach e Ryu acordaram por volta do meio-dia, como era nosso costume. Convidei Ravena para nos acompanhar, e fomos realizar uma última avaliação pela cidade. Enquanto os amigos comentavam sobre os hábitos do povo simples, eu fiquei traçando teses sobre o motivo que nos tinha levado até ali.

Em minha ingenuidade, acreditei que o espírito de Evelyn tinha me levado a intervir na reunião de Gadeir somente para eu conhecer Ravena. Sim, o motivo de termos ido até aquela região já fora atendido e estava esclarecido.

Eu estava meditando sobre essas questões, quando ouvi um grito de horror e indignação. Era Arnach.

Fomos ver o que tinha acontecido, e ele nos falou, com repulsa:

— Esses selvagens estão comendo carne de animais, assim como os "macacos" do mundo primevo.

Ele cuspiu no chão, com desprezo, e completou:

— Bichos comendo bichos.

Ryu e eu nos aproximamos e analisamos aquela cena com curiosidade. Era a primeira vez que víamos habitantes de Atlântida, na quarta dimensão, alimentando-se de carnes de animais; um fato realmente chocante para aquela civilização superior.

A baixa frequência espiritual dos novos atlantes fez com

Atlântida – No reino das trevas

85

que eles perdessem a capacidade de assimilar prana com elevado padrão energético. O fluido cósmico universal já não os alimentava naturalmente pela respiração. Sentiam-se fracos e subnutridos, tendo que buscar um alimento mais denso. Nem mesmo os frutos e vegetais lhes eram suficientes.

Apesar de termos direcionado nossas energias para o lado negro, achávamos essa atitude típica de seres inferiores; algo inaceitável para a sociedade atlante. Nossa alimentação era composta basicamente por frutas e principalmente prana. Gerar energia orgânica alimentando-se de outros seres vivos sencientes era algo abominável, até mesmo para seres das trevas como nós.

Inclusive, muitos magos negros que reencarnaram posteriormente evitavam esse comportamento alimentar degradante. Claro que não havia por parte deles nenhum sentimento de amor ao preservar a vida dos animais, só não desejavam descer ao mesmo nível dos seres selvagens que possuem esse bárbaro hábito alimentar.

Um exemplo disso era o próprio Adolf Hitler, que foi a reencarnação de um mago negro atlante de segunda linha. Ele não comia carne e mantinha outros hábitos típicos dos requintados magos negros atlantes, chegando seu comportamento a ser confundido com o de espíritos iluminados.

Por esse motivo, devemos sempre nos lembrar da máxima de Ramatís, que foi mestre Násser, nesta narrativa: "Todo espírito de luz é vegetariano, mas nem todo vegetariano é um espírito de luz". Inclusive, temos visto muitos vegetarianos que precisam se preocupar menos com a alimentação e mais com suas ações e seus pensamentos. Essas últimas questões são mais urgentes e necessárias para nossa evolução rumo ao terceiro milênio.

Eu olhei para Ravena e perguntei o que ela achava de tudo aquilo. Com tristeza, ela respondeu:

— Não sei o que se passa com nossa geração. Cada vez mais nos distanciamos dos hábitos e valores de nossos antepassados.

Eu concordei com um gesto e percebi que ela não tinha conhecimento sobre o nascimento de espíritos de Capela em Atlântida, mas tinha noção de que nossa humanidade estava mergulhando em um perigoso despenhadeiro; um rápido processo de decadência de valores espirituais e humanos que nos levaria fatalmente a um desfecho trágico.

Hoje em dia, o homem moderno também vive um processo de transição para uma Nova Era, mas poucos percebem isso, por causa de sua limitada capacidade de percepção transcendental.

Isso é algo muito natural. Os grandes avatares da história da humanidade fizeram seus alertas; profetas também sinalizaram sobre as mudanças de ciclos por que passam as civilizações. Todavia, as mudanças são lentas e sutis, e somente as almas que possuem uma sensibilidade superior e estão em alerta percebem os movimentos de transformação, tanto físicos como espirituais, que abrangem todo o planeta.

Eu a abracei e falei:

— Existe uma explicação para isso. Quando chegar o momento, eu lhe contarei.

Ela me olhou com seus misteriosos olhos claros, que pareciam estar ávidos por conhecimento, enquanto seguimos explorando a região.

Arnach e Ryu seguiam mais à frente. Aproveitei, então, para contar-lhe sobre a corte imperial de Posseidonis, as pesquisas que realizávamos na Grande Pirâmide, ou seja, o cotidiano na capital do império da raça branca, que, outrora, antes da guerra, fora a capital de todos os atlantes.

Seus olhos brilharam, e ela me disse, com um sorriso:

— Já ouvi muitas pessoas falarem da Grande Pirâmide, mas nunca a vi. Nunca estive na capital de nosso país.

Envolvido por sua doçura, eu falei:

— Vou te levar para conhecer a maior construção do mundo. Hoje, quando partirmos, levar-te-ei comigo.

Ela sorriu, e senti que ficou preocupada. Percebendo isso, perguntei-lhe:

— O que foi? O que te preocupas?

Ravena pensou por alguns instantes e respondeu:

— Nada demais. Apenas fiquei preocupada com meu pai. Eu não gostaria de deixá-lo, mas sei que devo partir com você.

Ela ficou com um olhar parado no horizonte e concluiu:

— Às vezes, sonho à noite que preciso cumprir uma missão e que ela será realizada longe desta região. O mundo está caminhando por um rumo estranho, e sinto que a Grande Mãe deseja que eu seja um instrumento de seus desígnios.

A jovem camponesa olhou para mim e questionou, refletindo sobre as surpresas daquele dia:

— Só me pergunto o porquê de um mago negro surgir em minha vida. Você faz parte da destruição de nosso mundo, e eu quero fazer parte do caminho da luz.

Eu gargalhei e disse-lhe:

— Não seja tão simplista. Existem vários caminhos que nos levam à luz e às trevas. Nem tudo é o que parece.

Pouco depois, ela colocou as mãos em meu rosto, como se pudesse ler meu passado com esse gesto, e falou:

— Você nem sempre foi assim, voltado para o mal. Algo de muito grave aconteceu.

Eu segurei suas mãos, beijei-as e disse-lhe:

— Vamos deixar suas adivinhações para outra hora. Agora me diga: você conhece alguém aqui nesta região que domine a grande energia? Pergunto sobre dominar verdadeiramente. Sei que aqui, como em todo o continente, está cheio de farsantes que tentam enganar o povo.

Ravena sacudiu a cabeça de forma negativa e respondeu:

— Não. Assim como vocês, nunca vi ninguém. A busca que fazem é inútil. Só temos a oferecer agora decadência e criminalidade. E pensar que nossa região foi próspera e feliz no passado!

Ela me fez olhar para o rosto do povo sofrido e complementou:

— Agora, o povo é infeliz, problemático e viciado. Raros conseguem se dedicar a uma atividade produtiva. Possuem distúrbios psicológicos graves, além do infeliz hábito de consumir drogas. Perambulam a esmo pelas ruas, como se fossem zumbis sem alma.

Eu olhei para os lados e falei, envolvido por certa tristeza:

— É, você tem razão.

Ela, então, fixou seus olhos nos meus, com uma ponta de amargura, e completou:

— E você, Andrey, acredita ter alguma quota de responsabilidade nisso?

Eu olhei impressionado para ela e perguntei:

— Eu? Mas por que teria?

Ela virou as costas para mim e disse, com a voz trêmula de indignação:

— Nossos governantes, na capital do império, deveriam trabalhar pelo bem do povo, e não apenas para atender seus interesses mesquinhos. Enquanto vocês buscam matar nossos irmãos da raça vermelha, milhares morrem todos os dias de fome e abandono por toda a Grande Ilha. Estamos desamparados. É esse o papel que devem exercer os responsáveis pelos destinos de nossa nação?

Aquela sua reação, em vez de me indignar, causou-me uma admiração ainda maior. Eu a abracei pelas costas e disse-lhe:

— As coisas não são assim tão fáceis. Se fossem, eu mesmo já teria feito de tudo para solucionar esse confronto terrível que rouba a vida de milhares de jovens. São muitos interesses em jogo, e não tenho o poder absoluto. Gadeir e Atlas é que regem nossos destinos. Eles, sim, poderiam terminar com essa luta fratricida.

Ela me olhou de forma humilde, baixou a cabeça e murmurou:

— Desculpe-me, eu estou sendo muito arrogante. Quem sou eu para avaliar a extensão dessa tragédia? Somente não consigo me conformar com essa situação, em que tantas pessoas vivem de forma tão miserável, enquanto, na capital, parece que se vive um grande conto de fadas. É muito injusto: alguns poucos vivem em um luxo extremo, e a grande maioria, na penúria.

Eu olhei para o horizonte e concordei com ela:

— Sim, é injusto, mas é esse o mundo que temos. E é difícil achar respostas para isso. Como nossos antepassados faziam para manter o mundo em perfeito equilíbrio? Sinceramente, não sei dizer.

Ravena, então, murmurou, de forma humilde, mas com convicção:

— Talvez eles tenham conseguido porque amavam seus semelhantes e colocavam seus interesses pessoais em último lugar.

Depois dessas palavras, ela sustentou seu olhar, carregado de tristeza. Eu ia responder-lhe, mas fui chamado por Ryu para ver de perto outra situação bizarra.

Eu passei a mão delicadamente em seu rosto emoldurado pela tristeza e disse-lhe:

Atlântida – No reino das trevas

— Outra hora nós conversaremos mais sobre este assunto. Quando chegarmos à capital e você vir um mundo mais belo que este, creio que seu coração deixará de lado toda essa amargura.

Em seguida, caminhei em direção a eles e observei os hábitos, as expressões faciais e o comportamento daquela nova geração. Eram atlantes, mas com alma primitiva.

Eu olhei para os amigos e disse-lhes:

— Se eu fechasse os olhos e surgisse nesse lugar repentinamente, não saberia distingui-lo do mundo primevo da Terra. E vocês sabem que o conheço muito bem. A diferença é que aqueles povos eram simples e sofridos, mas lutavam para manter sua dignidade. Lá, eles labutavam diariamente para ascender rumo a uma condição mais digna, mas aqui parece o contrário.

Eles concordaram comigo, e eu lhes falei, com um olhar sombrio:

— Vamos embora deste lugar miserável. Que eles cumpram seu destino dentro de poucos dias. Não merecem viver!

Arnach sorriu e perguntou, com malícia:

— E a menina, vai levá-la para a capital? Mais uma para seu harém? Daqui a pouco, você terá que dormir na rua, de tantas mulheres que estão morando em seu apartamento.

Eu me virei para ela e observei-a perdida em seus pensamentos. Em meio àquele ambiente sujo e deprimente, respondi ao amigo:

— Sim, gostei dela. Talvez Ravena me traga grandes alegrias. Estou precisando de novas experiências para aliviar o sofrimento de minha alma. Quem sabe não esteja na hora de esquecer a dor pela morte de Evelyn e voltar a viver uma relação sincera.

Capítulo 4

Milhares de almas gritam

Na noite seguinte, já de volta à capital atlante, Posseidonis, fomos convidados para um banquete imperial no palácio central, localizado no complexo administrativo do governo, que ficava a pouco mais de oitocentos metros de onde morávamos, no lado oposto à pirâmide, o magnífico templo do Vril, de frente para o mar.

A vista do amplo salão em direção ao mar era exuberante. O calçadão próximo à orla, o farol alto e imponente, os prédios ao redor, tudo demonstrava o luxo e os cuidados que tínhamos com a região mais importante de todo o reino. Isso sem contar a fabulosa pirâmide, sempre reluzente e símbolo de nosso avançado desenvolvimento tecnológico.

As festas organizadas pelo governo eram majestosas. Noites absolutamente inesquecíveis, onde éramos brindados com os melhores espetáculos artísticos de toda a Atlântida. Claro que jamais poderíamos comparar aquele período com a época de ouro, quando podíamos contar com a contribuição dos artistas da raça vermelha.

Depois que o ódio racial se impôs, perdemos a tão importante diversidade artística. Uma prova da ruína em que vivíamos é que, naqueles dias de guerra, somente os grandes centros mantinham-se desenvolvidos, assim como a capital. As regiões distantes de Posseidonis empobreciam ano após ano, em todos os aspectos, mas fazíamos "vista grossa" para isso.

O caráter egoísta, que nos dominava sutilmente, bloqueava nossa visão para os problemas alheios. Só mantínhamos próspero aquilo que fizesse parte de nossos interesses. As regiões mais afastadas passavam fome e privação, como aquela que estávamos prestes a destruir, enquanto Posseidonis mantinha seu esplendor e usufruía de luxos desnecessários, desperdiçando recursos que poderiam salvar vidas.

Perto das dez horas da noite, descemos de nosso veículo movido pelo Vril e entramos, com toda a pompa, no átrio de acesso do palácio. Vestíamos os elegantes trajes tradicionais negros que realçavam nossos longos cabelos dourados. Ravena também estava muito bela. Trajava um sedutor vestido lilás, que deixava à mostra seus delicados ombros e sequestrava os olhares desavisados para seu busto insinuante.

Apesar de toda a magia do momento, algo que geralmente encanta as mulheres, Ravena demonstrava-se distante, como se seus pensamentos vagassem por uma região inacessível a nós.

Sentamos nos lugares de honra, próximo ao palco, para assistirmos ao espetáculo de dança. Naquele momento, senti-a mais próxima. O evento era realmente grandioso e de uma beleza invulgar, o que provocava no íntimo das pessoas sentimentos nobres.

Nossa sociedade migrava gradualmente para a degradação dos valores, entretanto, ainda tínhamos belos espetáculos que vibravam na alma os ideais de outrora. A classe artística, em sua maioria, talvez tenha sido o último grupo a entregar-se definitivamente às vibrações inferiores do período em que vivíamos. A sociedade em geral tentava enganar-se, acreditando possuir bons valores, mas, na prática, nosso tecido social estava se deteriorando.

Terminado o espetáculo, as mesas e cadeiras foram dispostas perto das janelas, e o salão central ficou à disposição dos que desejassem dançar. Músicos ilustres tocavam as mais belas composições da época.

Aproveitei aquele momento, em que os garçons passaram a servir as bebidas, para conversar com alguns líderes importantes das regiões mais remotas de nosso império. Ravena, sempre ao meu lado, acompanhava meus comentários sobre a guerra com atenção.

Ela também analisava, com espanto, o comportamento dos demais convidados da festa. Os homens demonstravam arrogância e malícia. As mulheres não disfarçavam sua futilidade e inveja umas para com as outras.

Ao verem Ravena ao meu lado, fuzilaram-na com olhares de desprezo. Era impossível não sentir o mal-estar irradiado por elas. Perdida em seus pensamentos, a moça se questionou se valeria a pena viver naquele lugar.

Lá onde vivia junto ao pai, o mal imperava, mas, pelo menos, tinha sua companhia amiga. Ali no centro do governo da Grande Ilha, a única diferença era o luxo, porque, na verdade, a alma de todos estava tão infectada pelo ódio e pelos demais sentimentos negativos quanto em sua terra natal.

Ela aproveitou um momento em que estávamos a sós e perguntou, mirando seus profundos olhos melancólicos nos meus:

— Como você consegue conviver com essas pessoas? São todas falsas e desejam o bem somente a si mesmas. Elas contrariam o mandamento máximo de Antúlio, que nos ensina a amar ao próximo como a nós mesmos em primeiro lugar.

Eu compreendi suas palavras e disse-lhe, um tanto reconfortado por perceber em sua alma sincera aqueles mesmos valores que Evelyn tanto ressaltava no passado:

— Necessidade de sobrevivência, minha querida, somente isso! Necessidade de sobrevivência: ou dançamos conforme essa música ou teremos que nos afastar do centro do poder.

Ela voltou a olhar profundamente em meus olhos e completou, com a voz embargada pelas lágrimas:

— Então, é melhor afastar-se daqui. Nada justifica vender a própria alma, corromper seus valores mais sagrados.

Eu desviei o olhar, procurando socorrer-me na linha do horizonte, lá onde acabava o mar, e falei:

— Não é assim tão fácil. Se fosse, eu já teria agido dessa forma. Minha querida, tente resistir a tudo o que a corte pode oferecer. É impossível.

Eu desejava o poder de uma forma que nem eu mesmo sabia explicar. Ausentar-me do meio onde eram tomadas as decisões que traçavam o destino de nossa nação seria algo inconcebível.

Mudei de assunto, e fomos nos reunir aos demais amigos.

Atlântida – No reino das trevas

Por alguns momentos, distanciei-me de Ravena para ir ao banheiro e conversar com outros convidados. Nesses instantes, algumas de minhas antigas conquistas se aproximaram dela e destilaram todo o seu veneno, insinuando que Ravena era a princesa do momento, mas que logo eu a descartaria, como fazia com todas, ou, então, em breve ela seria mais uma das dezenas de mulheres que se contentavam em figurar no harém que tinham se tornado meus aposentos no palácio.

A mente ingênua e despreparada de Ravena e seu coração, que almejava apenas atingir os mais sagrados ideais, logo foram contaminados com ódio e rancor contra mim. Em pouco tempo, ela esqueceu as mensagens sublimes de paz e amor proferidas por Antúlio para justificar o ato que desejava consumar.

Em sua mente imatura, acreditou que sua missão nesse mundo era eliminar-me. Era pouco para evitar a decadência atlante, mas, pelo menos, ela atingiria uma das peças fundamentais na batalha que perdurava por anos e parecia não ter fim.

Ela mal tinha ideia de como se compunham os pesos na "balança do Vril" para decidir a guerra, porém acreditou que me eliminando talvez Atlas vencesse o combate de forma definitiva.

Lá pelas duas horas da madrugada, Ravena começou a beber guaianás e a me induzir a tomar ainda mais do que já havia bebido, com a intenção de me deixar em um estado em que eu não pudesse me defender.

Em torno de uma hora depois, ela disse que me desejava e gostaria de ficar a sós comigo, mas não em meu apartamento. Ela alegou não se sentir confortável em meio às diversas mulheres que transitavam por lá e, também, em decorrência da presença dos guardas.

Ingenuamente, confiei em seu pedido, e descemos para um anexo do palácio que ficava desabitado à noite. Entramos em um aposento com um amplo divã e lá fizemos amor intensamente. Por alguns momentos, pude perceber sua indecisão, mas não compreendia o motivo. Talvez a forma carinhosa como eu a tratava a tenha colocado em dúvida sobre o crime que desejava cometer. Entretanto, em seus delírios, ela acreditava ser um instrumento divino para recuperar a paz e a harmonia na Grande Ilha. Assim, somente destruindo os senhores do Vril Atlântida teria alguma chance.

O cansaço e o efeito da bebida logo me venceram. Caí em profundo sono. Naquele instante, Ravena sentou-se em posição de lótus e, por meio de poderosa mentalização, materializou parcialmente o Vril, o suficiente para utilizá-lo como uma arma contra mim.

Não sei como não percebi que ela era senhora do poder. Talvez meu desejo de amá-la tenha me cegado, assim como seu jeito indefeso. A doce ninfeta ergueu os braços, procurando concentrar a energia que vinha dos céus, e depois a irradiou, em sua forma inversa, em direção ao meu sistema digestivo, principalmente na região do pâncreas. Esse foi o órgão mais afetado. O fígado e o intestino também sofreram danos preocupantes.

À medida que ela atacava meus órgãos na região do plexo solar, emitia também energias anestésicas para que eu não despertasse, comportando-se de forma semelhante aos insetos que aplicam uma substância de sua saliva que suprime a sensibilidade no local onde efetuarão a picada.

Com um olhar indiferente, Ravena parecia uma aranha viúva-negra que recebe esse nome por ter o hábito de matar os machos de sua espécie após a cópula.

Depois de concluída a aplicação, ela se ergueu, vestiu-se e saiu discretamente, com a sensação de missão cumprida, deixando-me lá sob o efeito do poderoso sedativo que, aliado ao guaianás, envolveu-me em profundo entorpecimento.

Adormeci como se fosse uma presa enredada nas teias daquela aranha peçonhenta.

Meu espírito logo se desprendeu do corpo enrijecido e correu desesperado em busca de ajuda. Ninguém me ouviu. Naqueles dias, poucos atlantes possuíam a faculdade de perceber os dois mundos, assim como também acontece nos dias atuais. Meus pais ouviriam, mas não aquele grupo de alienados em profundo estado de embriaguez, que se divertia na festa que ocorria no andar acima.

Quase duas horas se passaram, e só então eu comecei a dar os primeiros sinais de recuperar a lucidez. Os raios de Sol da manhã aqueceram meu corpo e fizeram-no tomar consciência de que algo muito grave estava acontecendo. Olhei para os lados à procura de Ravena, mas nada encontrei, nem mesmo suas roupas.

Atlântida – No reino das trevas

Logo depois, senti uma forte dor na região abdominal e, ao colocar as mãos sobre o fígado, tomei consciência, no plano físico, de que algo terrível fora feito. Minha pele estava enegrecida, e a energia inversa do Vril havia sido aplicada. Eu me desesperei e tentei levantar-me para buscar socorro no único lugar que poderia salvar minha vida: as salas de cura da Grande Pirâmide.

O problema é que eu estava muito fraco e não tinha forças para isso. Desesperado, tentei me comunicar de alguma forma para pedir socorro. No entanto, eu estava em um local afastado, e, como já havia amanhecido e a festa terminara, certamente todos estariam dormindo.

Só me restou o recurso de pedir socorro aos amigos por telepatia. Arnach e Ryu eram meus grandes amigos. Eles certamente ouviriam meus apelos aflitos. Essa era minha única chance de sobreviver.

Assim, reuni todas as forças que me restavam e dirigi uma súplica, quase uma prece, pedindo o amparo imediato dos amigos. Arnach, infelizmente, estava absorvido em uma relação sexual sem fim com sua conquista daquela noite. Estava mais desligado do mundo exterior do que se estivesse sendo vítima de uma hipnose.

Só me restou, então, o concurso amigo de Ryu. Por sorte, ele já estava deitado nas câmaras de recuperação do Vril, na Grande Pirâmide, prestes a dormir. Não sei se foi o local sagrado em que se encontrava ou seu estado de meditação pouco antes de dormir, mas Ryu ouviu meu apelo e saltou dos "caixões" onde costumávamos nos recuperar do intenso desgaste das noitadas.

Ele andou de um lado ao outro, procurando concentrar-se para ouvir-me melhor, e gritou:

— Por tudo o que há de mais sagrado, diga-me, Andrey, onde você está?

Naquele momento, eu percebi a conexão telepática de Ryu e gritei, em pensamento: "No anexo do palácio, aposento do subsolo, debaixo do salão de festas". E desmaiei.

Ryu correu rapidamente para lá, mas, antes, passou pelo quarto de Arnach. Ele invadiu o recinto sem cerimônia, quase chutando a porta, e gritou:

— Arnach, vamos! Andrey sofreu um atentado.

O alucinado amigo ficou por alguns instantes de boca aberta, sem acreditar no que estava acontecendo. No entanto, vendo a angústia de Ryu, jogou para o lado a mulher que estava sobre ele e vestiu-se rapidamente. Em seguida, ambos correram pelos corredores, até o local indicado por mim.

Chegando lá, encontraram-me em estado quase cadavérico. A pele estava branca como a de um morto; o rosto, chupado e com profundas olheiras; e a região estomacal, completamente enegrecida.

Arnach se atirou sobre mim, levantou minha cabeça e disse:

— Meu irmão, quem fez isso com você? Diga que o mataremos agora mesmo.

Eu fiz um sinal para eles e falei, com a voz apagada:

— Levem-me para a pirâmide, rápido!

Ryu estendeu a mão e, em razão da maleabilidade do Vril, transformou a colcha que me cobria em uma maca improvisada. Em poucos minutos, os dois me conduziram, rápidos como o vento, até a entrada da Grande Pirâmide.

Ao passarmos pelo portal de acesso, as correntes do Vril que percorriam as paredes começaram a emitir sons estranhos, como se fossem gritos de pássaros agonizantes. Em seguida, Ryu e Arnach foram empurrados por uma força invisível, com o objetivo de dar espaço à grande energia. O quinto elemento ergueu-me, então, em seus braços e me conduziu, ele próprio, até uma das salas de cura no piso térreo.

O Vril é o fluido cósmico universal, um elemento que não possui vida própria. Entretanto, naquele momento, eu mesmo refletia minha angústia por viver na força de tal energia. Inconscientemente, manipulei-o dentro da pirâmide com pleno êxito, para chegar mais rapidamente à sala que poderia me salvar.

No mesmo instante, o quinto elemento colocou-me dentro de uma das salas de cura e lacrou a porta. Ali se iniciou o processo de energização para reverter o atentado. O caso era grave. Tonto e oscilando entre a lucidez e a razão, ainda pude observar as expressões assustadas de meus amigos atrás do vidro de proteção, antes de começar a alucinar.

Em estado alterado de consciência, lembrei-me do trágico dia da morte de Evelyn, em situação semelhante e dentro

Atlântida – No reino das trevas

daquele mesmo santuário sagrado. Assim, passei várias horas delirando e, nesses delírios, percebi a presença do espírito de Evelyn, procurando amparar-me naquele momento difícil.

Já não sabia mais se estava vivo ou morto. E isso não me importava também. Só queria sair daquele estado angustiante e de sofrimento. A dor que sentia nos órgãos internos era atroz. E, se eu estava desencarnado, queria ver Evelyn. Portanto, em meus delírios, quando em estado de vigília, eu a chamava a todo o instante, até cair novamente em sono profundo, para recuperar-me.

Somente dois dias depois escapei do risco de morte. O poder absoluto do Vril na Grande Pirâmide havia revertido a bruxaria realizada por Ravena. Fui transferido para outra sala, onde meu corpo foi mergulhado em uma solução energética, também à base do Vril, para acelerar o processo de renovação do tecido necrosado.

Arnach e Ryu foram visitar-me e, olhando no fundo dos meus olhos, perguntaram-me, enquanto meu corpo plenamente relaxado boiava no líquido viscoso de tonalidade violeta:

— O que fazemos com essa maldita traidora? Só não a matamos ainda porque acreditamos que você deseja fazer isso com as próprias mãos.

Eu estava com uma máscara de oxigênio por estar submerso no líquido curador; portanto, apenas respondi com o pensamento, com os olhos chispando de raiva.

— Fizeram bem. Mantenham-na presa. Eu resolverei isso assim que sair daqui e estiver recuperado.

Eles fizeram um gesto afirmativo e se retiraram bem mais tranquilos por perceberem minha inegável recuperação. Vale lembrar que a morte de um poderia significar o extermínio dos três, já que Gadeir não simpatizava com nossas posições. No mínimo, o desaparecimento de um de nós colocaria os demais totalmente em suas mãos, obrigando os sobreviventes a passarem por todo o tipo de humilhações. Só tínhamos força para enfrentar Gadeir unidos. Individualmente, seríamos incapazes de afrontá-lo.

Ravena foi colocada em uma cela especial, já que tinha demonstrado dominar de alguma forma o Vril. E lá aguardou até que eu pudesse resolver aquele problema pessoalmente.

Demorei cinco dias para me recuperar. Nesse meio tempo, ela ficou sabendo, por meio de outros prisioneiros, dos planos de Gadeir de utilizar a bomba magnética na região em que morava. Seu pai estava condenado à morte, e ela nada poderia fazer. Em uma atitude desesperada, pediu a visita de Arnach e Ryu, para solicitar uma intercessão por seu pai, já que pedir para não realizar o ataque seria absolutamente inútil.

Ryu a olhou com desprezo e disse, não sem antes desferir uma violenta bofetada em seu rosto:

— Quem poderia ouvi-la você tentou matar. Nem teu pai nem você sobreviverão. Veja pelo lado bom, em pouco tempo, vocês encontrar-se-ão no reino do espírito.

Eles gargalharam e saíram com passos rápidos daquele local. Ravena ficou sentada no chão, abraçada aos joelhos, chorando amargamente.

No dia em que me restabeleci plenamente e pude sair das salas de recuperação, milhares de almas gritaram no norte da Atlântida Ocidental. As paredes tremeram, e um estrondo surdo, muito distante, fez-se ouvir. Gadeir cumprira o prometido: utilizou contra seu próprio povo o instrumento de destruição em massa.

Naquela tarde sinistra, eu senti um aperto no peito, e me veio à lembrança a imagem de Evelyn suplicando, lá do reino dos imortais, para que eu tentasse evitar aquele terrível genocídio.

Sacudi a cabeça e procurei esquecer. Já tinha passado por muita tristeza naqueles dias para recordar mais uma. Entretanto, senti algo muito estranho naquele instante. No princípio, imaginei que era algo relacionado com meu precário estado de saúde, mas não era.

A detonação da bomba tinha afetado gravemente o corpo de Gaia. O planeta ficou ferido, assim como eu estava naquele momento. O fluido cósmico universal morreu naquela região, vitimado pelas emanações radioativas da explosão ocasionada pela reação em cadeia das partículas de Vril em desarranjo. A mesma força que Gaia cedia-nos para a vida fora utilizada para feri-la gravemente.

Naquele instante, pensei que era melhor prestarmos mais atenção nas manifestações de Gaia, antes que, para poder equilibrar-se, ela simplesmente resolvesse se livrar de uma parte da biosfera: a nova civilização atlante, que era justamente a razão maior de seu desequilíbrio.

Caminhando com passos lentos e sempre com a mão sobre o abdômen, dirigi-me até a cela onde se encontrava Ravena. Eu tinha a impressão de que meus órgãos internos iriam se desprender da cavidade abdominal; uma sensação terrível!

Ao ver-me, ela se levantou do chão lentamente. A doce e assustada menina usava apenas um vestido transparente e estava com os pés descalços naquela laje fria. Nem assim perdia seu encanto.

Com os olhos chispando de ódio, mais por insegurança do que por raiva, ela falou-me:

— Vamos, seu monstro, utilize seu poder maléfico para executar-me.

Ainda muito fraco, eu respondi, com voz cansada, quase em um suspiro rouco:

— Você não entendeu nada mesmo. Acredita que me atacando irá mudar algo? Este mundo já está condenado. Meus pais já haviam me dito isso. É inútil lutar contra a coletividade. Por mais que eu ou você façamos algo, a soma dos interesses de toda a nação é que definirá o destino da grande Atlântida. E é fácil ver qual será esse destino: morte e destruição. A Grande Ilha está chegando ao fim de seus dias.

Ela, então, colocou as mãos sobre o rosto e começou a chorar. Eu caminhei em direção à saída e disse-lhe:

— Amanhã a buscarei para executar sua condenação. Nesse outro mundo que você irá viver, terá mais chance de encontrar a perfeição que tanto procura.

Ravena abaixou os olhos e respondeu:

— Pelo menos ficarei ao lado de meu querido pai. Você poderia tê-lo salvo, mas não o fez.

Eu me aproximei das grades e disse-lhe:

— Cada pessoa deve viver seu destino. Era o destino dele morrer na terra em que sempre viveu.

Duas grossas lágrimas desceram de seus olhos:

— Era o meu também, e você me tirou de lá.

Compadecido por sua dor, passei a mão em seu rosto, secando-lhe as lágrimas, e falei:

— Não, mulher abençoada, seu destino é viver para cumprir sua verdadeira missão, que nunca foi, nem nunca será matar alguém. Não se trabalha pelo bem ceifando vidas.

Um brilho surgiu em seu olhar, e ela abriu a boca para tentar perguntar-me sobre o que eu havia decidido, mas eu girei sobre os calcanhares e saí, sem dar-lhe ouvidos.

No dia seguinte, voltei à sua cela e pedi que ela fosse conduzida ao veículo de transporte que nos aguardava no estacionamento. Em seguida, demonstrei o desejo de partirmos a sós, sem nenhuma escolta.

Arnach e Ryu demonstraram preocupação, mas eu os tranquilizei. Disse que estaria bem esperto e que desejava executá-la em um local significativo para mim, sem a presença de testemunhas. Ryu sorriu com o canto da boca, e Arnach "deu de ombros", demonstrando indiferença.

Ravena sentou-se no banco do passageiro, encolhida, com o olhar assustado, e partimos. Pouco depois da decolagem, ela me olhou como um animal acuado e perguntou-me:

— Para onde você está me levando?

Eu fiz um sinal para a linha do horizonte e disse-lhe, com indiferença:

— Primeiro, vamos passar por sua antiga casa. Quero ver como tudo ficou após a explosão. Tenho interesse em ver de perto qual o potencial dessa arma letal.

Ela sentiu um calafrio, mas não rejeitou a ideia. No fundo, Ravena ainda tinha a esperança de talvez encontrar o velho pai com vida. Mas isso era impossível; nada mais que o desejo inocente de uma filha que muito amava o pai.

Ao nos aproximarmos da zona de impacto, tive de acionar os escudos de proteção energética da nave. As ondas magnéticas ainda oscilavam no perímetro da explosão, desestabilizando a atmosfera e o ambiente. A aterrissagem foi difícil. Os sistemas alimentados pelo Vril da nave pareciam não encontrar combustível para mantê-la estável.

Aterrissamos praticamente planando em uma colina que dava vista para a antiga cidade em que vivera Ravena. E de lá observamos, em silêncio, por longos minutos, o poder devastador daquele artefato maligno. Centenas de milhares de mor-

Atlântida – No reino das trevas

tos estendidos pelo chão; um tapete fúnebre sem fim. Ninguém escapara da explosão magnética, que não destroçava corpos e construções, mas sim atuava dentro da estrutura vital dos seres vivos, consumindo-os.

A rebelião fora calada. Menos um problema a ser administrado na agenda diária de Gadeir. E por que não dizer de todos nós que lutávamos ao seu lado? Qual é o valor de uma vida? Eis a pergunta.

Mas eu não podia parar e pensar nisso. Todas aquelas pessoas mortas não tinham valor nenhum para mim. Não faria sentido eu abrir mão de meus planos para me colocar em defesa de pessoas que nada significavam em minha vida. Eu já tinha problemas demais com Gadeir para defender aquela causa.

Ravena até acreditou que aquele meu olhar de espanto se tratava de uma expressão de dor. Contudo, era somente o choque por ver tantas mortes realizadas em uma única ação.

Não estávamos acostumados com milhares e milhares de mortes em um único confronto. As batalhas eram homem a homem, assim como durante toda a história antiga da humanidade. E as lutas travadas com o Vril eram como um grande jogo de xadrez, em que as peças não tombavam, apenas se estabelecia o conjunto de forças, e a perigosa "balança do Vril" pendia de um lado ao outro. O xeque-mate nunca se efetivava.

Nos próximos capítulos, narraremos de forma mais clara como isso acontecia.

E ali, sob nosso olhar impressionado, além das milhares de mortes, ainda havia o clima sinistro estabelecido por aquela estranha radiação magnética, que, sem dúvida nenhuma, em breve começaria a repercutir no ecossistema de Atlântida e também do planeta como um todo.

Enquanto Ravena chorava ajoelhada em frente àquele cenário tétrico de morte e destruição, observei o estado energético da vegetação próxima. As plantas tinham perdido o fluido vital. Logo, elas morreriam também, assim como qualquer organismo que ficasse exposto àquela irradiação magnética por longo período.

Depois de meditarmos um pouco, tentamos partir. Eu não tinha ideia do efeito da energia magnética, mesmo sob a proteção do escudo da nave. Além do mais, ela poderia afetar os instrumentos de navegação e a ação do Vril para locomovê-la.

Tivemos alguma dificuldade para fazer decolar a nave. Então, pedi que ela ajudasse, utilizando seu poder com o Vril, para executarmos o processo. Ela estranhou e perguntou por que isso estava acontecendo.

Eu meditei por alguns instantes e disse-lhe:

— A explosão exterminou o fluido cósmico universal nesta região. Resumindo: não temos Vril suficiente na atmosfera para alimentar os motores da nave. Desde o início desta época de trevas, o quinto elemento vem se tornando cada vez mais raro em Atlântida, assim como ocorre no mundo primevo. Essas explosões farão com que esse processo se acelere ainda mais. Se a luta prosseguir dessa forma, em alguns anos, mal teremos Vril para levantar um copo d'água sobre a mesa. Imagine erguer uma nave!

Enfim, partimos. Ravena se jogou no assento da nave e, entre lágrimas, dormiu profundamente. Sua alma sensível não conseguia nem mesmo presenciar a morte de um animal, quanto mais aquela atrocidade que presenciáramos. Sem contar sua tristeza pela perda do pai.

Ela nem percebeu quando chegamos a Kandur, no outro extremo do continente atlântico. Resolvi não acordá-la. Ela precisava repousar para recuperar-se do choque emocional.

Abri a escotilha da nave e deixei o ar fresco e abençoado daquela região envolvê-la. Ali, o Vril era forte. Em poucos minutos, Ravena estaria recobrada do desgaste energético que sofrera.

Aproveitei para, em passos cambaleantes, ajoelhar-me em frente à sepultura de Evelyn e fazer minhas orações, realizando uma profunda e revitalizante respiração diafragmática. A oxigenação com o baixo ventre energiza o corpo, regularizando a força vital, dificultando o contágio de doenças que debilitam o sistema imunológico e facilitando a recuperação de órgãos debilitados.

A respiração com o diafragma faz com que o oxigênio e o prana se concentrem, energizando esse local. Posteriormente, essa energia é transferida para os demais órgãos do corpo, principalmente a região do plexo solar, onde eu havia sofrido o atentado promovido por Ravena, regularizando e equilibrando os chacras.

Atlântida – No reino das trevas

Logo depois, eu fechei os olhos, respirei profundamente e realizei comandos mentais internos para meu próprio inconsciente, com o propósito de acionar os processos sob o comando do sistema involuntário de preservação da vida.

Nosso organismo obedece não só a comandos mentais conscientes, mas também a um processo coordenado pelo sistema nervoso autômato, que é involuntário e trabalha independentemente de nossa vontade consciente.

Como exemplos desse processo, temos a respiração, a digestão, os batimentos cardíacos, etc., além de todo o processo de regeneração ou deterioração celular, dependendo do equilíbrio, ou não, da mente.

Sempre que necessário, esse sistema inconsciente provoca movimentos musculares e microcelulares, interferindo diretamente no funcionamento do organismo.

Um exemplo interessante disso são as doenças autoimunes, como o lúpus, que são respostas imunitárias contra o próprio indivíduo, em decorrência de uma falha na interpretação do sistema imunológico; mais um caso de crenças autopunitivas que inconscientemente ativam comandos internos nessa região primitiva do cérebro, promovendo um ataque deliberado contra si mesmo.

Na época em que a AIDS ainda era uma doença desconhecida e não controlada pelos medicamentos modernos, muitas pessoas morriam rapidamente, porque o pânico e a depressão instalavam comandos internos nessa área inconsciente, provocando a falência quase imediata do organismo. Hoje, já não é mais assim. O que mudou? A forma como as pessoas percebem a doença e sua possibilidade de cura ou os avanços da medicina? Obviamente que as duas situações. Entretanto, muitas pessoas infectadas, mesmo sem tomar o coquetel antiaids, permanecem muitos anos sem desenvolver sintomas da doença. Isso é algo a ser pensado.

Nossa mente pode matar e curar de forma mais eficaz que as doenças ou os medicamentos. A fé na vida ou na morte opera resultados que o homem moderno entende como miraculosos. As curas realizadas por Jesus desencadeavam nessa região cerebral uma efetiva intenção de recuperação orgânica naqueles em que o Mestre dos mestres direcionava sua poderosa ação.

Eu sabia disso, porque Evelyn e eu trabalhamos muito com

essa técnica, durante nossas expedições ao mundo primevo, atuando diretamente no campo mental inconsciente dos capelinos falidos, revertendo seu processo autodestrutivo.

Então, com a mente voltada para a harmonia e o equilíbrio, pedindo a interferência do Espírito Criador que está presente em todo o Universo, eu recitei um conjunto de comandos introspectivos de cura, pausadamente e em forma de prece:

— Percebo, neste instante, todos os meus corpos (o físico, o astral, o mental e o emocional), integralmente. E neles também percebo a força do Vril, a energia curadora, em sua forma sagrada, percorrendo todo o meu organismo, restabelecendo-me. Sim, eu sinto a energia percorrer cada órgão, cada célula, cada chacra, cada meridiano. Ela flui plenamente por meus pulmões e depois por meus centros de força e minha corrente sanguínea, operando o restabelecimento, a cura absoluta.

Deixei aquela mágica energia me envolver totalmente e, de forma pausada, continuei comandando:

— Neste instante, todos os meus corpos estão sendo ativados, purificados, energizados e curados.

Meu corpo foi programado para se autocurar, e assim desejo que ele se comporte. Células sadias estão sendo criadas a todo o instante, neste momento e sempre, operando maravilhas em todo o meu ser. Eu possuo a força curativa da luz, mesmo vivendo em trevas. Eu sei disso, assim como sei que o Sol nascerá no horizonte todas as manhãs, por milênios.

Fiquei por alguns instantes em silêncio, assimilando todas essas forças que fluíam internamente e externamente em meu ser. Quando abri os olhos, senti-me muito melhor. Percebi a intensidade do absoluto processo regenerativo que se desenrolava dentro de mim, operando, inevitavelmente, a cura definitiva. Eu viveria! Sim, eu viveria para cumprir meu destino.

Em seguida, esbocei um ar de satisfação e disse para mim mesmo:

— Eu tenho o poder divino dentro de mim. Sim, eu tenho.

É verdade. Eu era consciente do poder divino que opera dentro de todos nós, de cada filho de Deus, levando-nos à cura ou à enfermidade; pena que ainda não sabia utilizá-lo para o bem da humanidade.

Atlântida – No reino das trevas

Lua pressentiu minha presença e correu até a linha limítrofe que separava as duas dimensões. Imediatamente, ela percebeu meu delicado estado de saúde e correu para avisar Ártemis. Sol e minha mãe, Criste, acompanharam-nas, e as quatro ficaram próximas, observando minhas ações.

Eu, então, percebi a presença delas e, olhando exatamente para o local onde estavam, mesmo sem vê-las, passei a narrar os últimos acontecimentos, explicando sobre Ravena e o atentado ocorrido. Quem me visse ali, de joelhos, em um monólogo com as árvores, pensaria tratar-se de um louco.

Por longos minutos falei, de forma pausada e cansada, até que Ravena despertou do sono e se aproximou. Ela pôde ouvir minhas últimas palavras:

— Essa moça que trago até aqui não merece que eu a execute. Ela apenas atentou contra minha vida por crer que, com minha morte, poderia salvar nossa pátria do triste destino que a aguarda. Seu desejo é ser útil à obra do Grande Espírito. Ela tem o domínio sobre o Vril. Creio que deveria estar junto com o grupo de atlantes que estão sendo treinados para abandonar a Atlântida e estabelecer colônias no mundo primevo, com o objetivo de auxiliar na civilização desses povos. Vou deixá-la aqui, pois sei que vocês não aparecerão em minha presença. Assim que eu partir, por favor, abram o portal para que ela possa entrar, caso concordem com meu pedido.

E, depois de dizer essas palavras, eu fiquei por alguns segundos em silêncio, olhando para o chão. Por fim, concluí, com os olhos marejados:

— Amo vocês.

Sol e Lua começaram a chorar, desesperadas, e gritavam, sem controle:

— Abram o portal! Deixem Andrey entrar. Ele precisa de nossos cuidados! Pelo amor de Deus, abram o portal!

Ártemis e Criste tiveram que ampará-las. A ligação que existia entre nós era realmente impressionante. A proximidade delas deixava-me também em estado de profunda melancolia e saudade.

Em seguida, ergui-me com dificuldade e fui amparado por Ravena, que aguardava em silêncio, alguns passos atrás. Ela estava com os olhos úmidos, quando me disse:

— Andrey, sinto muito. Creio que me enganei a seu respeito.

Sinceramente, esse não era meu perfil. Ravena fora poupada apenas por ser uma bela mulher que me interessara de forma especial. Nesses últimos vinte anos, eu havia matado centenas de pessoas por muito menos; e algumas até mesmo sem que tivessem culpa nenhuma. Como já disse, fazíamos aquilo que atendia os nossos interesses. Não estávamos preocupados com a felicidade ou os direitos alheios.

Eu passei a mão em seu rosto delicado e falei:

— Não, você não se enganou. Este que está aqui não sou verdadeiramente eu. Só não acho justo que você perca a oportunidade de servir ao propósito para o qual nasceu. Você quer servir a vontade do Grande Espírito. Apenas quero lhe propiciar isso. Um dia também sonhei com essa sagrada missão, mas não estive à altura. Creio que você estará.

Nessa nova vida que o destino lhe reservou, você viverá ao lado das pessoas que mais amei: minha mentora Ártemis, meus pais Atônis e Criste e também meus dois anjinhos, Sol e Lua.

Eu apontei para a árvore que fazia limite entre as dimensões e disse-lhe:

— Aguarde ali. Garanto-lhe que, assim que eu partir, aquele portal abrir-se-á, e você terá a oportunidade de viver a vida que sempre desejou, longe do mundo de trevas que nossa Atlântida está se tornando.

Ravena me abraçou e beijou de forma apaixonada, provocando um ciúme incontrolável em Sol e Lua. As gêmeas se transformaram de tal forma que assustaram Ártemis e Criste.

Os olhos delas ficaram vermelhos, como ocorria com todo atlante enraivecido, e elas gritaram, parecendo dois demônios possessos:

— Afaste-se dele, sua assassina!

O estado de desequilíbrio das gêmeas foi tão grande que tiveram de ser amparadas e retiradas das proximidades do portal. Eu nada percebi dessa reação das meninas, apenas me virei e caminhei em direção à nave. Ravena, sem saber o que fazer, correu em minha direção e falou, indecisa:

— Eu quero ficar com você.

Eu sorri para mim mesmo, ironizando meu terrível poder de sedução, e disse-lhe:

Atlântida – No reino das trevas

— Não quer, não. Você só está confusa e influenciada pela emoção.

E, olhando nos olhos dela, completei:

— Além do mais, eu não posso confiar em você e vice-versa. Devemos seguir destinos diferentes.

Ravena ficou me observando com olhos tristes, enquanto eu entrava na nave e partia sem olhar para trás, carregando em meu íntimo o mundo sombrio que construíra para mim, durante todos aqueles anos.

Capítulo 5

O chamado das gêmeas

O Sol se punha no horizonte, sobre o mar, lançando seus derradeiros raios abençoados nas montanhas de Kandur. Mais precisamente, banhando com sua luz dourada a escola de formação dos atlantes de boa índole, que estavam sendo educados para migrar para o mundo primevo e lá miscigenar definitivamente a cultura e a genética atlante com a civilização primitiva da Terra.

Criste, naquela tarde, ensinava aos seus compenetrados alunos o caminho para cultivar os verdadeiros valores da alma, com o objetivo de consolidar uma futura humanidade harmoniosa e alicerçada nos princípios sagrados do amor universal. A escolha fora sábia. Os jovens atlantes, mesmo sendo espíritos advindos do exílio de Capela, demonstravam ter alma nobre.

Por incrível que pareça, nenhum dos escolhidos decepcionou ou teve de ser afastado. Absolutamente todos estavam sendo aprovados com louvor para a missão. E não poderia ser diferente. Atônis consultou os mentores espirituais e o mapa astrológico dos candidatos para verificar se estariam à altura do desafio.

Nem todos os espíritos exilados são criminosos contumazes. Algumas vezes, é necessária uma experiência de desterro para mundos distantes, para despertar almas que se prendem demasiadamente aos seus paradigmas. De certa forma, foi isso o que aconteceu comigo e Evelyn; mais particularmente com ela, que, mesmo tendo sido exilada de Capela, obteve uma evolução rápida e satisfatória na Terra.

Naqueles dias, Criste e Atônis, meus pais naquela existência, dedicavam-se com fervor a esse trabalho de formação de seus diletos alunos. Meu pai acreditava, inicialmente, que a humanidade capelina em Atlântida venceria suas falhas de caráter, mas, quando percebeu que isso não seria possível, entristeceu-se por um tempo.

Ele lamentou a perda de milênios dedicados ao desenvolvimento espiritual da Grande Ilha, entretanto sabia que era necessário evitar a perda de todo aquele conhecimento que poderia auxiliar em muito o desenvolvimento do mundo primevo. Ele e minha mãe, então, trabalharam incansavelmente para atingir esse objetivo, nas últimas décadas antes do desaparecimento da Grande Ilha.

E assim fizeram novamente, quando reencarnaram como o faraó Akhenaton e a rainha Nefertiti, e também em outras oportunidades na história de nossa humanidade, sempre unidos, como almas afins, trabalhando pelo bem comum. Suas últimas encarnações foram como Allan Kardec e Amélie Gabrielle Boudet, durante a implantação do espiritismo na Terra, no século dezenove.

Não existem "almas gêmeas", e sim "almas afins", que evoluem juntas por afinidade. Nós somos seres integrais, pois não dependemos de outra alma para existir e nos completar. Entretanto, criamos afinidades especiais em nossa infinita jornada evolutiva, fato que nos leva a amar de forma mais intensa esses espíritos que nos são mais próximos do coração. Mas, com o passar dos milênios, abandonamos essa característica, digamos assim, "mais humana", e partimos para um amor verdadeiramente espiritual e universal, assim como o do Cristo, que é igualitário a todos os seres do Universo, independentemente de afinidade.

Esse sentimento de amor especial a determinado espírito é algo característico em nosso atual nível evolutivo.

E assim foi com essas duas grandes almas, que, pouco a pouco, foram migrando para esse estado de amor universal e ilimitado. Quanto nós temos que aprender ainda? Às vezes, não sabemos amar nem quem nos ama. Imaginemos amar aqueles que nos são indiferentes ou aqueles que nos causam o mal! Isso é característica somente de grandes almas. Mas um dia chegaremos lá, pois esse é nosso destino, essa é a vontade de Deus.

E quanto mais cedo caminharmos nessa direção, mais fácil será chegar a esse destino, sem dor, sofrimento e carmas desnecessários.

Mestre Násser também trabalhava com afinco ensinando-os sua profunda filosofia espiritual e os importantes conhecimentos que obtivera no campo da administração de uma grande sociedade, função que exercera durante grande parte de sua vida gerenciando a terra de Possêidon.

Com seu pensamento arguto e retilíneo, ele impressionava os alunos com conceitos simples, mas plenamente eficazes, demonstrando que a maior habilidade do sábio está em resolver as coisas complicadas com simplicidade.

A colônia de Kandur havia se tornado um precioso foco de luz em meio às trevas em que nosso país mergulhara. Enquanto por toda a Atlântida reinavam o caos e a desesperança, lá, um pequeno grupo de sábios iluminados instruía discípulos honrados, de ambas as raças, que se amavam como verdadeiros irmãos.

A atmosfera dentro da bolha dimensional criada lembrava os anos dourados da Grande Ilha. O Sol parecia ter um brilho mais dourado, e o prana, alimento sagrado dos atlantes, era de uma riqueza incomparável com o do restante do reino, que já passara a viver entre duas dimensões: a material e a semimaterial.

Nesse ambiente de amor e fraternidade, alguns escolhidos casaram e constituíram famílias, inclusive gerando filhos. Em breve, os demais solteiros poderiam ingressar na dimensão primeva da Terra e casar com as mulheres de lá. Tal fato gerou a lenda dos deuses gigantes que desceram dos Céus para casarem-se com as mais belas mortais de diversos reinos.

Alguns desses atlantes seriam eleitos reis pelos povoados que os abrigariam, por causa de sua sabedoria e do espírito de liderança para movê-los em direção ao progresso e ao bem-estar. Os conhecimentos de medicina, engenharia, filosofia, agronomia e, principalmente, o domínio com o Vril seriam determinantes para se destacarem no mundo primevo da Terra.

Essa nobre geração de atlantes, por exemplo, permitiu notável avanço até a quarta dinastia egípcia. Depois desse período, os egípcios retornaram ao culto politeísta, influenciados pelos espíritos primitivos da Terra e pelos ambiciosos capelinos, que lucravam com a crença em vários deuses. Os manipuladores e ambiciosos sacerdotes de Amon eram, em sua grande maioria, antigos capelinos.

Atônis reencarnou na décima oitava dinastia egípcia como o faraó Akhenaton, para tentar reverter esse atraso que ia de encontro com a programação de preparar a encarnação de Jesus em meio a uma nação monoteísta. O Egito era o povo escolhido, mas, como não acreditava no Deus Único, na época prevista para a chegada do Grande Espírito, o excelso Jesus encarnou entre o povo israelita, que havia fundamentado a crença no monoteísmo a partir da missão de Moisés, que era Atlas reencarnado.

A aula daquela tarde terminou um pouco antes de os últimos raios solares banharem as elevadas montanhas de Kandur. O Astro-Rei, avermelhado no horizonte, insistia em hipnotizar os olhos contemplativos de Sol, que o amava como a própria vida. Já Lua estava distante, perdida em seus pensamentos indevassáveis.

Os demais alunos se retiraram para seus afazeres, enquanto as duas ficaram sentadas no fundo da sala, parecendo estarem em outro mundo. Criste lançou um olhar significativo para Ártemis, e as duas grandes mulheres se aproximaram das jovens de raríssima beleza.

Ártemis colocou as mãos sobre os braços das duas e perguntou:

— Minhas flores, o que há com vocês? Faz dias que vocês estão distantes, não prestam mais atenção nas aulas. O que está ocorrendo?

Sol deixou correr duas grossas lágrimas e soluçou. Lua colocou a mão sobre a de Ártemis e disse, sem delongas:

— Querida mãe, precisamos partir. Não podemos mais viver longe de Andrey.

Ártemis e Criste já haviam percebido que esse era o motivo, mas jamais imaginaram que elas teriam uma intenção tão ousada. As duas mestras se entreolharam, e Criste falou:

— Lua, minha querida, eu entendo teu apego por meu filho, mas ele não faz parte mais de nossas vidas. Ele resolveu trilhar por um caminho que não é o nosso. Sei que vocês estão sensibilizadas com o atentado que ele sofreu, mas essa foi a escolha dele. Nada podemos fazer.

Sol, então, gritou; mais em um gesto de desabafo do que por irritação:

— Podemos sim, podemos proteger Andrey! Nascemos para isso. Eis nossa missão. E estamos aqui aprisionadas a esta vida que não é o que reflete a aspiração de nossas almas.

Criste passou a mão no rosto banhado em lágrimas de Sol e falou:

— Minha filha, vocês não possuem nenhum compromisso com Andrey. Isso é apenas um desejo infantil, do tempo em que vocês ainda eram crianças. E também vocês não estão aprisionadas aqui. Pensei que estivessem aqui por vontade própria.

Lua abraçou os joelhos e disse, pensativa:

— Vocês acham tão improvável alguém desejar voltar para o mundo das trevas que se tornou Atlântida que não conseguem aceitar isso. Além do mais, temos, sim, um vínculo muito forte com Andrey. Se fosse apenas um desejo de criança, isso não tocaria tão fundo em nossos corações. A vontade de estar ao lado dele, de protegê-lo, é maior do que nós. Antigamente, sentíamos quando o perigo se aproximava dele.

Depois de breve pausa, a morena irradiou um olhar intenso de ódio e falou, em tom destemperado:

— Agora, essa mulher maldita, que vocês acolheram como filha; quase o matou, e nem percebemos. Essa prisão está nos cegando e nos distanciando de nossa missão.

Ártemis abraçou as meninas e disse-lhes:

— Sol, Lua, meus anjos, Andrey agora trabalha para o lado negro. Negou tudo aquilo que sempre defendemos. Vocês vão querer abandonar a luz para entregarem-se às trevas? Vocês desejam isso para suas vidas?

A sábia mentora meditou por alguns segundos e, depois, prosseguiu com um aperto no peito:

— Não o conhecemos mais. Ele não é mais aquele homem que amou minha filha com desvelo e carinho. Já matou centenas

Atlântida – No reino das trevas

de pessoas, tornou-se frio e impassível. Imaginem o que ele pode fazer com vocês, em sua loucura sem fim!

As lágrimas escorriam sem limites pelos olhos das duas belas mulheres. O silêncio era quebrado somente por seus soluços. Alguns segundos depois, Lua falou:

— Todos esses anos, nós sufocamos a saudade que sentíamos de Andrey. Agora, não conseguimos mais. Sinto como se isso fosse algo que rouba o ar que respiro e me tira a vontade de viver. Precisamos respirar o ar que ele respira para sermos felizes. Nós o amamos.

Sol apenas afirmava com a cabeça, concordando com a irmã, enquanto secava suas lágrimas. Ártemis e Criste se compadeceram da dor daquelas jovens mulheres que pareciam ser um raio de vida e esperança, e, agora, encontravam-se tão abatidas. Minha mãe lhes disse, então:

— Nós também amamos Andrey, mas nada podemos fazer além de orar por ele.

Lua segurou as mãos de Criste e falou, de forma febril:

— Vocês não entenderam, nós amamos Andrey como homem, nós o desejamos, nós precisamos ser suas esposas.

Criste olhou significativamente para Ártemis. Elas se impressionaram mais pelo desejo das gêmeas de largarem tudo o que conquistaram naqueles vinte anos para lançarem-se em uma aventura nas trevas do que pela menção a um casamento a três.

Um homem ter mais de uma esposa em Atlântida não era algo comum, mas também não causava surpresa nenhuma. A poligamia não era vista com maus olhos, pois, em geral, tratava-se apenas de um amor verdadeiro entre mais de duas almas.

Depois, ela as abraçou e completou:

— Meus anjos, como isso pôde acontecer?

Sol respondeu com o olhar perdido na noite que já descia sobre Kandur:

— Nunca aconteceu, porque sempre existiu esse amor desde o primeiro dia em que vimos Andrey, quando tínhamos apenas quatro anos. Sempre o amamos, mesmo quando Evelyn ainda era viva. A morte trágica dela chocou-nos também, reprimindo esse sentimento, mas, hoje em dia, ele vem à tona com toda a sua força. Precisamos partir. Precisamos viver esse amor.

Ártemis colocou as mãos no rosto, respirou fundo e disse para si mesma:

— Oh, Espírito Criador, o que devemos fazer? Ilumine minha mente para tomar a decisão mais sábia.

Lua olhou firme nos olhos de Ártemis e disse-lhe, com rebeldia:

— Desculpe-me, minha mãe, mas essa decisão não compete a você. Eu e Sol já decidimos: partiremos antes da próxima Lua Cheia. Tive um sonho de que Gadeir atentará contra a vida de Andrey. Não queremos estar ausentes novamente. Não nos permitiremos falhar outra vez.

Capítulo 6

Um triângulo dentro de outro

Duas semanas tinham se passado desde o atentado de Ravena. Apesar de minha rápida recuperação, eu ainda andava com passos lentos e demonstrando cansaço. Raramente saía de meus aposentos; apenas fazia isso para cumprir os compromissos mais urgentes.

Eu passava o dia sentado em uma confortável poltrona, apreciando a natureza e meditando sobre o futuro que nos aguardava. As mulheres que viviam em meu apartamento mantinham-se distantes, respeitando meu recolhimento, porém ansiosas para conversar e, assim, tirarem-me daquele depressivo estado de espírito.

Parecia que só eu tinha olhos para a tragédia que se avizinhava. Arnach e Ryu viviam reclamando de que eu parecia um velho fatalista, vaticinando dor e sofrimento para nossa terra. No entanto, os sinais eram claros para aqueles que tinham olhos para ver.

Os atlantes de boa índole afastavam-se para os campos, procurando ter uma vida distanciada da turbulenta capital, enquanto os que tinham tendências antifraternas passavam seus dias de forma inútil, em um gozo infinito, sempre procurando obter rendimentos sem trabalho, explorando os mais fracos para financiar seus vícios.

As atividades intelectuais, pouco a pouco, deixaram de

existir. Os filósofos, cientistas e todos aqueles que desenvolveram uma sociedade altamente tecnológica na Grande Ilha agora davam espaço para políticos ociosos e mesquinhos.

A crença no Deus Único havia sido abandonada pela fé pagã de cultuar vários deuses; alguns com aparência humana; outros com forma de animais. Foram criadas lendas e figuras mitológicas para o culto politeísta que crescia em meio à nossa sociedade.

Essas transformações foram tão fortes no novo perfil do povo de Atlântida que essas crenças se enraizaram entre os gregos, que receberam a migração de alguns atlantes antes da submersão da Grande Ilha. Inclusive, o nome de nossa terra, Possêidon, foi personificado como uma divindade entre os novos atlantes. Posteriormente, o deus Possêidon ficou conhecido como Netuno, o deus dos mares dos romanos.

Outro exemplo claro de nossa decadência era a mudança do regime de governo. A democrática sociedade atlante passou a ser governada por dois cruéis ditadores: Gadeir, no Ocidente, e Atlas, no Oriente.

O desfecho disso era inevitável: o Espírito Criador não permitiria que continuássemos colocando o planeta em risco com nossos avançados conhecimentos sobre o Vril e com os estudos do "Sol Negro", o temível raio de antimatéria que estávamos a um passo de dominar. Apenas uma gota de antimatéria poderia resultar em uma bomba de vinte quilotons, dependendo de sua frequência de aniquilação. Em breve, teríamos poder para destruir o planeta, independentemente do Vril, do qual perdíamos o domínio paulatinamente.

A civilização atlante, a cada ano que passava, flertava mais perigosamente com o caos.

Meus pais falavam, quando eu era apenas uma criança, que uma bola de fogo surgiria nos céus, anunciando o momento em que o fim estaria próximo. Naqueles dias em que estava convalescendo, eu ficava até altas horas acordado, bebendo guaianás e olhando para a abóbada celeste, procurando o astro que deflagraria o apocalipse atlante, como se eu o estivesse chamando para mim.

No fundo de minha alma, desejava que ele se chocasse contra meu peito para causar-me a mesma desintegração total que Evelyn sofrera.

Eu respirava o ar puríssimo da floresta atlante e batia no peito, dizendo, com voz rouca: "Venha e cumpra seu papel, demônio dos céus".

Em uma dessas tardes de profunda reflexão, recebi uma mensagem de Arnach e Ryu, comunicando que eles haviam sido convocados por Gadeir para realizar uma expedição com outros sacerdotes do Vril, em um campo de batalha na região fronteiriça entre os dois reinos. Não dei importância a isso, apesar de evitarmos ao máximo nos distanciar, já que nossa segurança dependia de estarmos sempre unidos.

Passadas algumas horas, comecei a refletir sobre isso e senti um mau pressentimento; e ele não demorou a se confirmar. Sem se anunciar, Gadeir apareceu ao meu lado, burlando a atenção dos guardas, que se mantinham imóveis na entrada de meus aposentos, provavelmente hipnotizados pelo astuto líder da raça branca. Aquele ser sinistro, com longos cabelos brancos, sorriu maliciosamente e me perguntou:

— Como está você, Andrey? A recuperação do atentado está sendo satisfatória?

Eu fiz um esforço para me posicionar na cadeira, e ele complementou, com tom irônico, ao perceber minhas expressões faciais de desconforto ao menor movimento.

— Ah, percebo que não.

Demonstrando não estar satisfeito com aquela invasão à minha privacidade, perguntei-lhe:

— O que você deseja, Gadeir? Não creio ter deixado de cumprir nenhuma tarefa que me compete. Estou necessitando de repouso. Diga o que deseja e deixe-me descansar.

Ele ergueu as mãos e falou, com malícia, mais parecendo uma serpente traiçoeira:

— Percebo que não sou bem-vindo.

Eu o fuzilei com o olhar e disse:

— Não é difícil perceber isso. E, pelo que vejo, você afastou Ryu e Arnach daqui para aproveitar-se de minha fragilidade.

E, aproximando-me dele, concluí, com os dentes cerrados:

— Não tenho medo de você, Gadeir. Não amo a vida. Viver ou morrer para mim nada significa. Tenha a certeza de que, se você tentar algo, pode até me matar, mas sairá fraco daqui, abrindo brechas para Atlas desequilibrar definitivamente a balança do Vril a favor dele. Será o fim da guerra e, consequentemente, seu fim.

Gadeir se irritou profundamente com minha ousadia e falou claramente:

— Vou pagar para ver, crápula maldito. Jurei pelo que há de mais sagrado que vingaria a morte de Maia e vou cumprir essa promessa agora mesmo.

Ele se levantou para concentrar o Vril em suas mãos e executar o golpe final. Eu sabia que não teria chance, ainda mais no estado debilitado em que me encontrava.

Em uma última alternativa, ameacei-o com o único trunfo que tinha em mãos:

— Somente eu sei os segredos da Grande Pirâmide. Matar-me será enterrar definitivamente o potencial que lá se encontra para vencermos a guerra.

Gadeir gargalhou e disse:

— Passei os últimos vinte anos a devassando e, assim como você, já descobri tudo o que me poderia ser útil. Se não o matei antes foi pelo peso na "balança do Vril", mas cansei de você, Andrey. Meu ódio por ti é maior que minha prudência com relação à guerra.

Eu, então, percebi que não teria mais chance nenhuma de evitar o inevitável. Mesmo não estando em paz com o Espírito Criador, olhei para os Céus e, em pensamento, entreguei minha alma falida ao Todo-Poderoso.

Tentei, ainda, reagir uma vez mais, porém minha fraqueza era muito grande. Gadeir esboçou um leve sorriso com o canto da boca, percebendo minha fragilidade, e sentenciou, com cruel frieza, tremendo as narinas de ódio:

— Creio que você não fará falta nenhuma. Mesmo concentrando elevado poder sobre o Vril, você jamais o utilizou plenamente contra Atlas. Andrey, você é um maldito agente duplo. Sempre traiu seus irmãos de raça. Poderíamos ter evitado muitas mortes se você e seus amigos tivessem se dedicado com afinco às batalhas do Vril. As bombas magnéticas estão surtindo o efeito desejado sobre os exércitos de Atlas, e, além disso, muito em breve, dominaremos o "Sol Negro". É uma questão de tempo para eu não precisar mais de sua força com o quinto elemento.

Atlântida – No reino das trevas

Ele cerrou o punho, com os olhos chispando energias escarlates, e concluiu:

— Seus pais o estragaram, verme maldito! Formaram um filho fraco, por causa dessas filosofias espirituais baratas.

Eu olhei em seus olhos e falei, com raiva:

— Vá para o inferno, Gadeir. Mate-me ou morrerá por minhas mãos, quando eu me restabelecer.

Ele gargalhou e disse, com ironia:

— Você vai primeiro, meu caro. Tenha certeza disso. Eu vi isso no espelho de cristal que você me ajudou a construir em meus aposentos.

Depois de concentrar o quinto elemento por alguns segundos, ele preparou-se para dirigi-lo a mim, em sua terrível forma inversa. A grande energia era símbolo de vida e saúde, mas poderia ter sua força invertida para o mal; e era isso que os magos negros realizavam com excelência.

Eu, então, respirei fundo e aguardei o golpe mortal, pensando: "Vivi para o Vril e morrerei por ele. Será esse meu destino?". Naquele momento, várias cenas passaram por minha cabeça; todas ligadas ao quinto elemento.

Desde os momentos que antecediam minha encarnação no plano físico, com os mentores espirituais preocupados com o poder quase absoluto que Evelyn e eu possuíamos sobre o Vril, a infância prodigiosa, as primeiras fantásticas curas, até mesmo no mundo primevo, as pesquisas que fazíamos para debelar os diversos tipos de câncer que consumiam os capelinos exilados, até chegar o momento extremo em que Evelyn foi morta. Naquele instante, minha mente parou e descansou.

Com um breve sorriso no rosto, eu disse para mim mesmo: "Amor da minha vida, eu estou indo ao teu encontro. Sei que não sou digno da luz, mas me ampara neste momento extremo".

Naquele instante, Gadeir disse a frase que povoava meus pesadelos:

— Morra, traidor. Ninguém te protegerá neste momento final.

Naquele instante, lembrei-me de que tinha visto aquela mesma cena em meus sonhos. Definitivamente, era meu fim. Sim, era inevitável. Tudo estava se confirmando.

Entretanto, aquele que rege nossos destinos e está presente em toda a criação parecia sempre me oferecer insólitas surpresas. Mesmo eu não sendo um filho digno de orgulho à sua grandiosa obra, Ele insistia em me manter no palco da vida humana. De alguma forma, Ele, que tudo vê, desejava que eu vivesse tudo aquilo, cada segundo, cada instante, até o desaparecimento total da Grande Ilha nas profundezas do Oceano.

Talvez por causa da forte emoção, entrei em estado alterado de consciência e vi o rosto suave de Evelyn, sorrindo para mim e dizendo:

— Andrey, meu querido, ainda não chegou teu momento. Aproveite esses instantes que ainda te restarão no mundo humano para retornar ao caminho da luz.

Naquele mesmo instante, Gadeir arregalou os olhos, assustado, surpreendendo-me e fazendo-me perder o contato com Evelyn. Eu olhei para meus lados, e lá estavam elas, em seus postos, como sempre estariam nos anos seguintes: Sol, de pé, à minha esquerda, e Lua, à direita, com os braços cruzados sobre o peito.

As duas belas e exuberantes mulheres já vestiam os magníficos trajes dos magos negros do Vril. As roupas negras brilhantes, coladas aos seus corpos curvilíneos sensuais, viriam causar na sociedade atlante uma verdadeira fascinação, nos anos seguintes, tornando-as lendas vivas da beleza. Em alguns pobres desavisados, até mesmo renderiam paixões enlouquecedoras, levando-os à loucura ou até mesmo ao suicídio.

A única diferença entre elas e as demais sacerdotisas eram os calçados. Todas usavam botas até a altura dos joelhos, mas elas calçavam sandálias delicadas de salto alto. Lua utilizava uma prateada, cravejada de diamantes raríssimos, e Sol, uma dourada, com detalhes em oricalco puro, o ouro dos deuses.

Acredito que boa parte do encantamento que elas causavam nos homens e até mesmo em algumas mulheres estava na beleza indescritível de seus pezinhos, que colocavam todos literalmente de joelhos, embevecidos por uma louca fascinação.

Ao descobrirem esse poder que possuíam, além do proporcionado pelo Vril, passaram a manipular as pessoas conforme nossos interesses. Enquanto eu necessitava utilizar-me de requintados recursos hipnóticos, as gêmeas apenas miravam de

Atlântida – No reino das trevas

forma insinuante os olhos de suas vítimas para terem amplo domínio sobre elas.

Somente as duas, entre todos os sacerdotes do Vril, não utilizavam as roupas completamente negras, com a capa escarlate. Gadeir não contava neste aspecto, porque ele se achava mais que um sacerdote do quinto elemento. Ele acreditava ser o grande rei de Atlântida e, portanto, vestia-se com túnicas esquisitas, que mais o assemelhavam a um ser extraterrestre e andrógino.

Lua descruzou, então, os braços sobre o peito, mostrando a beleza de seu busto escultural, coberto apenas pela blusa negra com elegante decote, semelhante à de sua irmã, enquanto Sol brincava com o Vril em suas mãos, indicando o poder inconteste das duas. A morena sedutora olhou profundamente nos olhos de Gadeir e falou, com sua voz rouca, que era extremamente poderosa, quando estava irada, mas de uma sensualidade notável, quando apaixonada:

— Você deve ser Gadeir. Lembro-me de que Andrey e os grandes mestres nos escondiam de você, quando éramos crianças. Eles queriam evitar que nosso poder caísse em suas mãos.

O terrível líder da raça branca sorriu e modificou suas intenções, pois percebeu que eu poderia trazê-las para seu lado na guerra. Em seguida, falou:

— As famosas gêmeas. Que felicidade tê-las aqui na capital! Imaginei que vocês estivessem escondidas com Ártemis e Násser, caso realmente existissem. Eu suspeitava da existência de vocês, mas nunca tive a confirmação. Vocês foram muito bem ocultadas de minha visão. Nunca as "senti" verdadeiramente, apesar de suspeitar de que uma poderosa força do Vril encontrava-se longe de meu alcance.

Depois de disfarçar por alguns segundos, ele voltou a falar:

— Eu estava aqui fazendo companhia ao nosso Andrey. Fico feliz de que ele esteja se restabelecendo e sendo bem cuidado. Bem, mas agora preciso ir. Espero poder vê-las na próxima reunião dos sacerdotes do Vril. Vocês terão destaque em nossa sociedade e possuirão tudo o que desejarem. Basta pedirem, e serão atendidas prontamente.

Sol sorriu com a atitude vil de Gadeir e respondeu, com um sorriso irônico:

— Nós faremos tudo o que Andrey desejar. Acho que você precisa dele mais do que imagina.

O líder da raça branca esboçou um sorriso pálido, ressaltando ainda mais as marcas de expressão de seu rosto, e respondeu, com voz pausada e cínica:

— Certamente, minha querida. Andrey é um dos mais valorosos sacerdotes nessa batalha. Jamais atingiremos nosso objetivo sem a cooperação dele. Temo só em pensar que poderíamos ter ficado sem ele, após o atentado que sofreu.

Sol fez uma expressão de escárnio e murmurou:

— Sei.

O terrível mago das sombras pigarreou e disse, retirando-se:

— Agora preciso ir. Assuntos urgentes reclamam minha atenção.

E, discreto como chegou, saiu em passos rápidos por uma porta pela qual não entrou, causando estupefação nos vigilantes.

Assim que ele se retirou, as meninas relaxaram e correram para meus braços, com um sorriso infantil em seus rostos. Ficamos abraçados em silêncio por vários minutos. Minhas meninas estavam de volta aos meus braços. Porém, agora não eram mais crianças, mas sim duas mulheres exuberantes. Eu sentia uma energia diferente nas cinturas delas, que estavam envolvidas por meus braços.

Não existia mais aquela energia infantil, e sim uma vibração feminina, febril, ao me abraçarem. E aquela sensação me levou a um sentimento imenso de bem-estar. Eu poderia ficar a noite inteira ali, abraçado a elas. Nossos chacras básicos entraram em sintonia e, imediatamente, começaram a realizar trocas de energias. Eu precisava daquela energia telúrica para restabelecer-me. Uma verdadeira sensação de viver pulsou novamente em meu coração. E Lua, não se contendo mais, beijou meus lábios de forma ardente e apaixonada. Logo depois, Sol fez o mesmo gesto.

Eu olhei para elas, surpreso, e perguntei:

— Mas o que significa isso?

Lua não me deixou prosseguir e respondeu, com firmeza:

— Significa que seremos suas esposas. Não somos mais crianças. Viemos para cá a fim de cumprirmos nossos destinos.

Atlântida – No reino das trevas

Eu estava demasiadamente cativado por aquelas duas belas e estonteantes mulheres que pareciam irradiar a energia dos astros que representavam seus próprios nomes. Os longos cabelos louros de Sol e os escuros de Lua; os traços idênticos, com exceção apenas do tom da pele: muito claro em Sol e levemente moreno em Lua; os olhares angelicais e ao mesmo tempo sensuais; as mãos belíssimas, com as unhas pintadas de vermelho; os lindos pés, com as belíssimas sandálias de salto alto; a silhueta feminina, impecável, com curvas sedutoras; tudo isso aliado ao mais importante: nossa sintonia perfeita desde que elas eram crianças, o prazer de estarmos juntos e vivermos todos os pequenos detalhes da vida com a sintonia e a cumplicidade que eu só havia sentido ao lado de Evelyn. Todos esses fatores me levaram a não relutar em aceitar aquele convite inusitado.

Além disso, nossa união faria com que meu poder com o Vril ficasse ainda maior, afastando definitivamente a ideia de Gadeir de atentar contra minha vida novamente.

Sol, Lua e eu formaríamos um novo triângulo de forças que se inseriria no triângulo que já existia: Arnach, Ryu e eu. Estes últimos poderiam talvez mudar de ideia no futuro e apoiar Gadeir, abandonando-me, mas as gêmeas jamais fariam isso.

Eu concordei com elas, entre beijos e abraços. Naquela noite, dormimos juntos pela primeira vez e ali selamos nossa união, com uma relação amorosa intensa que durou até o Sol nascer.

Mesmo com a saúde debilitada, parecia que o contato íntimo com as gêmeas me nutria com uma força desconhecida, mais poderosa que o próprio Vril.

No dia seguinte, o restabelecimento de minha saúde fora acelerado de forma impressionante, quase me levando à cura completa, apesar da intensa atividade sexual da noite anterior.

Fizemos amor com trocas energéticas por todos os poros de nossos organismos. Entre beijos e abraços, selamos nossa união definitiva e incondicional. Por meio de olhares, identificamos nossas almas como plenamente afins; almas trigêmeas, por assim dizer. A partir daquele instante, estabelecemos uma ligação que duraria não apenas aquela única vida, mas sim milênios.

Lua e eu dormimos até o meio-dia, mas Sol mal pregou os olhos, completamente entregue à sua paixão. Envolvida por pensamentos felizes, ficou tocando harpa serenamente, sentada no divã da sacada de meu apartamento, com suas torneadas pernas louras para o alto.

Pela tarde, Lua fez um sinal para os guardas para que eles desalojassem todas as mulheres de meus aposentos, acomodando-as em outros apartamentos do grande prédio ou, então, levando-as de volta às casas de seus familiares.

Eu fiz uma expressão de contrariedade, indignado com aquela prematura intervenção de Lua em minha vida. Ela sorriu e disse-me:

— Não fique assim, meu amor. Posso garantir-lhe que você nunca mais pensará em nenhuma outra mulher, enquanto minha maninha e eu estivermos ao seu lado. Se eu estiver enganada, pode trazê-las de volta, não nos importaremos.

Naquele momento, eu nada disse, mas pensei que era exatamente isso que faria, caso elas não me completassem. Mas as gêmeas eram especiais. Tanto me completaram que, como já disse, ficamos unidos no astral por milênios, após a submersão da Grande Ilha. Creio que foi um dos mais longos casamentos da história. E só foi suspenso porque necessitávamos trilhar novas e diferenciadas experiências evolutivas, em futuras existências no plano físico.

Todas as minhas mulheres terminaram aceitando, com o tempo, que as gêmeas e eu nos completávamos de forma absoluta e abriram mão de minha companhia, sem mágoas. Somente Electra, com seu poço sem fim de rancor, manteve-se em permanente estado de guerra contra nós. Seu ódio contra mim aumentou ainda mais, e o ciúme e a inveja que tinha das gêmeas ultrapassavam todos os limites do bom-senso.

O rancor e a mágoa são venenos que corroem a própria alma de quem os cultiva. Electra parecia viver para alimentar esses sentimentos, perdendo a oportunidade de evoluir espiritualmente e crescer como pessoa. Deixava de ser feliz por viver em função dos outros, esquecendo-se de si mesma. Fora abençoada com o domínio sobre o Vril, mas jogou tudo fora por ter uma alma doente. Se Deus tivesse lhe dado uma vida longa nessa existência, certamente ela não teria como usufruir de tais anos, já que envenenava a própria alma todos os dias, precipitando a falência de seu organismo.

Atlântida – No reino das trevas

Seis semanas depois, quando eu estava totalmente recuperado do atentado que sofrera, Sol, Lua e eu passamos a deslumbrar os eventos da decadente sociedade atlante. As gêmeas pareciam duas princesas, e eu parecia o rei que fora abençoado com tão magnífica companhia. Além da beleza, elas eram muito inteligentes, sendo Sol uma artista nata: cantava, dançava e representava com um desembaraço notável, cativando todos ao seu redor, praticamente, enlouquecendo-os com seu talento.

Lua, por sua vez, era uma escritora de mão cheia. Seus conceitos filosóficos, poemas geniais, em poucas palavras, e as músicas que compunha para a irmã cantar eram de uma profundidade e de uma sabedoria que causavam espanto, mesmo em uma sociedade que vinha perdendo seus valores, nas últimas décadas. A adorável morena também tinha personalidade forte nos debates filosóficos, encantando a todos, principalmente as pessoas mais maduras, que ainda mantinham bons valores, apesar de tudo.

Isso foi fundamental para ela não sofrer demasiado preconceito por causa de seu tom de pele e da cor dos cabelos, semelhantes aos de nossos inimigos da raça vermelha. A beleza encantadora e a sabedoria que impunha respeito foram determinantes para ela ser aceita em meio a uma sociedade que se tornava cada dia menos caridosa e fraterna com aqueles que eram diferentes sob algum aspecto.

O preconceito havia brotado na sociedade atlante desde a chegada dos capelinos e viria a tornar-se, infelizmente, uma constante em nossa humanidade até os dias atuais. Até mesmo Gadeir, que era extremamente racista, respeitava Lua, por sua inteligência, beleza e, principalmente, pelo poder com o Vril, que ele cobiçava como ninguém.

Arnach ficara chateado comigo por eu abandonar o mundo das conquistas e me atrelar definitivamente às gêmeas. Entretanto, ele dizia daquele jeito só dele:

— Andrey, meu irmão, você me decepcionou. Deixou-se seduzir pelo encanto das gêmeas. Mas creio que seria impossível não ceder. Ainda bem que elas só têm olhos para você. Não sei também se eu conseguiria resistir. E você sabe que abandonar as conquistas para mim é o mesmo que abandonar a vida.

Eu sorri com o comentário hilário do amigo e o abracei. Depois lhe disse, em tom fraternal:

— Um dia você aquietará esse coração também, querido amigo.

Ele sacudiu a cabeça e respondeu:

— Acho muito difícil que isso aconteça. Arnach casado é Arnach morto!

Ryu gargalhou com as palavras do amigo mulherengo e disse-lhe:

— Vamos, Arnach, vamos circular pela festa. Nosso amigo Andrey agora não pode mais nos acompanhar.

E os dois, então, saíram abraçados. Eu não senti inveja deles. Talvez eu já estivesse cansado daquela vida, com minhas energias drenadas por causa daquela rotina extenuante. Desde que as gêmeas haviam chegado, parecia que minha vitalidade aumentara, assim como minha lucidez.

Meu sono estava mais tranquilo e, apesar de as intensas relações sexuais noturnas prosseguirem, agora parecia que eu adquiria uma verdadeira energia com a juventude e vitalidade das moças.

Com as mulheres anteriores, isso também acontecia, mas com Sol e Lua parecia que eu tomava verdadeiras injeções de ânimo. Provavelmente por ser uma relação com sentimentos verdadeiros, e não apenas uma troca de energias sexuais.

Ao contrário dos relacionamentos anteriores, em que eu era sugado e sugava, como verdadeiros vampiros, com as doces gêmeas o processo era inverso: eu me doava para elas, de todo o coração, e elas faziam o mesmo, tornando essa troca de energias algo verdadeiramente sublime.

Elas rapidamente se adaptaram àquele mundo, que, apesar dos valores mesquinhos, era divertido e interessante para quem apreciava boas festas e uma diversidade artística instigante.

As meninas eram bem dinâmicas e criativas. O mundo infernal de Atlântida, no período das trevas, também tinha seu fascínio. E, como éramos almas ainda distanciadas da verdadeira busca, sentíamo-nos bem à vontade naquele meio.

O mesmo desconforto que eu sentia por viver somente em meio aos templos e às meditações era compartilhado por elas.

Atlântida – No reino das trevas

Nós parecíamos necessitar da vida desses dois mundos (luz e treva) para sermos felizes. Com a chegada delas, pude resgatar lembranças de meus pais, dos trabalhos que estavam sendo realizados em Kandur e de tudo aquilo que amava, mas com o que fazia vinte anos que não tinha contato.

Da mesma forma que hoje em dia é muito difícil uma pessoa espiritualizada ser feliz casando-se com alguém que não seja, naquela época, eu sentia grande tristeza por não ter com quem conversar sobre tudo aquilo que tinha feito parte de minha vida desde o nascimento. Algumas vezes, eu fechava os olhos e parecia estar ouvindo Criste ou Ártemis tecendo belos conceitos sobre a beleza da vida, quando as meninas falavam.

As expressões, o modo de falar, os elevados conceitos de vida que permearam a infância delas e também a minha me transportavam para um reino de paz e alegria. Eu havia voltado a ser feliz, como há muito não era. Um franco sorriso começou a visitar meu rosto com mais frequência, causando espanto naqueles que me temiam e raramente tinham me visto de bom humor.

A presença das meninas fez com que minha alma vibrasse em uma esfera mais iluminada, mesmo reinando em trevas. Elas nunca questionavam o fato de eu viver sintonizado com o lado sombrio, mesmo com o coração sedento por luz, porque elas sabiam o que era isso, pois tinham vivido de fato essa experiência nas montanhas de Kandur. Sabíamos que o caminho correto era o da luz, mas esta não nos completava totalmente, gerando frustração e infelicidade.

Agora, as gêmeas estavam livres para extravasar seus anseios e desejos que reprimiram durante todos aqueles anos. Lua até mesmo extrapolava alguns limites para seus primeiros passos nas trevas, fazendo maldades gratuitas somente para demonstrar poder. Já Sol queria apenas curtir. Bastava não ficar entre ela e seus interesses para estar a salvo de sua ira.

O poder do Vril era algo perigoso em nossas mãos. Enquanto tínhamos o acompanhamento dos mestres, não havia problema, mas, agora, livres de qualquer cerceamento e com poder ilimitado nas mãos, as coisas certamente fugiriam ao controle.

E esse aumento de forças também fez crescer minha arrogância. Se, antes, eu já me achava poderoso, o que dizer agora, com o apoio incondicional das gêmeas? Com a saúde recuperada e as gêmeas, Arnach e Ryu ao meu lado, terminamos nos tornando um partido poderoso dentro da estrutura de Gadeir. Além de abandonar a ideia de me matar, ele teve de passar a me bajular; fato que muito me divertia.

Além disso, com as gêmeas ao meu lado na cama, minha segurança tornou-se total. Lua pouco dormia à noite. Ela ficava cantarolando em nossos ouvidos até dormirmos, com sua voz rouca e sensual. Depois, ficava escrevendo seus textos no silêncio da noite. Quando ela dormia, Sol já estava levantando-se com o Astro-Rei, que era sua fonte máxima de energia. Então, ela vigiava-nos até acordarmos, por volta das onze horas.

Lua dormia pouco, mas recuperava as energias plenamente, mesmo com o curto repouso. Sol era mais dorminhoca, mas tinha uma energia fantástica durante o dia. Talvez por ser mais extrovertida, gastava mais energia e necessitava de um repouso maior.

Em algumas noites, eu acordava sobressaltado, por causa dos pesadelos que continuavam a assaltar minha mente, e virava assustado para o lado direito. Lá estava Lua, encostada no respaldo da cama, com as pernas encolhidas e escrevendo sobre os joelhos. Ela dizia, irradiando carinho, com seus belos olhos negros:

— Durma, meu amor. Está tudo calmo.

Eu sorria para ela, puxava seu pé para perto do rosto e o beijava até entrar novamente em sono profundo. Nos raros momentos em que nós três dormíamos, ficávamos de mãos dadas, em uma profunda transfusão de energia e sentimentos. Se algo acontecesse a qualquer um de nós, todos acordaríamos.

A primeira pessoa que Lua matou foi defendendo meu sono. Como nosso poder tinha se tornado muito grande com a força dos "dois triângulos", como chamávamos, houve algumas tentativas de me assassinar, que ocorreram à noite. E, se eu dependesse de Sol nesse horário, estaria perdido. Sem o Astro-Rei nos céus, após dormir, ela ficava em estado sonambúlico. Era quase impossível despertá-la. Já Lua era assim pela manhã, quando o satélite natural da Terra desaparecia com a claridade matutina.

Naquele dia, a morena tinha ido até a sacada para respirar

o ar puro da noite e percebeu, tarde demais, a aproximação de uma sombra em direção à nossa cama. Não haveria tempo de agir com o Vril, portanto, ela pulou como uma gata sobre o intruso, com uma faca na mão, e perfurou seu pescoço, de um lado ao outro. Depois, apoiou levemente os pés sobre a cama e girou o corpo, arremessando-o no chão.

Eu acordei com o estrondo forte da queda do corpo do assassino, e ela me disse, de forma serena, com o punhal ensanguentado na mão:

— Está tudo bem, meu amor, durma.

Como meu espírito estava fora do corpo, atuando em outras esferas ao lado de Sol, apenas deitei a cabeça e voltei ao estado de sono profundo. Quando acordei pela manhã, não havia nem vestígios de sangue pelo quarto. Se Lua não confirmasse o atentado, acreditaria que teria sido apenas mais um terrível pesadelo, tão comum naqueles dias.

Capítulo 7

As batalhas do vril

Conforme informei anteriormente, as lutas realizadas pelos exércitos de ambos os lados jamais decidiriam a guerra. Tratava-se apenas de uma tentativa de reduzir o poder alheio. A vitória final viria somente quando a balança do Vril pendesse definitivamente para um dos lados, ou seja, quando uma das facções em guerra estabelecesse o poder absoluto sobre o quinto elemento, subjugando a rival.

Poucas semanas depois, quando Gadeir sentiu-se suficientemente seguro, convocou nova reunião para tratar desse assunto. Nós cinco comparecemos juntos, demonstrando nossa união. Com um semblante frio e indiferente, sentamo-nos na grande mesa de reunião oval e aguardamos as palavras do líder da raça branca. Ele estava cada dia mais pálido, com a pele envelhecida e com um olhar impassível.

Havia dias em que eu achava que ele estava morto, e alguém manipulava seu corpo com o Vril, como se fosse uma marionete. Mas não era isso. Sua loucura por poder estava levando-o a perder diariamente o contato com o mundo real. As ideias que tinha eram inusitadas, porém surtiam bom efeito, confundindo Atlas no outro lado da batalha. Gadeir não parecia ser um homem, e sim um sinistro zumbi com poderes inimagináveis ao homem moderno.

Ele, então, apoiou as mãos sobre a mesa e, de pé, falou-nos, de forma solene:

— Caros colaboradores, eu realizei meditações no templo do Sol, e as almas do reino espiritual me mostraram que o caminho está aberto para nossa vitória.

Aquela menção ao templo que fora palco de paz e luz e que agora era utilizado por Gadeir para seus contatos com os reinos astrais inferiores causou-me imenso desconforto. Eu sabia que ele utilizava o templo do Sol para isso, mas aquele relato me enojou. Fiquei imaginando o local sagrado que, por séculos, serviu para o trabalho de almas devotadas ao bem comum e ao amor, entre eles meus pais, sendo agora palco de rituais macabros, típicos da mente doentia de Gadeir.

Eu sacudi a cabeça para libertar-me daqueles terríveis pensamentos e ouvir melhor as palavras de nosso líder. Ele prosseguiu, dizendo:

— Nosso poder com o Vril foi fortalecido, apesar da queda da poderosa energia em nossa natureza nos últimos anos. Realizei acordos com seres do submundo espiritual para que isso ocorresse. Hoje percebo que fomos fortalecidos para a batalha. Eles sugeriram o sacrifício de animais jovens para exalar na atmosfera energia vibrante e, assim, fortalecer nossas almas. Realizei isso durante todos os dias do ciclo da Lua Cheia, ininterruptamente.

Naqueles dias, Atlântida já se movimentava em direção aos rituais atrasados que permearam toda a história da humanidade do mundo primevo. Na época dos atlantes da Era de Ouro, rituais e atitudes anticrísticas, como sacrificar pobres animais ou até mesmo pessoas, eram algo absolutamente inconcebível. Sublimes energias eram sempre geradas pelo amor e pela harmonia, coisa que faltava no coração de Gadeir e de todos ali naquela sala.

Nesse aspecto, sempre me comportei como um cientista. Nunca acreditei nessas crendices. Analisava as energias da natureza por um enfoque científico, jamais me submetendo a rituais e superstições que tornam as almas submissas a perigosas entidades do mundo oculto.

Em seguida, ele rapidamente mencionou a chegada das gêmeas, que, na verdade, eram de fato o único motivo para o aumento de nosso poder com o Vril; mas ele nunca admitiria isso. Era melhor creditar isso aos seus rituais satânicos, com o objetivo de atestar seu poder diante dos demais sacerdotes.

Claro que muitos não caíam nessa conversa, pois sabiam que ele era poderoso, ditava as regras e ponto final. Contudo, seus assessores mais próximos, como o próprio Galeato, seguiam suas ordens e afirmações ao pé da letra, de forma cega e doentia.

Gadeir virou-se para as doces meninas, que ainda não estavam bem preparadas para aquele circo de horrores, e falou:

— Temos aqui nesta sala, também, Sol e Lua, que todos já devem conhecer. As belas gêmeas também foram responsáveis pelo aumento de nosso poder, permitindo-nos estabelecer um novo desafio aos sacerdotes do Vril da raça vermelha.

E, olhando nos olhos das meninas, concluiu:

— Queridas meninas, vocês podem colaborar para pormos um fim a essa guerra. Conto com o apoio incondicional de vocês.

Elas sorriram de forma irônica, demonstrando estarem irritadas com os sacrifícios de animais e tudo o mais que fora dito. Responderam, então, a uma só voz:

— Claro que sim! Estamos com Andrey. Agiremos conforme ele agir.

Gadeir cerrou os pulsos envelhecidos e os dentes amarelados, mas logo percebeu que estava dando mostras disso e procurou disfarçar. Arnach ficou enojado com as unhas das mãos do velho bruxo e confidenciou-me ao ouvido:

— Andrey, por tudo o que há de mais sagrado, se um dia eu ficar velho e carcomido desse jeito, mate-me sem hesitação.

A vaidade sempre foi o que mais importou para Arnach e continua sendo até hoje, doze mil anos depois dos fatos que aqui estamos narrando. Acredito que ele, inclusive, desejava-se mais do que desejava as mulheres que conquistava. O querido amigo dos cabelos louros, quase brancos, adorava ficar se admirando no espelho. Sim, ele se amava acima de tudo.

Só faltava amar ao próximo como a si mesmo, seguindo a máxima principal de evolução legada a nós pelo Cristo Planetário, por intermédio de todos os mestres espirituais da humanidade; entre eles, Antúlio, o grande avatar atlante. Caso assim tivesse agido, ele estaria hoje em dia em elevado patamar de evolução. Entretanto, o culto ao ego é algo fascinante e pode perpetuar-se indefinidamente, caso não desejemos abandonar nossos mundos internos ilusórios.

Eu apoiei a mão no ombro do amigo e falei:

— É estranho esse envelhecimento precoce de Gadeir. No mínimo, tem algo a ver com esses rituais satânicos que ele anda realizando no sagrado templo do Sol. Se meus pais imaginassem o que está sendo realizado em seu antigo santuário sagrado, morreriam de desgosto.

Arnach concordou com um gesto e sussurrou em meu ouvido:

— Dizem que ele faz coisas piores em uma sala subterrânea, debaixo de seus aposentos.

Eu concordei com Arnach, pois conhecia bem aquela sala secreta de Gadeir.

Em seguida, Gadeir comunicou-nos que marcaria o combate para o final da tarde do dia seguinte. Ele ainda não tinha desafiado Atlas, mas sabia que o gigante da raça vermelha não faltaria a um duelo no limite entre os dois territórios; uma espécie de "muro de Berlim" da extinta Atlântida, um local com barreiras energéticas que impediam o acesso de elementos não autorizados.

Quando eu fazia minhas visitas ao túmulo de Evelyn, tinha que burlar essa barreira por meio de um processo de conversão das faixas vibratórias do Vril que eles desconheciam. Só assim eu poderia chegar, sem despertar suspeitas, à região onde hoje em dia se encontram as ilhas Canárias, que eram os cumes das altíssimas montanhas de Kandur.

Somente aquela região escapou de ficar submersa, após o afundamento de Atlântida, que foi ocasionado pelo desequilíbrio gerado pelas energias destruidoras liberadas durante a guerra.

Acredito que Atlas sempre soube de minhas visitas à sepultura de Evelyn, porém não se preocupava com isso. Ele, no fundo, considerava-me como um amigo que jamais o atingiria pelas costas. Ele também sabia que meus pais estavam em um exílio voluntário naquela região e que a saudade deveria corroer minha alma. Meus interesses em transpor a faixa limítrofe decididamente nada tinham a ver com a guerra.

Gadeir encerrou a reunião, e saímos em silêncio da sala com paredes envidraçadas que dava vista para o amplo parque próximo à grande e imponente Pirâmide. Sol segurou minha mão e perguntou, sussurrando em meu ouvido, demonstrando preocupação:

— Andrey, o que você pretende fazer amanhã? Vamos utilizar nossa força máxima nessa batalha?

Eu abracei sua cintura, passei a mão em seus lindos cabelos louros e também sussurrei em seu ouvido, apoiando minha testa em sua cabeça:

— Não sei, meu amor. Amanhã decidiremos o que fazer, mas, de forma nenhuma, utilizaremos todo o nosso poder. A guerra não pode e não deve ser resolvida amanhã.

Lua se aproximou, beijou meu rosto e perguntou, enquanto acariciava minha cabeça e a de sua irmã:

— Como você sabe disso, meu amor?

Eu suspirei e falei, em tom profético:

— Pode parecer loucura de minha parte, mas acho que sei como tudo vai acabar. Tenho visto isso em meus sonhos mais terríveis.

Sol ficou ansiosa com aquela inesperada confidência e perguntou-me, com um nó na garganta:

— E nós estaremos contigo nesse momento final?

Eu abracei as duas lindas mulheres, que ficavam da minha altura de salto alto, e disse-lhes:

— Em meus sonhos, vejo a Grande Ilha desaparecendo, em um pavoroso cataclismo. Eu observo tudo do alto, sentado em uma espécie de trono de oricalco puro, com seus braços na forma de cabeças de leão. E vocês estão ao meu lado, sentadas ao pé do trono; Lua, com o rosto deitado sobre minha perna direita, e Sol, sobre a esquerda. Eu acaricio a cabeça de vocês, assim como Lua está fazendo conosco neste momento. Estamos com olhares tristes, mas ao mesmo tempo felizes por tudo ter acabado, enfim.

— E como tudo termina? — perguntou Lua, curiosa e com o cenho franzido.

Eu acariciei seus longos e sedosos cabelos negros e respondi, perdido em minhas recordações:

— A terra de Possêidon desce lentamente sob fortes estrondos e clarões do céu, submergindo nas águas do Oceano. Quem não morrer vitimado pelos terremotos e pelas erupções vulcâ-

Atlântida – No reino das trevas

nicas perecerá pela força selvagem das águas que inundarão a Grande Ilha por todos os lados.

— Nós sofreremos, Andrey? — questionou Sol, com um aperto no peito.

Respondi, sem ter certeza alguma do que falava:

— Claro que não, meus amores. Será tudo muito breve. Nossas almas desprender-se-ão do corpo antes do golpe fatal. Mas não vamos pensar nisso agora. Vamos acompanhar Arnach e Ryu para traçarmos nossa estratégia na batalha do Vril. Vocês não imaginam o que é isso! É emocionante!

Elas ficaram surpresas com minha observação e começaram a pensar realmente em como seria o confronto de forças, esquecendo minhas profecias apocalípticas sobre o fim de Atlântida. Elas estavam acostumadas a usar o quinto elemento para curar e promover o bem, e não para fazer o mal. Isso as deixou apreensivas.

Naquela mesma noite, Arnach, Ryu e eu orientamos as meninas para seguirem nossos sinais de comando e concentrarem o Vril na mesma frequência que nós, com o objetivo de obtermos unicidade na ação.

Sol arregalou os olhos e protestou:

— Mas, Andrey, você está pedindo para que usemos a força do Vril inversa? Isso é algo do mal. Não podemos.

Arnach deu uma risada sonora e falou:

— Acorde, menina! Onde você acha que estamos? Aqui não é mais a Atlântida de nossos pais, e sim um maldito reino infernal.

Ela se magoou com a manifestação agressiva de Arnach, que estava bebendo guaianás como um louco, em decorrência da tensão pelo combate do dia seguinte. Eu fiz um sinal para ele se aquietar e, em seguida, disse-lhes:

— Meninas, não se preocupem. Só haverá mortes e destruição se o lado oposto não conseguir compensar as forças. As batalhas com o Vril, na verdade, são como um grande jogo de xadrez; trata-se apenas de uma inteligente movimentação de peças com o objetivo de encontrar pontos fracos no inimigo. Os sacerdotes medem forças, e ninguém de fato consegue realizar o xeque-mate. Fiquem tranquilas, pois ninguém morrerá.

Lua, sempre pragmática, apenas arrematou:

— Isso se o equilíbrio sobre o Vril não for quebrado. Se isso acontecer, todos do lado vencido serão instantaneamente desintegrados.

Eu olhei para ela e disse, com um olhar entristecido:

— Sim, é verdade. Isso pode acontecer. E, se ocorrer a favor de nosso lado, eu tenho certeza de que, logo após, Gadeir dizimará toda a raça vermelha. O genocídio será inevitável.

Sol enxugou as lágrimas e disse:

— Mais um motivo para não participarmos dessa insanidade.

Eu, então, aproximei-me dela, abracei-a e falei:

— Sol, meu amor, nós precisamos realizar isso. Nada acontecerá. Eu lhe prometo. Mas precisamos equilibrar forças para que Gadeir não vença, e também não perca. Atlas não pode triunfar agora. Lembre-se do sonho que relatei. O vencedor, se houver, deverá reinar ao lado de Possêidon, mas nas profundezas do mar.

Eu pisquei para ela e perguntei:

— Você compreende?

Ela assentiu com o olhar, enquanto Lua acariciava os cabelos da mana e fazia um sinal afirmativo com a cabeça.

Arnach percebeu que estávamos todos de acordo, ergueu a taça e fez um brinde:

— Se está tudo resolvido, vamos agora beber, lembrando os bons tempos em que só tínhamos que nos preocupar com o amor das belas mulheres do reino de Possêidon.

Ryu serviu-se, levantou sua taça e brindou com o amigo. Os dois se retiraram para a sacada, conversando sobre amenidades, enquanto as meninas e eu ficamos sentados no amplo sofá, em silêncio, meditando. Meus amigos também não estavam felizes com aquele mundo de dor e tristeza. Arnach nunca gostou de mortes. No fundo, era fraco para guerras. Ele só queria ser feliz de seu modo irresponsável.

Eu sacudi a cabeça e disse em pensamento: "Quem sou eu para condená-lo?". As gêmeas tinham lido meus pensamentos e apenas concordaram. Em seguida, deitaram suas cabeças em meus ombros e suspiraram. Esse era o novo mundo em que elas tinham escolhido viver por amor a mim. Eu respirei profundamente e pude sentir o cheiro adorável de seus cabelos. Agradeci, então, ao Espírito Criador por tê-las ao meu lado.

Atlântida – No reino das trevas

No dia seguinte, passamos toda a manhã meditando debaixo de uma frondosa árvore, muito semelhante ao eucalipto e com propriedades energéticas miraculosas. Eu me sentei sob a árvore, recostando-me nela. Imediatamente, Lua deitou-se sobre minha coxa e ficou despetalando uma pequena rosa. Enquanto isso, Sol caminhava de um lado ao outro em busca da flor perfeita, assim como faziam as duas quando eram crianças. Eu sorri e pensei: "Nada mudou durante todos esses anos. Obrigado, Grande Espírito, por permitir que, mesmo após todas as minhas contravenções, eu possa receber a dádiva de tê-las ao meu lado".

Lua percebeu meus pensamentos, ergueu-se e, olhando em meus olhos, disse-me:

— Você estava orando, Andrey? Parece que nem tudo está perdido.

Em seguida, ela sorriu e me beijou, com seus vivos olhos negros fixos nos meus. Eu brinquei com seus sedosos cabelos e disse-lhe:

— Eu sou assim mesmo, meu bem, sempre oscilando entre a luz e as trevas. Creio que não tenho mais salvação. No entanto, tenho saudades de meus pais, Ártemis, mestre Násser, Kundô, de todos aqueles que nos mostraram o verdadeiro caminho. Contudo, eu sei qual é meu lugar e estou exatamente onde deveria estar.

Mesmo com todos os meus conflitos, sinto-me mais em paz agora do que no passado, quando realizava grandes batalhas internas dentro do meu eu para me descobrir e libertar. Agora, sou o que sou. Se eu devo caminhar pela luz, primeiro tenho que aprender os passos. Sou como a águia que nasceu de pais exuberantes, que desejavam me lançar despenhadeiro abaixo para os primeiros voos. Mas não sei voar! Portanto, prefiro ficar aqui no meio do pântano, até minhas asas crescerem. Só então poderei voltar a pensar em belos voos ao lado deles. Prefiro ficar aqui, em trevas, do que tentar ser o que não sou.

Ela sorriu, beijou-me novamente e respondeu:

— Sim, Andrey, nós sabemos disso. Mana e eu também sabemos que aqui é nosso lugar, ao teu lado. Sempre soubemos disso.

Sol se ajoelhou ao meu lado, passou as mãos em meus longos cabelos louros e completou:

— Nós morreremos ao seu lado, como em seu sonho, nem que tenhamos que fazer o possível e o impossível para que isso se concretize. Lua e eu te defenderemos em todas as batalhas, assim como deve ser. Desde criança, sabemos que esse é nosso destino e não queremos fugir dele.

As duas irmãs me abraçaram, e assim nós ficamos meditando por um tempo que não sei precisar. Mais para o final da tarde, fomos convidados para seguirmos em nossas naves em direção à fronteira entre os dois reinos.

As meninas foram arrumar-se, enquanto eu fiquei vendo os últimos acertos com meu "triângulo externo": Arnach e Ryu. Pouco depois, partimos, sendo ovacionados pelo povo comum da Atlântida Ocidental, que desejava ardentemente o fim da batalha; obviamente, com nossa vitória.

Rapidamente, chegamos à região limítrofe. Gadeir e seus conselheiros mais próximos já estavam aguardando. Era possível notar sua impaciência com nossa demora, mas ele nada falou. Apenas fez uma cara feia e voltou-se para o campo de batalha, que ficava sobre um grande penhasco, cortado por corredeiras agitadas que batiam suas águas contra as rochas mais abaixo.

O som agitado das águas era o fundo musical para a batalha. As águas lá embaixo simbolizavam o local de sepultamento dos vencidos. Mas isso nunca aconteceria. Ou ninguém morreria ou todos os derrotados seriam instantaneamente desintegrados.

Do outro lado, estavam os sacerdotes do Vril da raça vermelha. No centro do exército, Atlas e Nereu ditavam instruções aos seus guerreiros. Mestor estava mais atrás, preparando os sacerdotes menores. Era impossível não os reconhecer, mesmo a distância. Eram três verdadeiros gigantes, tanto pela altura como pela compleição física.

Arnach torceu o nariz ao ver Nereu e disse-me:

— Se pudéssemos matá-lo, eu dormiria mais tranquilo.

Nereu desejava exterminar Arnach por este ter causado a morte de sua irmã, Ariane. Suas noites eram povoadas por pesadelos por causa disso. Nereu, além disso, havia prometido

Atlântida – No reino das trevas

vingá-la, nem que fosse sua última ação no mundo; fato que preocupava Arnach ainda mais.

Eu coloquei a mão sobre o ombro do amigo e disse-lhe:

— Esqueça isso. Tenho certeza de que hoje todos aqui temos preocupações maiores. Atlas não permitirá que Nereu coloque tudo a perder apenas para realizar vinganças pessoais.

Sem mais demora, fomos nos posicionando em nossos devidos postos, na escarpa do penhasco. As gêmeas tomaram posição junto a mim; Arnach e Ryu ficaram um pouco mais atrás de cada uma delas, dando-lhes cobertura. Isso logo chamou a atenção de Atlas, que se demonstrou preocupado. O gigante me mirou firme nos olhos e percebeu minha expressão sempre pouco hostil com relação a ele. Eu esbocei um sorriso simpático, que ele não conseguiu interpretar claramente, mas terminou por ficar mais tranquilo.

O grande Atlas gostava de desafios, mesmo se estivesse em desvantagem. Nunca vi expressão de medo em seu rosto; nem mesmo em suas encarnações futuras como o faraó Menés, durante a unificação do Alto e Baixo Egito, como Moisés, o libertador de Israel, e como Maomé, o grande profeta do Islã.

Ficamos todos em silêncio, concentrando-nos para a batalha. Aproveitei para observar os trajes dos sacerdotes da raça vermelha. Eram mais rústicos, a maioria da cor marrom, e não eram compostos por capa. Parecia roupa de couro de urso, típica dos camponeses. Atlas tinha orgulho da origem campestre dos vermelhos. Eu gostava disso nele. Sempre teve personalidade.

A pele vermelha de nossos inimigos pouco destacava o traje marrom que vestiam, enquanto nossa cútis branca apresentava um grande contraste com nossas roupas negras. Apenas Lua não se sobressaía nesse aspecto, por causa do tom moreno de sua pele.

A força dos ventos levantava nossas capas, destacando o fundo escarlate da parte interna, representando uma cena que lembraria, nos dias atuais, uma guerra entre elegantes vampiros e viris camponeses, mas ambos com poderes semelhantes.

Gadeir e Atlas ficaram no centro de seus exércitos, um em cada lado do penhasco, aguardando o início da batalha. Pouco a pouco, os sacerdotes foram concentrando a energia Vril em suas mãos e, depois, direcionaram-na aos rivais, no outro lado do penhasco.

Como acontece em uma intrincada central de rede elétrica, quando algum dos sacerdotes não conseguia suportar a intensidade da força que estava mantendo, era socorrido pelos demais, estabelecendo o famoso "equilíbrio da balança do Vril", que mantinha a guerra indefinida por mais de duas décadas.

Em Gadeir e Atlas essa profusão de energia Vril se demonstrava fortíssima. Atlas nitidamente nunca tinha demonstrado todo o seu potencial. Já nosso líder geralmente era socorrido, principalmente por seus fiéis conselheiros, Galeato e Pantauér, que conseguiam compensar o ataque, equilibrando as forças.

Naquela tarde, Nereu e Mestor resolveram concentrar as forças em nosso grupo, tentando prever qual era o potencial daquelas duas lindas e delicadas gêmeas que pareciam ser desqualificadas para a luta. Claro que Nereu também não perderia a oportunidade de atuar diretamente em cima de Arnach, seu desafeto de longa data.

Entretanto, rapidamente ali também estabelecemos o equilíbrio, mantendo as forças do ataque rival neutralizadas, sem a necessidade de grande esforço. Percebi que Atlas observava nosso desempenho com curiosidade e, ao observar que estávamos muito tranquilos, orientou alguns dos sacerdotes que o apoiavam para atacar nosso flanco, porém isso pouco mudou a situação. Continuávamos incólumes, sem demonstrar abatimento nenhum.

As gêmeas começaram a batalha um tanto inseguras, mas não demorou muito para se soltarem e mostrarem todo o seu extraordinário poder com o quinto elemento, que eu já conhecia de antemão. Eu havia sido o instrutor delas quando eram apenas crianças e tinha lhes ensinado todos os mistérios daquela fascinante energia na densa dimensão primeva, durante meu exílio voluntário ao lado de Evelyn. Isso era algo semelhante a treinar cavalos de corrida no pesado e quente solo arenoso do deserto do Saara. Tornam-se imbatíveis.

Arnach sorriu e disse-me, com satisfação:

— Andrey, jamais imaginei que o poder das gêmeas com a energia inversa fosse tão grande. O que você acha de estabelecermos força máxima?

Eu fiz um sinal negativo para ele e também para Ryu e disse-lhes:

— Não, vamos analisar Atlas. Sempre quis saber até onde vai sua força com o Vril. Talvez hoje seja o dia de obtermos essa resposta.

Passado algum tempo em que as correntes do Vril pouco se alteraram, ficou evidente que Gadeir estava dando tudo de si. As dezenas de outros sacerdotes de ambos os lados também pareciam estar em seu limite; então, eu disse para meu triângulo interno, que eram Sol e Lua:

— Meninas, concentrem suas forças em Atlas.

E, quase ao mesmo tempo, falei para meu triângulo externo, Arnach e Ryu:

— Amigos, segurem Nereu e Mestor. Estamos saindo.

Arnach mal teve tempo de me xingar, pois teve de dar tudo de si para não ser fuzilado pelos inimigos. Ele só pôde gritar:

— Andrey, seu louco maldito!

Naquele instante, eu reduzi drasticamente meu apoio aos amigos e concentrei com as gêmeas nossa energia Vril sobre Atlas. Finalmente, o que eu esperava aconteceu. Ele teve que dar tudo de si para suportar nosso ataque em conjunto com a equipe de Gadeir. Atlas urrou como um urso sendo abatido para suportar a intensidade do Vril sobre ele. E Gadeir, já completamente exausto, sorriu com a vitória que parecia iminente.

O grande líder da raça vermelha olhou para mim e para as gêmeas e percebeu que eu também estava quase em meu limite, mas elas ainda estavam tranquilas, praticamente sem esboçarem nenhuma reação de exaustão. Atlas não teria como reagir a mais um movimento de nossa parte. Estávamos muito próximos do xeque-mate esperado entre os dois lados havia tanto tempo.

Ele respirou fundo e ficou me olhando com altivez, aguardando o golpe final de seu algoz. Gadeir só não gargalhava de alegria para não perder a concentração naquele terrível e intenso equilíbrio de forças. Qualquer vacilo "ressuscitaria" as forças do oponente.

Depois de alguns minutos mantendo aquela exaustiva "queda de braço", eu pisquei para Atlas e sinalizei para as gêmeas regredirem gradualmente a intensidade do Vril. Assim, pouco a pouco, todos os sacerdotes, completamente exaustos, terminaram fazendo o mesmo, desativando aquela intrincada cadeia de energias que havia se estabelecido sobre o penhasco. O característico som do Vril, que parecia ter vida própria e era sempre misterioso, finalmente se aquietou, e voltamos a ouvir o barulho dos choques das águas contra as rochas, nas corredeiras abaixo.

Em seguida, ficamos todos nos olhando, no mais absoluto silêncio. Atlas abaixou a cabeça. Ele sabia que tinha perdido aquela batalha, mas, por um motivo que não saberia explicar, ele e seu exército ainda estavam vivos.

Gadeir espumava de ódio, irritadíssimo por eu ter deixado passar aquela oportunidade. Na verdade, meu recado era claro: comigo e com as gêmeas, ele poderia vencer Atlas, mas, se eu fosse eliminado, as gêmeas se voltariam contra ele, e Atlas reinaria sobre todo o continente. Ainda mais que Lua era da raça vermelha e facilmente aliar-se-ia ao inimigo.

Gadeir ameaçou dirigir-se a minha direção para humilhar-me, provavelmente, com uma bofetada. Eu apenas ergui a mão, segurei-o com o poder do Vril e disse-lhe, usando linguagem telepática, para evitar um clima maior de constrangimento:

— Não se atreva ou você poderá ter um desfecho ainda pior para a batalha de hoje.

Ele recuou com um olhar ferino, amaldiçoando-me com todas as suas forças. Nós cinco entramos, então, em nossa nave e voltamos para a capital. Ao se jogar em seu assento, completamente exausto, Arnach falou-me:

— Andrey, Andrey, você sempre nos colocando em situação de risco. Ainda bem que agora temos as meninas para nos proteger.

Todos nós começamos a rir com aquela afirmação inusitada de Arnach. As delicadas gêmeas é que deveriam nos defender!

A encantadora morena sorriu e disse-nos, em tom de brincadeira:

— É bom vocês se comportarem, pois, agora, estão em nossas mãos. Vamos para casa, porque, pode não parecer, mas nós duas estamos exaustas com essa batalha. Contudo, não imaginei que seria tão divertido.

Sol apenas deitou a cabeça sobre o ombro da irmã e concordou com um gesto silencioso. Ryu acionou os comandos, e decolamos rumo à capital da Atlântida Ocidental. Lá embaixo, víamos todos os sacerdotes se retirando lentamente do palco da batalha. Um novo equilíbrio de forças agora havia se formado.

Nosso poder aumentara. Dessa forma, poderíamos nos sentir mais seguros, porém nem tanto assim. Gadeir era um lunático incoerente. Além disso, trabalhar no lado das sombras sempre é algo imprevisível, um constante risco. Jamais podemos fazer previsões de longo prazo. Tudo pode acontecer. No lado das trevas, vive-se no fio da navalha, balançando sobre o abismo.

Capítulo 8

O poder cobiçado

No dia seguinte, despertei de um sono profundo bem tarde, perto do meio-dia. A cabeça de Lua repousava sobre meu peito. Ela estava dormindo pesadamente, e sua respiração ressonava. Sol, apesar do horário, estava deitada em direção aos pés da cama, com a cabeça sobre minhas pernas.

Com o pé direito, acariciava delicadamente meu rosto e cabelos. Eu olhei para ela e observei seus vivos olhos verdes bem abertos, vigiando meu repouso com uma expressão de imenso amor. Ao perceber que eu havia acordado, ela sorriu de forma travessa. Eu retribuí o gesto e, ainda meio sonolento, perguntei:

— Você, dormindo até a essa hora?

Ela bocejou e respondeu com sua voz suave, enquanto eu acariciava e beijava suas pernas:

— Ontem foi um dia muito desgastante. Acordei faz poucos minutos.

Em seguida, ela esticou o braço e fez cócegas nos pés de Lua, que acordou mal-humorada e com os olhos pequeninos. Resmungando, a morena olhou para a janela e depois colocou o travesseiro sobre a cabeça.

Sol sorriu, divertindo-se com a rabugice da irmã, e perguntou:

— Cedo ainda, maninha?

— Vá tocar sua harpa, Sol. Deixe-me dormir.

A loura, então, pulou para nosso meio e abraçou a irmã,

enchendo-a de beijos, até acordá-la. Em seguida, disse-nos:

— Vamos levantar. Hoje o dia está tão bonito! Eu quero passear no lago, aos pés da colina do Sol.

Enquanto as duas discutiam se levantariam ou não, caminhei até a piscina, dentro do amplo apartamento, e mergulhei para alongar-me em suas águas cristalinas e climatizadas.

Em seguida, nadei por um tempo que não sei precisar. O movimento rotineiro e constante, imerso na água e desligado do mundo, sempre me foi uma salutar forma de meditação, a qual serenava meus infinitos processos mentais. Era uma forma de acalmar minha mente, meus pensamentos.

Entretanto, era necessário pensar nos próximos passos. A atitude deliberada de evitar o fim da guerra certamente traria consequências perigosas para nosso grupo, sempre indiferente à cúpula do poder estabelecida por Gadeir.

Todos nós sabíamos que Atlas era mais poderoso que Gadeir. Somente o que sustentava nossa vantagem era o fato de termos um número maior de sacerdotes do Vril e de pessoas mais capazes. Tirando Nereu e Mestor, o restante da equipe da raça vermelha era bem limitado.

Certamente, Gadeir não nos perdoaria por ter perdido aquela chance única de vencer o confronto, fato que o tornaria líder absoluto do continente atlântico. Eu sabia muito bem como funcionava sua cabeça. Gadeir, a partir daquele momento, passaria a nos ver como uma ameaça real, pois, se trocássemos de lado na batalha, ele estaria definitivamente perdido.

E, para ele, esse fato acontecer não parecia algo tão improvável, já que raríssimas vezes nós havíamos dado mostras de fidelidade à nossa raça ou à causa que ele abraçara como algo sagrado. Éramos completamente indiferentes, verdadeiros mercenários. Lutávamos somente por interesse; jamais por idealismo.

Na verdade, eu havia sepultado meus ideais junto aos restos mortais de Evelyn, nas montanhas de Kandur. A partir daquele momento, passei a não acreditar em mais nada. Tudo pelo que eu lutara durante toda a minha vida havia sido em vão. Eu me achava um ingênuo iludido por Deus e não permitiria que isso viesse a acontecer novamente.

Aliei-me a Gadeir apenas por conveniência e interesse. Lutar ao lado de Atlas seria um tanto estranho, apesar de vê-lo com bons olhos. Eu nutria pelo gigante vermelho grande simpatia. Atlas era um homem honrado, alguém em que se poderia confiar; já Gadeir era dissimulado e traiçoeiro. Apesar de ter me sintonizado com o lado negro, sempre valorizei o caráter das pessoas, e isso Atlas tinha de sobra.

Alguns têm uma visão equivocada do lado negro. As altas cúpulas, principalmente do grupo dos magos negros atlantes, sempre foram honradas. Executavam atitudes anticrísticas, é verdade, mas porque estavam convictos de seus pontos de vista. Não faziam o mal apenas por malandragem ou cupidez, de forma irresponsável, salvo raras exceções. Eles acreditavam estarem exercendo um cargo divino, de justiceiros implacáveis do Altíssimo, com o objetivo de estimular o processo evolutivo das almas que se encontravam em frequências mais baixas e que precisavam da dor para serem despertadas.

As almas primárias possuem o mau hábito de estacionar em seu processo evolutivo, passando séculos sem manifestar esforço nenhum na fundamental tarefa de melhorar-se. Eis a finalidade da vida: evoluir em todos os aspectos.

Nós, os magos negros atlantes, por séculos, realizamos esse instigante trabalho que visava impulsionar as almas recalcitrantes; por meios dolorosos, sim, mas com o fim de que atingissem seu objetivo.

É curioso analisar que Atlas, um terrível mago negro atlante, reencarnaria milênios depois desses fatos que estamos narrando como Moisés, o profeta do Deus Único, e, posteriormente, como Maomé, traçando o roteiro pelo qual bilhões de almas evoluíram, no decorrer dos últimos três milênios.

Como já falamos anteriormente, a mensagem divina desse grande espírito, com base na retidão moral, aliada a um sistema de punição divina sobre aqueles que se rebelassem contra ela, foi necessária, em razão da baixa evolução espiritual de nossa humanidade.

A própria mensagem amorosa de Jesus e até mesmo de Akhenaton, ainda antes, só poderá ser realmente compreendida na Nova Era que está se iniciando no atual período. Atlas,

Atlântida – No reino das trevas

apesar de imperfeito, era o espírito adequado para instruir uma humanidade ainda vacilante.

Pode parecer irônico, mas grande parcela da humanidade, mesmo aqueles que atingiram um patamar superior de evolução, ainda não compreendeu plenamente o que é essa misteriosa virtude, que chamamos de amor e é, sem dúvida nenhuma, a mais próxima designação do Espírito Criador que podemos compreender.

Enquanto isso, Gadeir, o rival de Atlas, permaneceu durante todo esse período como um dos mais poderosos regentes das trevas no astral, jamais se permitindo novas experiências no mundo físico, para realizar a inevitável caminhada em direção à luz.

Deus, em sua infinita sabedoria, respeita o ritmo de cada um de seus filhos e, ao mesmo tempo, utiliza-os como instrumentos para promover a evolução dos mundos nos quais estamos inseridos. Talvez o Criador tivesse planos especiais para todos nós. Sua Mente Suprema jamais descansa ou esquece-se de algo.

Decididamente, devemos modificar nossa compreensão sobre o lado das trevas. São apenas nossos irmãos inseridos momentaneamente em outro cenário evolutivo. Ninguém sofre a ação deles sem ter que passar por essa experiência. É uma questão de alimentar padrões de comportamento que nos levam a isto: estabelecer sintonia.

O mal jamais atinge os inocentes. Quando a dor e o sofrimento atingem nossas vidas, é porque despertamos essas energias por meio de ações negativas praticadas nesta ou em outras vidas. Reflita sobre isso, realizando uma sincera análise dos fatos, e perceberá verdade nessas palavras.

Inclusive, muitas vezes, somos protegidos por espíritos das sombras, que evitam ataques dos quais não somos merecedores. Eles cumprem a Lei, pois seguem a orientação da máxima de ação e reação; de forma implacável, sem misericórdia.

Como já foi dito, os verdadeiros senhores das sombras são justiceiros. Eles não realizam o mal gratuitamente e, de certa forma, tornam-se servidores do Espírito Criador, mesmo que alguns não aceitem essa designação, por causa da imensa chaga que ainda abrigam em seus corações envoltos em escuridão.

Abaixo deles, uma legião de espíritos os serve, subordinada

por uma intrincada escala hierárquica. Obviamente, espíritos primários, carregados de ódio e rancor, terminam desrespeitando esses princípios e agem por conta própria, contrariando seus superiores, mas, tão logo são descobertos, recebem a devida punição de seus maiorais.

Nesses casos, os espíritos de luz muitas vezes entram em contato com os guardiões das trevas, para que estes tomem as devidas providências, neutralizando a ação indevida. O carma de cada um deve ser respeitado. Voltamos a repetir: ninguém colhe aquilo que não plantou.

A cada braçada que eu dava nas águas cristalinas, refletia sobre diversas coisas, com o olhar vidrado no refinado revestimento do piso da piscina. Sem dúvida nenhuma, o fator que me levara a ficar ao lado de Gadeir foi a profunda atração pelo estilo de vida luxuoso da capital da raça branca.

Atlas era como o líder mongol Genghis Khan. Ele adorava viver em barracas militares, acompanhando as batalhas de perto e tornando-se um mito vivo aos olhos de seus comandados. Seria assim também durante sua encarnação como o faraó Menés, durante a unificação do Alto e Baixo Egito, no ano 3100 a.C., quando tive a honra de lutar ao seu lado e também ser discípulo de Toth, a mais notável encarnação de Hermes Trimegisto.

Gadeir era mais refinado e gostava de luxo. Acompanhava tudo do conforto de seu escritório, nos prédios luxuosos, à margem da praia, sempre cercado pelo que havia de mais belo na antiga capital de Atlântida.

Além disso tudo, meus amigos, com os quais estabeleci um pacto de fidelidade mútua, também apreciavam esse conforto. Eles jamais defenderiam os vermelhos. Assim, fui me conformando em ficar ao lado de um líder que não respeitava e muito menos admirava.

Era tão somente um jogo de conveniências, como muitos outros a que me submeti. Tínhamos o poder sobre o quinto elemento nas mãos. Podíamos decidir onde e como viver. Uma prova disso foi a reação de Gadeir quando conheceu as gêmeas. Ele estendeu imediatamente um tapete vermelho sob seus lindos pés, oferecendo tudo o que desejassem para que ficassem ao seu lado na batalha. Ser um sacerdote do Vril era ganhar a sorte grande, pois o mundo estaria sempre aos seus pés. Entretanto, o preço a pagar, no que se refere à paz de espírito, era muito alto.

Depois de nadar por um longo tempo, levantei a cabeça e vi as duas gêmeas, já prontas para o passeio e me aguardando, sem demonstrar pressa nenhuma. Elas conversavam animadas sobre assuntos triviais. Eu saltei para fora d'água e me enxuguei, enquanto as admirava, sempre radiosas, envolvendo-me em maravilhoso bem-estar, com seus olhares perigosamente sedutores.

Naquela tarde, dedicamo-nos somente a passear, sem compromisso nenhum, apenas apreciando a beleza dos pássaros e da natureza como um todo, que, naquela época do ano, estava exuberante, apesar do clima cada dia mais imprevisível e hostil na Grande Ilha.

Algumas horas depois, começamos a conversar sobre os bons tempos, quando realizávamos passeios semelhantes pelas montanhas de Kandur, época em que elas eram apenas crianças. Não demorou muito para decidirmos viajar até lá. No fundo, nós três gostaríamos de rever pessoas especiais, mas nada falamos a respeito disso.

Em poucos minutos, embarcamos em uma nave e partimos para nosso destino. Chegando lá, aproximamo-nos da região limítrofe, onde ficava a entrada para a colônia atlante fundada por nossos mentores.

Ninguém apareceu, mas isso não diminuiu nossa felicidade por estarmos em um local tão tranquilo e acolhedor.

Que estranho comportamento era esse que nos mantinha entre duas vibrações: luz e treva? Não saberia dizer.

Em alguns momentos, éramos seres terríveis; em outros, vibrávamos amor em seu mais amplo espectro; principalmente as meninas, que eram adoráveis, atenciosas e simpáticas com todos, entretanto, não podiam ser provocadas que desencadeavam um poder destruidor que chegava a me arrepiar.

Será que somos mesmo seres criados iguais por Deus, à sua imagem e semelhança, porém simples e ignorantes? Será que somente nossas experiências e escolhas na vida diferenciam nossos comportamentos ou alguns possuem dentro de si dilemas internos que outros naturalmente não experimentarão jamais? Não, certamente não. Deus é a justiça suprema. Ele jamais geraria filhos diferentes. Fomos todos criados iguais, e nossas experiências, escolhas e decisões, com o passar dos séculos, levaram-nos a sermos quem somos hoje. Todos nós temos a mesma capacidade de amar e odiar dentro de nossos corações. O que nos diferencia é somente a decisão de seguir por este ou aquele caminho. Tudo é uma questão de escolha.

Sol e Lua brincavam com os animaizinhos do campo e abraçavam as árvores, como faziam no passado, parecendo apenas duas crianças ingênuas, bem ao contrário daquelas terríveis e sedutoras mulheres, que, no dia anterior, vestiram os trajes negros dos sacerdotes do Vril e colocaram o poderoso Atlas praticamente aos seus pés, com seu espantoso domínio sobre o quinto elemento.

Com um olhar doce, Sol acariciava um pequeno gato do mato que surgira em meio às árvores, enquanto Lua atraía os pássaros com seu canto sereno e hipnótico.

Eu estava perdido em meus pensamentos, inebriado com a cena de minhas belas mulheres divertindo-se em meio à natureza, quando senti uma aproximação estranha, que vinha de uma região mais fechada da mata. Não precisei de mais do que cinco segundos para perceber quem era.

Atlas abriu passagem e colocou-se à minha frente, sem dar-me tempo para qualquer reação. Ele me olhou profundamente nos olhos, de cima para baixo – e isso que eu tinha dois metros de altura! O grande líder da raça vermelha deveria medir trinta centímetros a mais que eu.

Apesar de sua aparição repentina, não me intimidei; porém, pela primeira vez, desde que Evelyn havia morrido, fiquei receoso. Temi pela segurança das meninas – isso, caro leitor, é o que de pior pode acontecer a um mago negro. Temer por si ou por alguém leva-nos a um perigoso estado de fragilidade, em um mundo em que os fracos não sobrevivem, pois ficam reféns do sentimento de amor e não conseguem mobilizar suas energias em toda a sua potencialidade para a prática do mal.

Talvez por isso eu jamais tenha visto uma mãe devotada tornar-se sacerdotisa das trevas. Não pode haver vínculos sentimentais nessa seara.

Atlas percebeu minha angústia e sorriu. Em seguida, disse-me, com olhar astuto:

— Sim, Andrey, isso é uma falha que pode te custar muito caro. Sua sorte é que elas são muito poderosas e, juntos, será muito difícil vencê-los. Mas essa não é minha intenção aqui.

Eu dei um passo para trás, com o intuito de sair de sua sombra ameaçadora, e falei-lhe:

— E o que você deseja? A batalha deve ser travada sempre no penhasco. Foi isso o que você e Gadeir acertaram, desde o início dos combates, faz anos.

Ele fez um sinal afirmativo e respondeu:

— Sim, você sabe que sou um homem de palavra. Não estou aqui para desafiá-lo ou aproveitar o momento para uma emboscada. Eu sei que você visita a sepultura de sua falecida esposa com frequência, e nunca intervim. Respeito seu sentimento. Além disso, homens de verdade não atacam pelas costas.

Atlas sentou-se, então, em uma grande pedra, relaxando por alguns instantes. Sua postura não parecia mais tão ameaçadora, e isso me tranquilizou. Em seguida, ele voltou a falar, com serenidade, quase como um amigo:

— Hoje estou aqui apenas para agradecê-lo; a você e às belas gêmeas.

Naquele instante, Sol e Lua perceberam a presença de Atlas e correram em nossa direção, como duas tigresas, prontas para um ataque, mas eu fiz um sinal para que elas ficassem apenas em alerta.

Ele sorriu e falou:

— Calma, meninas. Ontem, já pude perceber o poder de vocês três unidos. Não estou aqui para um confronto.

Elas se tranquilizaram, mas ficaram o tempo todo trocando olhares, preocupadas comigo e inseguras a respeito das intenções de Atlas.

Eu, então, disse-lhe:

— Não tem por que agradecer, Atlas. Na verdade, não seremos nós quem decidirá o final dessa batalha. Você sabe que ela se consolidará mais adiante, durante o grande cataclismo.

Ele me olhou com ironia e falou, fazendo um gesto de desdém com as mãos:

— Você continua acreditando nessas tolices, Andrey?

Sem me afetar, eu respondi:

— Sendo filho de quem sou, não poderia ser diferente.

Ele concordou com uma expressão serena e verdadeira. Depois completou:

— Mesmo assim, eu gostaria de agradecer-lhes. Tenho consciência de que eu e meus sacerdotes teríamos sido aniquilados, caso vocês desejassem.

Depois, ele ficou nos observando de forma enigmática e prosseguiu:

— Eu gostaria de saber por que vocês não me mataram.

Imediatamente, respondi-lhe, sem pensar:

— Já lhe falei, Atlas. Simplesmente porque ainda não chegou o momento de essa guerra ter um fim.

Ele sacudiu a cabeça, irritado com minhas crenças, e disse:

— Não. Tem algo mais que isso. Você me tem como a um irmão, acredita em nossa causa e não consegue apoiar Gadeir. Você é um estranho naquele ninho.

Ele, então, abraçou-me com seus braços de aço e completou:

— Venha para meu lado da batalha, Andrey. Você e as meninas. Juntos, nós governaremos todo o continente. Pode trazer Arnach e Ryu também. Dou-lhe minha palavra de que Nereu o perdoará pela tragédia do passado.

Eu sorri e disse-lhe, com uma expressão mista de amargura e deboche:

— Em um passado não muito distante, eu só queria ser um camponês no mundo primevo, ao lado de Evelyn, mas vocês não permitiram.

Atlas suspirou profundamente e falou, procurando demonstrar sinceridade:

— Você sabe que não tenho nada a ver com isso. A morte de Evelyn foi armação de Gadeir. Você precisa confiar em mim.

Eu cerrei os punhos e gritei, enraivecido, mostrando-lhe minha outra face:

— E você, Atlas, confia em mim?

Ele sorriu e falou, divertindo-se com minha revolta:

— Já confiei em quem não deveria confiar e também já desconfiei de quem não deveria. Às vezes, nossa intuição nos prega peças. É melhor deixarmos essas escolhas ao sabor do tempo, mas sempre mantendo os olhos bem abertos.

Atlântida – No reino das trevas

Eu concordei com um gesto e disse-lhe, procurando controlar minha impulsividade:

— Sábio ensinamento. Vou pensar sobre isso.

Atlas levantou-se e exclamou, agora em tom mais incisivo:

— Não posso lhe dar esse tempo. Você montou uma estrutura de poder que coloca meus planos em risco.

E, olhando profundamente em meus olhos, arrematou com severidade:

— Decida agora.

— Não ficaremos de seu lado, Atlas. Desista. A única coisa que posso dizer-lhe agora é que não utilizaremos nosso poder para destruí-lo.

Ele, então, ergueu a mão e manipulou o Vril de forma rápida e precisa, anulando Lua e aprisionando-a em uma bolha fluídica. Em seguida, trouxe-a para seu lado e sentenciou:

— Não posso permitir que esse triângulo de forças se mantenha unido, ainda mais com o apoio incondicional de Arnach e Ryu. Vou levar Lua comigo, pois ela é de nossa raça. Assim, ficará melhor em meus domínios.

Lua soltou um gemido sofrido, tentando livrar-se, enquanto Sol e eu reagimos contra a ação de Atlas. Em pouco mais de trinta segundos, o equilíbrio de forças se estabeleceu, e o gigante vermelho gargalhou, dizendo:

— Desculpe, Andrey, mas, sem uma das gêmeas, você não pode comigo. Agradeça por eu não destruí-los. Como sou um homem de palavra, não darei um desfecho a esse duelo aqui, fora da região do penhasco e sem aviso prévio.

Eu intensifiquei minha ação com o Vril, apoiado por Sol, que estava muito angustiada com a possibilidade da perda da irmã, e disse-lhe:

— Liberte Lua, Atlas. Não te deixaremos partir com ela. Morreremos por ela.

O gigante vermelho não nos deu atenção e começou a se distanciar, conduzindo Lua aprisionada, sem esboçar nenhuma reação de cansaço com nosso forte ataque, e falou:

— Não insistam. Vocês não têm como desarmar minha ação.

Sol gritou, desesperada, ao ver a irmã sendo sequestrada por Atlas, enquanto eu tentava reagir com todas as forças que estavam ao meu alcance. Parecia que tudo estava perdido, mas o inesperado aconteceu.

O portal dimensional da colônia de Kandur se abriu, assombrando Atlas. De dentro dele, saíram Ártemis, Criste, Atônis, Násser e Kundô, os grandes mestres atlantes da Era de Ouro. Sol e eu caímos de joelhos e cessamos a "queda de braço" com Atlas, utilizando o Vril. Estávamos exaustos e impotentes para continuar lutando.

Ártemis, então, falou de forma serena e autoritária para Atlas:

— Grande guerreiro, não nos force a utilizarmos nosso poder para libertar Lua. Não permitiremos que a torne uma prisioneira.

Atlas sentiu-se contrariado, mas não teve alternativa. Ele sabia que somente o poder de Ártemis já seria suficiente para neutralizá-lo; que dirá o de todos os mestres juntos. Eles não eram guerreiros, mas ele percebeu o brilho de indignação nos olhos da grande Ártemis.

Atlas libertou Lua, que correu para nossos braços. Ele ainda me disse, antes de partir:

— Andrey, se Gadeir vencer essa batalha, ele dizimará todo o meu povo. Você será o responsável por isso.

Eu afastei Lua de meus braços, entregando-a à irmã, e falei ao mago:

— Pois então tenha minha palavra de que isso jamais acontecerá. Caso Gadeir vença, eu mesmo o matarei com minhas próprias mãos, mesmo que custe minha vida.

Ele riu, ridicularizando minha capacidade para tal feito, e disse:

— Não seja ingênuo, você não pode contra Gadeir, Pantauér e Galeato.

Eu não me abalei com aquela afirmação e completei:

— Você tem minha palavra. Desista de nos separar. Você só levará Lua matando-me.

Ele olhou para os mestres e percebeu que não conseguiria levá-la de forma nenhuma. Em seguida, girou sobre os calcanhares e partiu.

Sol e Lua correram para os braços de nossas mães queridas e choraram. Naquele instante, ajoelhei-me diante de todos eles, como um morcego ferido envolto em minhas vestes negras, e

Atlântida – No reino das trevas

155

fiquei olhando para o chão, como faz um filho com medo da severa repreensão dos pais.

Atônis se aproximou com passos lentos e se ajoelhou diante de mim. Eu pude perceber a luz que projetava de seu peito, quando ele levantou meu rosto com sua mão abençoada e perguntou:

— Meu filho amado, no que você se transformou?

Suas amáveis palavras repercutiram no íntimo de minha alma, e eu senti como se um punhal incandescente tivesse atravessado minha consciência, sempre tão pesada. Gritei, então, de forma desesperada, externando minha dor. O amorável sacerdote do Sol me abraçou e disse-me, ao pé do ouvido, sem se incomodar com as energias negativas que vibravam em todo o meu ser:

— Chore, meu filho. Perceba-se integralmente e tome consciência daquilo que se tornou.

As gêmeas observavam, angustiadas, os tremores que tomavam conta de meu corpo, enquanto eu chorava convulsivamente nos braços de meu pai. Não sei por quanto tempo fiquei naquele transe, mas foi o suficiente para me provocar profundas reflexões.

Passado algum tempo, Atônis se ergueu e me deixou ali, de joelhos, no límpido gramado das montanhas e falou:

— Não vou pedir para que negue aquilo que se tornou. As mudanças na alma não se operam dessa forma; elas demandam tempo. Somente o tempo pode transformar o ódio, a mágoa e o desejo de vingança na mais pura manifestação do amor.

Agora siga seu destino, levando consigo nossas filhas queridas que abriram mão do paraíso para ficarem ao seu lado. Por muito amarem-no, elas deixaram a confortável trilha da paz, para viverem ao teu lado os desastrosos momentos que assolarão a ilha de Possêidon em breves anos.

Sol e Lua se aproximaram e me ergueram, quase em estado de reverência diante dos mestres. Meu corpo estava exausto, mas não era da luta contra Atlas, e sim do estresse emocional que vivera nos braços de meu querido pai.

Talvez a força dele residisse principalmente em seu estado de espírito absolutamente harmonizado. Ele se manteve sereno diante dessa situação extrema de ver o filho chafurdado em trevas. Mesmo assim, teve uma palavra de amor e esperança para dar-me. A grandeza do amor desarma-nos. Assim sempre foi e assim sempre será, pois o amor é a chave que possui o segredo capaz de abrir todos os corações, até mesmo os mais empedernidos.

Sob o olhar complacente dos mestres, despedimo-nos, de cabeças baixas, e, assim, caminhamos lentamente em direção à nossa nave. Ártemis aproveitou aquele momento de silêncio e reflexão para dizer-nos:

— Meus filhos, mantenham todo o cuidado. O poder que vocês possuem, unidos, será cobiçado por Gadeir e Atlas até o último momento.

E, realizando a saudação sagrada dos autênticos atlantes da época de ouro, eles disseram-nos:

— E que a paz do Espírito Criador esteja com vocês.

Nós compreendemos a mensagem da grande mãe e fizemos um sinal afirmativo com nossas cabeças. Em seguida, partimos de volta para a capital do caos, mas com nossos corações divididos entre dois mundos: o reino do ódio, da guerra e da morte contra o da paz, do amor e da sabedoria que só encontramos no caminho da luz.

Capítulo 9

Relações tensas

A experiência vivida ao lado das gêmeas nas montanhas de Kandur me deixou profundamente reflexivo nos dias seguintes. Rever meus pais e a querida mentora Ártemis havia mexido com meus sentimentos mais profundos. Em alguns momentos, eu me surpreendia pensativo e com os olhos úmidos. A respiração ficava opressa, e eu precisava revigorar-me com o ar puro da noite.

Sol e Lua perceberam esse meu novo estado de espírito e mantiveram-se em silêncio, aguardando que eu tomasse alguma atitude. No fundo, elas desejavam que eu abandonasse tudo e voltasse para Kandur, sem as roupas negras, desligando-me daquele caminho sombrio.

Mas a lógica nem sempre parece trabalhar ao nosso favor. Mesmo que tudo indicasse que essa era a decisão mais sábia, não dependia somente de uma resolução consciente. Eu sabia que voltar para o caminho da luz implicava uma decisão verdadeira e de coração.

Em alguns momentos, até questionei as gêmeas se elas estariam preparadas para dedicarem-se exclusivamente ao roteiro de luz que teríamos de abraçar. Entre lágrimas, elas demonstravam os conflitos internos que também habitavam em seus corações.

Durante essas reflexões, as gêmeas se aninhavam em meu peito e choravam, confusas. Elas diziam que poderiam viver de qualquer forma na vida, desde que fosse ao meu lado. Somente a distância entre nós jamais suportariam. Todo o resto elas enfrentariam com coragem e abnegação.

Envoltos nesses sentimentos confusos, voltamos à rotina de festas e bebedeiras, para esquecer nossos dilemas aparentemente insolúveis.

Oh, Céus, como desejaria ser um camponês sem ambições que se contenta com as coisas simples da vida! Por que a amplitude da consciência nos cobra responsabilidades tão altas e difíceis de serem administradas por almas em desequilíbrio? O conhecimento sem elevação da alma é um poder sem direção. Ele eleva almas nobres e atormenta aquelas ainda escravizadas às paixões humanas.

Em meio às brincadeiras sempre divertidas de Arnach ou apreciando os espetáculos teatrais que Sol adorava, fomos nos desligando dessas perguntas para as quais não encontrávamos respostas. Eventualmente, Lua compunha um poema meditativo, que recordava nossos dilemas, colocando-nos em um estado de introspecção que chegava a beirar a depressão.

Mas, em geral, ela preferia dedicar-se a descrever, com maestria, a beleza e os encantos da vida humana para jovens belos e ricos como nós, iludindo-nos com relação aos compromissos sagrados da vida imortal. Pelo menos éramos felizes nesses momentos; temporariamente felizes.

E, assim, não demorou muito para nos entregarmos novamente à vilania. Esquecemos as reflexões que nos chamavam para o caminho do bem, porém guardamos no inconsciente a lição daquele dia. Era necessário mantermo-nos espertos e unidos.

Sol e Lua intervinham sempre que necessário para ajudar Arnach e Ryu em suas enrascadas, estreitando ainda mais nossos laços. Com o passar do tempo, os dois começaram a vê-las como verdadeiras irmãs, colocando seus pescoços a risco para defendê-las, se fosse necessário.

Suas personalidades incomuns eram tão cativantes, que elas conseguiram até mesmo fazer com que Arnach as visse além de suas estonteantes belezas físicas. Ele realmente passou a sentir um amor fraternal pelas gêmeas, como se elas fizessem parte de sua família.

Os dois triângulos tornavam-se cada dia mais ligados, e isso

Atlântida – No reino das trevas

resultou em um poder e em uma influência que começaram a gerar preocupação nos demais sacerdotes do Vril. Ademais, nós fomos, pouco a pouco, tornando-nos mais cruéis, não admitindo contestações às nossas decisões. Nosso poder, nossa riqueza e influência invadiram, inclusive, a esfera do governo da Atlântida Ocidental. Obviamente, isso não agradou Gadeir, que, em determinada tarde, chamou-me para tomar um chá, na ampla varanda de seu escritório, que tinha vista para o mar.

Eu cheguei na hora combinada e sentei-me nas confortáveis poltronas, enquanto ele tratava de assuntos referentes à guerra e à administração de seus domínios. Aproveitei o momento para apreciar a vista do mar. Olhei a linha do horizonte e me entreguei às minhas reflexões. Afinal, eu não tinha pressa.

Pouco depois, Gadeir se sentou vagarosamente na poltrona ao lado. Seu corpo esguio chamou minha atenção, enquanto sua secretária me servia chá. Ele estava cada vez mais magro e envelhecido.

Depois de um breve suspiro, ele me disse, em tom severo, mas cordial:

— Andrey, o que devo fazer com você? Meditei por várias semanas em busca de respostas, antes de termos esta conversa. Você teve a vitória em suas mãos, e recuou na última batalha. O que devo pensar a respeito disso? Diga-me, para que eu não faça um mau juízo de suas intenções.

Pensei que Gadeir iria me inquirir sobre essa questão logo após a última batalha do Vril, mas não foi o que ocorreu. Talvez, se ele tivesse feito isso naqueles dias, teria obtido outra resposta, mas, naquele instante, com a cabeça mais fria e depois de muito ponderar, resolvi ser diplomático e respondi:

— Entendo sua preocupação, mas não foi má vontade de nossa parte. Não me pergunte como, mas eu percebi, no momento final da batalha, que, se utilizássemos toda a nossa força contra Atlas, ele reagiria de forma extrema e imprevisível, destruindo todos nós, brancos e vermelhos.

Gadeir ergueu-se e caminhou até a janela, segurando os pulsos nas costas, à semelhança dos antigos sábios. Aquele homem alto e magro, com suas estranhas vestes sacerdotais, parecia mais um ser de outro planeta do que um humano. Creio que deveria ter os órgãos sexuais atrofiados, pois sua cintura era fina demais para um homem, mesmo sendo um atlante da raça branca. Éramos muito semelhantes às mulheres, inclusive mal tínhamos pelos, muito menos barba, ao contrário do povo da Atlântida Oriental, os vermelhos, que eram mais viris. Sem dúvida, Gadeir era um ser andrógino.

Os primeiros vikings, oriundos da Escandinávia, eram descendentes diretos dos atlantes da raça branca que migraram antes do apocalíptico fim de Atlântida. Eles miscigenaram-se com o povo local, fundindo a beleza e a inteligência dos atlantes brancos com a virilidade dos habitantes daquela região do mundo primevo, estabelecendo uma poderosa linhagem, a qual ficou imortalizada pelos grandes deuses guerreiros mitológicos, como Odin e seu filho Thor.

Eles eram conhecidos como os deuses supremos do reino de Asgard, que era o paraíso espiritual de suas crenças. Mais um caso de seres humanos incomuns que causaram forte impressão em seu meio, tornando-se deuses aos olhos de seu povo. Após sua morte, os guerreiros vikings eram recebidos com honras no Valhalla, uma espécie de castelo celestial para os heróis guerreiros, localizado no reino de Asgard.

A história desse povo também é muito interessante. Precisaria escrever outro livro somente para relatar as influências atlantes na formação de todos os grandes povos do mundo. Os habitantes da terra de Possêidon eram seres advindos de uma linhagem genética superior. Ao aportarem nas regiões do planeta que viriam colonizar, rapidamente tornavam-se seus reis e líderes, estabelecendo uma linhagem vitoriosa, a partir de sua ascendência sem paralelo no mundo primevo.

Os atlantes da raça vermelha, em sua grande maioria, aportaram na Ásia e no Vale do Nilo, além das Américas, repetindo a mesma história entre esses povos. Entre os egípcios, eles também se tornaram deuses. Os descendentes da raça de Atlas, ao ingressarem no Vale do Nilo, cruzaram com os aldeãos primitivos, gerando a grandiosa raça egípcia, que possuía cor de jambo, em decorrência da fusão entre os tons de pele dos atlantes vermelhos e do povo nativo da região.

O povo negro do Alto Nilo era composto pelos núbios, descendentes apenas da linhagem do *Homo sapiens*, conforme nos relatam os historiadores. É comum eles se equivocarem nessa questão também.

A raça egípcia dos tempos dos faraós não existe mais hoje em dia. Ao final do Novo Império (525 a.C.), o país foi invadido pelos assírios. Conseguiu-se uma curta independência, mas chegaram os persas, macedônios, gregos, romanos e, finalmente, os árabes. Estes últimos dominaram definitivamente a região, impondo sua civilização.

Atualmente, eles se dizem descendentes do povo que erigiu as pirâmides, mas isso não é verdade, assim como os brasileiros não são descendentes dos indígenas que viviam no Brasil havia milênios.

Os índios, antes do descobrimento do Brasil, também foram uma das civilizações impulsionadas pelos avançados atlantes da raça vermelha que aportaram no litoral após o cataclismo da Grande Ilha. Os egípcios, assim como os maias e os índios ancestrais, desapareceram do cenário do mundo, no transcorrer dos séculos. Hoje, restaram apenas pálidas tribos, que mal refletem o esplendor dessas civilizações.

No próximo capítulo, narraremos um exemplo desses casos curiosos que viraram lenda: o da própria deusa grega Ártemis, cultuada na Grécia e que, posteriormente, encarnou como Toth entre o povo do Vale do Nilo, onde veio também a se tornar uma divindade.

Gadeir, então, virou-se para mim e disse:

— Não creio que ele faria algo assim, tão extremo. Atlas é muito ambicioso. Ele lutaria pela vitória e por sua própria vida. Creio que jamais agiria dessa forma.

Voltando a sentar-se, ele meditou por alguns instantes, enquanto sorvia o chá, segurando uma xícara. Em seguida, perguntou-me, de forma pausada:

— Diga-me, Andrey, por que Atlas agiria assim?

Eu ergui as sobrancelhas e falei, bastante temeroso com sua reação à minha resposta:

— Por mais de uma vez, já ouvi declarações suas a respeito disso. Em determinada ocasião, ele afirmou que, caso fosse necessário, realizaria um gesto suicida para não lhe dar a vitória. Eis o motivo por que resolvi recuar no final do combate. Se ele perceber a possibilidade de ser eliminado, agirá como um escorpião. Atlas não hesitará em matar e morrer pela causa que defende.

E, olhando profundamente nos olhos do líder da raça branca, completei, procurando utilizar os recursos hipnóticos que eram tão comuns naquele período distante da história de nossa humanidade:

— Segundo Atlas, você exterminará a raça vermelha, caso vença a batalha. Para impedir isso, ele prefere morrer, a dar-lhe a vitória. Logo, para vencê-lo, devemos agir com cautela. Se ele pressentir que está em seu momento extremo, tentará levá-lo junto para a terra dos imortais. Foi isso que tentei evitar na última batalha, no penhasco. Seríamos todos mortos, caso as gêmeas intensificassem sua ação.

Fiz uma breve pausa, respirei fundo e, concentrando ainda mais meu poder hipnótico, olhei dentro da alma de Gadeir e falei em um tom de voz ameno, com o objetivo de levá-lo a um transe definitivo:

— Você já deve ter compreendido o que digo. Sei que sua percepção é ilimitada. Eu até poderia ter lhe relatado isso após a batalha, mas eu sabia que você já havia percebido por si mesmo. Ninguém pode enganar Gadeir, não é?

Ele ficou acompanhando meus gestos com uma expressão de pouca credulidade, apesar de meu esforço. Depois de um breve silêncio, prossegui, caprichando ainda mais na entonação ritmada da voz, tão fundamental para estabelecer transes hipnóticos:

— Tenho acompanhado as pesquisas com o "Sol Negro" e mudei minhas convicções. Creio que a guerra não se decidirá somente nas batalhas do Vril, como você, sabiamente, já afirmou em outras oportunidades. É uma questão de tempo para dominarmos recursos bélicos inacessíveis à raça vermelha. Então, Atlas não terá mais como resistir. Os vermelhos não possuem vocação para o estudo científico. Essa é uma vantagem que devemos explorar.

E, com uma falsa empolgação, completei:

— Gadeir, nossa raça é devotada à ciência por natureza. Vamos utilizar esse recurso refinado para vencer a guerra. Ana-

Atlântida – No reino das trevas

lise isso calmamente e, sem sombra de dúvida, você vai perceber que é o melhor meio de vencermos.

O sinistro líder da raça branca pareceu concordar, e arrematei:

— Vou empenhar-me nas pesquisas com o "Sol Negro". Enquanto isso, enfraqueceremos os exércitos de Atlas com as bombas magnéticas e as demais armas convencionais que já desenvolvemos. Estamos juntos nessa luta.

Gadeir concordou, animado, e, depois, dispensou-me com um sorriso amistoso. Tive a impressão de tê-lo convencido. E, assim, a partir daquele dia, começamos a utilizar cada vez mais nossos recursos tecnológicos para enfraquecer o inimigo. As batalhas do Vril cessaram; e isso era muito bom. Seria difícil disfarçarmos nosso potencial mais uma vez.

A raça vermelha não era dada à pesquisa tecnológica da mesma maneira que nós, fato que facilitou nosso avanço. Muitas mortes do exército vermelho ocorriam até que Atlas dominasse tecnologia semelhante à que obtínhamos rapidamente. Mesmo assim, ano após ano, estávamos sempre um passo à frente nesse quesito, obtendo significativa vantagem nas batalhas campais.

Eles eram apenas camponeses com um líder incomum. Entretanto, eram milhões de guerreiros que possuíam notável garra; eram destemidos e davam pouco valor à própria vida, algo também incomum entre nós da raça branca. Definitivamente, os vermelhos lutavam com o coração.

Já nós éramos mais metódicos e pouco emotivos. Os guerreiros de campo de nossa raça eram limitados e tinham menos empenho. Se não fosse a vantagem com as armas tecnológicas e o equilíbrio com o Vril, teríamos sido derrotados rapidamente pelos viris guerreiros vermelhos.

Em certos momentos das intermináveis batalhas, ficávamos estarrecidos ao ver aquelas criaturas rústicas lutando de forma selvagem, empunhando, algumas vezes, apenas tacapes primitivos ou singelos arcos e flechas. Às vezes, para derrubar um vermelho, necessitávamos descarregar as armas naquela raça, que era dura na queda e morria gargalhando, somente para mostrar-nos que não temia a grande viagem para o mundo invisível.

Somente um líder incomum como Atlas poderia incutir em

seu exército tal sentimento de coragem e honra. Por diversas vezes, tivemos que abandonar os campos de batalha para evitar os ataques suicidas dos vermelhos. Eles se jogavam sobre a plataforma de nossas naves, urrando como animais selvagens.

Impressionados por presenciarmos tal garra, erguíamos a mão e, com um gesto, desintegrávamos os guerreiros com o poderoso Vril. Porém, era impossível não reconhecer o valor daqueles valentes homens. Com um olhar respeitoso, ajeitávamos de forma elegante nossas capas escarlates e abandonávamos o campo de batalha em nossas velozes naves, deixando, lá embaixo, a carnificina correndo solta.

No entanto, a maior vítima desse confronto bélico que durou décadas foi o ecossistema do planeta; a cada ano mais debilitado pelas explosões sistemáticas que foram dizimando o fluido cósmico universal.

O Vril agonizava a olhos vistos, causando a redução de nosso poder com o quinto elemento. Por um lado, isso era bom. Os poderosos no reino de Possêidon tornavam-se cada vez mais raros, e fazíamos parte desse seleto grupo. Aqueles que perdiam seus poderes perdiam também todas as regalias dentro de nossa sociedade e eram encaminhados para as fileiras de combate homem a homem, condição a que eu jamais me submeteria.

Atlas, então, começou a resguardar-se em seus domínios, onde a natureza era mais exuberante e dava-lhe um poder incomum, permitindo um novo campo de ação ainda nunca experimentado: a utilização do Vril a distância. E ele realmente levou isso a efeito, no ano seguinte, quando Gadeir caiu enfermo em meio a um banquete. Parecia magia, já que nosso líder era protegido por dezenas de seguranças. E realmente era.

Lembro-me bem desse fato. Era uma noite chuvosa, que nos reservaria fortes emoções. O estrondo dos relâmpagos repetia-se sistematicamente, com a precisão de um relógio. O intervalo entre as descargas não deveria ser maior do que quinze minutos.

Pouco antes do jantar, Sol e Lua se desentenderam com Electra. As gêmeas, a cada dia, destacavam-se mais em meio à sociedade atlante, tanto pelo poder com o Vril como pela beleza deslumbrante; dois indiscutíveis motivos para enlouquecerem uma mulher ciumenta e invejosa como Electra.

Atlântida – No reino das trevas

O guaianás era uma bebida traiçoeira, e Electra já havia abusado. Depois de tomar vários copos, terminou externando todo o seu despeito com relação às gêmeas, no momento em que se cruzaram pelos amplos corredores que conduziam ao salão principal onde seria realizado o banquete. Depois de uma raivosa troca de olhares, passaram a discutir de forma febril.

Não demorou muito para a discussão verbal terminar em uma batalha particular com o Vril. Talvez Electra até conseguisse vencer Sol e Lua, caso as desafiasse em separado, mas sua arrogância a fez crer que seria superior a elas duas. Em pouco tempo, todos os convidados do festim presenciaram, aos risos, Electra de joelhos aos pés das terríveis gêmeas, que não lhe pouparam da humilhação. Isso só fez aumentar ainda mais sua raiva com relação às meninas.

Prevendo um desfecho mais trágico ou a irritação de Gadeir pelo gesto de indisciplina, intervim, impedindo que as meninas fossem além dos limites naquela rivalidade.

Electra levantou-se, com as pernas bambas, e saiu gritando ameaças, prometendo que se vingaria, matando-as no momento oportuno.

Minha cabeça começou a doer com as ondas de raiva que Electra nos dirigia. Se já não bastasse todo o ódio que ela nutria por mim, agora eu precisaria administrar suas constantes ameaças às meninas.

Lembrei-me de quando Evelyn e eu éramos apenas adolescentes e já recebíamos essas pesadas descargas energéticas de Electra. Evelyn, sempre muito sensível, era quem mais sofria.

Então, chamei-as em um canto e disse-lhes, de forma ríspida, mas discreta:

— Vocês estão doidas? Estou sempre procurando melhorar nossa imagem com Gadeir, e vocês ridicularizam justamente sua preferida.

Elas deram gargalhadas, como duas adolescentes inconsequentes, e falaram, tentando segurar o riso:

— Concorde conosco, amor, foi muito engraçado vê-la se levantando sem saber para que lado correr e se esconder.

Sol ficou com os olhos vermelhos, demonstrando sua raiva, e completou:

— Aquela cena patética valeu mais do que a ver morta, reduzida a pó.

Não resisti às gaitadas delas e também comecei a rir de forma descontrolada. A cena havia sido muito engraçada mesmo. Eu as abracei e disse-lhes:

— Bom, suas capetinhas, agora chega de brincadeiras e vamos para o banquete, antes que vocês despertem a atenção de Gadeir. Tenho certeza de que Electra preferirá manter a discrição quanto ao que ocorreu aqui. Seria muito vergonhoso para ela relatar isso ao nosso líder.

Em seguida, sentamo-nos próximos a Arnach e Ryu, que não paravam de rir com o ocorrido. Eles cumprimentavam suas irmãs de coração a todo o instante, ao ponto de eu pedir para calarem-se, pois já estavam chamando a atenção de todos. Porém era inútil. Todos na mesa, principalmente do lado oposto ao de Gadeir e Electra, cochichavam e faziam brincadeiras sobre isso.

Eu já estava preocupado de que ele percebesse, quando ouvimos um grito de pavor no extremo oposto do faustoso banquete. O esguio líder da raça branca tombou a cabeça repentinamente sobre a mesa e, depois, jogou o corpo para trás, colocando a mão sobre o peito, dando a nítida impressão de que estava sufocado ou, então, sofrendo um repentino enfarto.

Como todos os convivas ficaram paralisados, em estado de choque, não acreditando no que viam, corremos para socorrê-lo e, ao rasgarmos suas vestes, percebemos o tecido de seu peito necrosando.

Atlas o tinha atingido a milhares de quilômetros de distância com seu inigualável poder com o Vril. Galeato e Pantauér apenas acompanhavam o socorro, sem saber o que fazer, enquanto Electra chorava como uma criança que teme perder o pai.

Surpreendidos com o alcance ilimitado do inimigo, levamos nosso sinistro líder para a Grande Pirâmide, e lá ele ficou em repouso por quase duas semanas, para recuperar-se.

Eu utilizei todos os recursos que usara para mim mesmo no ataque de Ravena. Isso terminou por melhorar um pouco mais minha relação com Gadeir. Afinal, eu poderia ter ficado indiferente, mas esforcei-me ao máximo para salvá-lo.

Atlântida – No reino das trevas

167

O jantar foi encerrado, e todos os sacerdotes da raça branca ficaram em silêncio. A conclusão era óbvia: ninguém mais estava seguro. De qualquer lugar, a qualquer momento, a sombra da morte poderia nos visitar.

Era comum atingirmos pessoas normais a distância. O surpreendente era Atlas conseguir atingir um poderoso sacerdote como Gadeir. Nunca tínhamos visto tal coisa. Alguns de nossos colegas chegaram a especular que Gadeir estava ficando fraco por causa de seu estranho envelhecimento precoce.

Vários sacerdotes foram incumbidos de estudar uma forma de proteção alternativa com o Vril. Lembrei-me de que meu pai manipulava a grande energia muito bem para essa aplicação, tanto que criara a inacessível colônia de Kandur. Mas fiquei calado. Jamais deveria chamar a atenção para o autoexílio dos mestres nas montanhas da Atlântida Oriental. Era melhor que Gadeir e os demais magos atlantes os esquecessem.

Contudo, em pouco tempo, nossos cientistas desenvolveram uma carapaça de proteção sobre os prédios administrativos da capital Posseidonis. A partir daquele dia, muitos sacerdotes passaram a evitar sair daquela região protegida. Arnach e Ryu diziam que tinham tudo o que desejavam sob a proteção daquele escudo e que não se arriscariam desnecessariamente.

As gêmeas e eu éramos uma exceção. Adorávamos passear e usufruir das energias da natureza. Eu também acreditava que Atlas não concentraria suas forças contra nós. Gadeir, Galeato e Pantauér eram suas vítimas mais prováveis.

Naqueles passeios, começamos a realizar estudos sobre os efeitos da guerra em nosso ecossistema. Nas regiões dizimadas pelas bombas, percebemos a incidência de uma estranha radiação que matava todos os seres vivos em uma questão de poucas semanas, assim como eu tinha constatado ao lado de Ravena, quando ocorreu a primeira explosão lançada contra nosso próprio povo, em um gesto insano de Gadeir.

A vibração astral do local também se tornara pesada, como se a energia do planeta ali estivesse doente e irradiando sutil carga tóxica, que lentamente asfixiaria o imenso continente atlântico.

Sol se aproximou com uma pequena muda de árvore morta, sem causa biológica aparente, e disse-me:

— Veja, meu amor, tudo nesta região está morrendo. Sinto que a natureza está elaborando uma ação reversa a tudo isso, em defesa da vida. Sem dúvida, o planeta reagirá em breve.

Eu concordei com um gesto e falei:

— Sim, em breve, a Grande Ilha estará exausta de receber os fluidos venenosos de seus habitantes e rasgará suas entranhas em dolorosos terremotos e erupções vulcânicas. É a inexorável lei de ação e reação. Teremos que colher aquilo que estamos plantando. A manipulação inversa do Vril é uma energia perversa, incompatível com o equilíbrio da vida em Atlântida e em todo o planeta. Que o Espírito Criador tome logo as providências necessárias para pôr fim à nossa absurda loucura!

Lua observou minhas palavras com atenção e perguntou:

— Querido, esse é o fim que você previu em suas visões?

Eu fiz um sinal afirmativo, e ela voltou a perguntar:

— Por que, então, nós não agimos em favor do planeta? Se o fim está próximo, vamos acelerá-lo.

Eu a abracei e disse-lhe, um tanto inseguro:

— Deixemos a decisão nas mãos do Espírito Criador. Quem somos nós para alterar ou interpretar seus desígnios?

Sol me beijou e perguntou, com seus grandes olhos verdes fixos nos meus:

— Andrey, você tem medo da morte? Eu tenho.

Eu acariciei o rosto da sensível loirinha e respondi:

— Quem não tem, minha querida? Mas creio que saberemos lidar com isso, quando for o momento. Não vamos nos preocupar com algo que ainda está longe de acontecer. Vamos viver o momento, deixando os acontecimentos nas mãos da Grande Mãe, a criadora da vida.

E, olhando para o céu, segurando nas mãos um pequeno e dócil animal silvestre agonizante, concluí:

— Sinto que ainda viveremos longos anos nesta terra e veremos sua decadência, lentamente, passo a passo. Que o Espírito Criador permita-nos perceber qual é nosso papel no desfecho trágico da grandiosa terra de Possêidon que se avizinha, a olhos vistos!

Atlântida – No reino das trevas

Capítulo 10

Nasce um mito: a deusa Ártemis

Mais vinte e cinco anos se passaram neste mesmo cenário. Pouca coisa havia mudado. Atlantes de ambas as raças morriam às centenas, diariamente, na insana batalha racial. Mas, ao mesmo tempo, ocorriam cada vez mais nascimentos.

As novas gerações, provindas de espíritos exilados de Capela, corrompiam os valores sagrados e eram pouco dedicadas ao estudo e ao progresso. As camadas sociais mais baixas dedicavam-se, rotineiramente, a festas e orgias, sem nenhum cuidado, levando as mulheres, quase sempre embriagadas, a terem vários filhos bastardos, sem controle nenhum.

A falta de trabalho e ocupação educacional, intelectual ou artística fazia com que todos se preocupassem demasiadamente com o sexo desenfreado. Músicas voltadas para a sexualidade estavam cada vez mais na moda, captando o interesse até mesmo das crianças, assim como acontece nos dias de hoje, anunciando um colapso social sem precedentes.

A cultura havia deixado de ser um lazer prazeroso. Somente o culto aos sentidos da carne atraía a atenção das massas. A sociedade desorganizara-se definitivamente em toda a Atlântida. Cada um vivia para si, procurando atender somente seus interesses mesquinhos. Crimes hediondos eram cometidos, sem controle; tudo em busca do prazer extremo.

Não existia um conjunto de serviços e leis que garantisse

a segurança da coletividade. A única estrutura organizada era o exército. Ninguém poderia negar-se a lutar; a punição seria a morte. Quem era escolhido recebia rigoroso treinamento e passava por um sofisticado processo hipnótico para dedicar-se com máximo afinco às batalhas, já que, a cada dia, havia desinteresse maior pelo trabalho e pelo bem comum.

As drogas, que antes dominavam apenas as regiões afastadas, invadiram a capital Posseidonis e tornaram-se presença frequente nas intermináveis festas, tanto populares como das elites. Tudo caos e desregramento. Essa era a rotina da terra de Possêidon.

A raça vermelha, por ser essencialmente agrária, adaptou-se melhor a esse período de privação e desequilíbrio social. Eles eram mais acostumados à vida dura, portanto, não estranhavam e até mesmo se regozijavam pelos desafios. Já a raça branca entregou-se à bebida, às drogas e à corrupção, nos grandes centros.

Naqueles dias, encontrar jovens mortos por overdose nas ruas era algo comum. Raramente caminhávamos por elas, a fim de evitar este cenário trágico. Preferíamos sobrevoar os centros populacionais em direção aos campos ou às praias desertas, onde a vida era tranquila.

Sem dúvida, a ociosidade resultante da vida fácil que tínhamos, por causa da modernidade tecnológica de nossa sociedade, levou-nos com mais rapidez à decadência de valores, fato que teve menos impacto entre os vermelhos.

Infelizmente, éramos mimados e arrogantes. A raça vermelha tinha seus defeitos também, mas possuía uma estrutura social mais conservadora e um líder austero, o que evitou estragos como os que ocorriam entre nós.

Gadeir pouco se importava com o destino da raça branca. Para ele, seus súditos eram um desagradável empecilho; úteis apenas atuando como seus instrumentos na guerra. Ele desejava apenas reinar sobre todo o continente; nada mais que isso. O bem comum não lhe interessava.

Certamente, os valores que carregamos de vida em vida definem nossa personalidade, mas o meio em que vivemos também tem um peso enorme, influenciando-nos em nossas existências. Somente almas equilibradas conseguem viver em harmonia em meio ao caos.

E, assim, com o passar dos anos, o clima espiritual em Atlântida piorava gradativamente. O índice de crimes crescia diariamente; o amor e o espírito de fraternidade foram sendo cada vez mais esquecidos, para serem substituídos pelo orgulho, pelo egoísmo e pela vaidade.

As gêmeas, Arnach, Ryu e eu continuávamos exatamente iguais. Simplesmente, não envelhecíamos, graças às câmaras de rejuvenescimento da Grande Pirâmide. As gêmeas estavam com cinquenta anos de idade, e pareciam belas jovens de vinte. E eu já havia ultrapassado os setenta e cinco anos e aparentava pouco mais que elas. Arnach também se mantinha jovial e cheio de energia. Ele se alegrava muito com isso. Todos os dias, olhava-se no espelho e dizia para si mesmo, indiferente à tragédia social que nosso povo vivia:

— Meu velho, você está cada dia mais jovem e belo.

E, em todos esses anos, ele jamais parara de seduzir as mais lindas jovens que desabrochavam como belas flores, a cada primavera. Sua distração favorita era ficar observando as filhas das mulheres que o tinham encantado no passado e esperá-las chegar à idade adequada. Depois, era só seduzi-las com sua habilidade incomum, desenvolvida e aprimorada por décadas.

Suas mães tentavam evitar que isso acontecesse; mais por despeito de terem sido rejeitadas do que por um desejo de protegê-las. Na verdade, algumas até invejavam suas próprias filhas, pois desejavam, de forma febril, estar no lugar das jovens.

Esse era o atual padrão espiritual dos habitantes da Grande Ilha.

Talvez nossa aparente juventude eterna, semelhante a dos atlantes da época de ouro, causasse ainda mais fascinação nas pessoas comuns. Nossa simples presença causava espanto e admiração, intensificada por nossa estonteante beleza e nosso *status* de sacerdotes do Vril.

Arnach e as meninas se aproveitavam disso, causando suspense, na medida em que escondiam o rosto com capuzes elegantes, presos às suas capas escarlates.

Eles privavam os comuns de os verem. Permitiam a eles apenas rápidos momentos de proximidade. Enfeitiçavam com um olhar hipnótico e, depois, simplesmente desapareciam mis-

172   Roger Bottini Paranhos

teriosamente, deixando aquelas pobres pessoas instáveis e inseguras, sob completo estado de admiração e paixão.

Sim, caro leitor, é verdade, comportávamo-nos como verdadeiros vampiros.

Alguns fãs mais intensos perdiam o sono, não comiam e choravam de saudades por pessoas que nem mesmo conheciam. Os mais extremos davam cabo da própria vida, vitimados por uma fascinação inexplicável; isso se não morressem de tristeza ou fome, em decorrência do misterioso encantamento.

Enquanto nos preocupávamos com a aparência, Gadeir agia de forma oposta. Sua obsessão pelo poder o levava a desligar-se dos interesses da vida humana. Ele vestia uma túnica negra, com um capuz que cobria parcialmente sua cabeça. Ao contrário de nós, ele desejava esconder seu aspecto repulsivo.

Acreditávamos, naqueles dias, que, debaixo daquela túnica larga, existia apenas pele e osso. O aspecto anoréxico de seu rosto causava-nos espanto. Como alguém que tinha tanto poder com o Vril poderia definhar daquele modo? Algum tempo depois, descobrimos o motivo. Seu sentimento contínuo de ódio, os perigosos rituais de magia negra, os contatos com entidades espirituais das profundezas do astral da Terra – hoje em dia conhecidas como dragões – e o perigoso manuseio da energia inversa do Vril aceleraram o processo de degeneração celular de seu organismo.

Bem que, naquela época, ele já beirava os cem anos, mas, para os atlantes da Era de Ouro, nessa idade ainda se vivia com plena saúde e vitalidade. Meus pais, por exemplo, tinham idade superior a de Gadeir e prosseguiam firmes no trabalho de preparar o grupo que partiria para o mundo primevo da Terra.

Os cabelos de Atônis, Criste, Násser e Ártemis já estavam grisalhos, mas suas peles não tinham uma ruga sequer, e a vitalidade era a mesma da juventude. A sintonia com o amor opera milagres, atraindo fluidos energéticos salutares, ao contrário das ondas do mal, que causam diversas doenças.

Esse era o caso de Electra, que já tinha adoecido diversas vezes, inclusive de câncer no fígado, em duas ocasiões. Só escapou da morte por causa da avançada tecnologia de cura da Grande Pirâmide.

Atlântida – No reino das trevas

A inveja é um sentimento que desencadeia toxinas astrais diretamente no fígado do corpo físico. Electra estava um caco. Parecia ter duzentos anos, assim como Gadeir. Lembrava muito aquelas bruxas medievais que vemos em filmes.

Naqueles dias, a diferença dimensional entre o mundo primevo e Atlântida praticamente deixara de existir. Os navegadores que se aventuravam pelas proximidades da Grande Ilha avistavam-na com facilidade e ancoravam em suas praias, procurando explorar aquelas novas terras. Alguns até mesmo chegavam com avidez de enriquecerem com os tesouros daquela gigantesca ilha misteriosa.

Nosso imenso país foi considerado uma ilha apenas, pela pouca percepção dos habitantes do mundo primevo, que não tinham ideia de sua vastidão. Atlântida nunca fora uma ilha; ao contrário, sempre foi um imenso continente. Era muito maior que a Grã-Bretanha, por exemplo. Esta, sim, uma ilha, em comparação com a terra de Possêidon.

E, quando eles descobriram a beleza fascinante do oricalco, suas visitas tornaram-se ainda mais constantes. Pobres dessas criaturas que acreditavam encontrar nativos ingênuos e prontos para serem explorados.

Atlas fez muitos prisioneiros, os quais utilizava na guerra ou em experiências para alcançar-nos cientificamente. Como estávamos praticamente na mesma dimensão, de forma definitiva, ele percebeu que tinha uma nova massa humana para jogar nos matadouros dos campos de batalha. Para contrapor-se à nossa tecnologia, ele criava verdadeiros escudos humanos, pois precisava de mais e mais guerreiros para segurar os avanços de nossas tropas.

Lembro-me do dia em que Ryu entrou em uma das salas de estudo da Grande Pirâmide e disse-nos, assombrado:

— Vocês não vão acreditar no que está acontecendo na praia. Um barco do mundo primevo ancorou, e seus tripulantes desembarcaram faz menos de uma hora. Eles estão conversando com os populares curiosos. Que cena insólita!

Eu olhei para ele, surpreso, e disse para as gêmeas, que trabalhavam ao meu lado:

— Vamos, meus amores. Temos que ver isso de perto.

Ao chegarmos à praia, logo avistamos o aglomerado de pessoas em torno daqueles seres primitivos, e notei que a diferença entre nós e eles praticamente já não existia. Lembrei-me de minha primeira viagem ao mundo primevo, na adolescência, e percebi como havíamos descido ao nível vibracional deles. Naquela época, éramos como seres diáfanos, luminosos, em comparação com o homem descendente dos primatas, da espécie *Homo sapiens*. Agora, mal se percebia essa diferença, a não ser por nossa alta estatura e pela elegância dos traços, muito mais refinados do que os deles.

O mais interessante foi o comportamento dos visitantes. Apesar de sermos maiores e aparentemente mais fortes, eles tentavam nos iludir, como se fôssemos seres estúpidos, assim como fez o homem branco com os indígenas, na colonização do Brasil. De forma maliciosa, tentaram nos assustar com suas lendas ridículas e falavam de forma como se fôssemos retardados, supersticiosos ou tolos.

Galeato e Pantauér se cansaram, então, daquele teatro ridículo apresentado por nossos visitantes e apenas ergueram as mãos. Com um movimento lento e pausado, desintegraram os invasores com o Vril, sem dar-lhes tempo para qualquer argumentação. Em seguida, fizeram o mesmo com sua precária e imunda embarcação, que empobrecia nossa deslumbrante paisagem.

Os populares fugiram assustados, com medo de que os sacerdotes do quinto elemento lhes fizessem algum mal por terem dado atenção aos invasores indesejados. Digo-lhes mais: se Galeato não tivesse tomado essa atitude, nós teríamos dizimado aqueles seres vis.

Ele percebeu nosso olhar de aprovação e falou-nos, esboçando um sutil sorriso, enquanto se afastava da beira da praia:

— Precisamos conversar sobre isso com Gadeir. Devemos analisar no que essa interação com o mundo primitivo pode nos ser útil na guerra.

E, com desdém, completou, olhando para o local onde aquelas criaturas desprezíveis foram desintegradas:

— Talvez esse lixo possa nos servir de alguma maneira.

Nós concordamos com um significativo olhar e voltamos para nossas atividades. Eu já havia ouvido falar do aporte de tais navegadores em nossas praias, mas sempre na região da Atlântida Oriental, onde a civilização europeia se aventurava com mais frequência nos mares. No lado das Américas, essa tinha sido a primeira vez.

Poucas semanas depois, pelo meio da manhã, eu estava de pé, apreciando da sacada de nosso apartamento a paisagem encantadora da floresta ao lado, quando comecei a sentir uma estranha sensação. Minha querida mãe de criação, Ártemis, começou a povoar repentinamente meus pensamentos.

Procurei concentrar-me mais para tentar captar do que se tratava, enquanto Sol e Lua se atinham às suas atividades. Talvez, este tenha sido um dos motivos principais para termos ficado juntos por todos esses milênios: elas sempre foram muito parecidas comigo. Eram introspectivas e sabiam a hora de compartilharmos bons momentos e quando deveriam cuidar de si mesmas. Tínhamos um ritmo perfeito, uma vez que nunca ficávamos entediados, porque percebíamos quando deveríamos dar espaço às nossas almas, que apreciavam a liberdade como o bem mais precioso.

Naquele instante, Lua estava sentada sobre o divã, seminua, com o queixo apoiado sobre o joelho, acariciando suas pernas, em busca de inspiração para seus poemas, enquanto Sol caminhava de um lado ao outro, com um *script* de sua próxima peça, sussurrando bem baixinho o texto que teria de interpretar. Ela vestia apenas uma túnica branca transparente, que ressaltava a beleza reveladora do contorno de seus seios.

Contudo, naquele momento, eu não podia apreciar as duas deusas que dormiam toda a noite lado a lado comigo. Sol sempre à esquerda e Lua à direita. Com o pensamento completamente voltado para o interior de minha mente, eu pude ouvir um sussurro distante, quase um apelo:

— Meu filho, eu preciso de sua ajuda.

Eu me sobressaltei, despertando a atenção das gêmeas, que pareciam duas panteras em alerta, e olhei levemente para baixo, à direita, buscando escutar melhor, no âmago de minha alma. Só, então, visualizei os inconfundíveis olhos acinzentados de minha segunda mãe:

— Ártemis? – sussurrei.

Ao ouvirem a menção ao nome de nossa grande mãe, as gêmeas entraram em estado de alerta, como duas felinas prontas para o ataque, com seus vivos olhos brilhando. Lua se ajoelhou sobre o sofá, e Sol largou seus textos sobre a mesa, aguardando que eu me manifestasse. Elas sabiam que era melhor não me interromper naquele instante.

Depois de alguns momentos de hesitação, eu perguntei:

— Aonde devo encontrá-la, minha mãe?

As gêmeas perceberam que era um apelo telepático de Ártemis e começaram a vestir imediatamente seus trajes negros. Poucos segundos depois, captei sua última mensagem telepática:

— Nas margens do Egeu. Preciso conter Atlas. Sozinha não conseguirei.

O mar Egeu é um mar interno da bacia do Mediterrâneo, situado entre a Europa e a Ásia. Estende-se da Grécia, a oeste, e vai até a Turquia, a leste. Ao norte, possui uma ligação com o mar de Mármara e o mar Negro, através do Dardanelos e do Bósforo. Diversas ilhas estão localizadas no mar Egeu, inclusive Creta e Rodes, que formam seu limite meridional.

Eu olhei para as gêmeas, que estavam deslizando as calças de napa preta por suas estonteantes coxas curvilíneas, e disse-lhes:

— Ártemis precisa de nós no mundo primevo. Precisamos partir imediatamente.

Elas me olharam como duas feras prontas para o combate e responderam a uma só voz:

— É para já!

Naquele mesmo instante, contatei Arnach e Ryu, e, em menos de trinta minutos, nós cinco estávamos partindo em uma rápida nave supersônica. A velocidade que podíamos atingir naqueles dias era bem menor, já que a atmosfera de Atlântida havia se tornado muito densa, quase igual a do mundo primevo.

Se acelerássemos além do limite, poderíamos rachar ao meio a nave ou causar uma tragédia. Os portais entre as dimensões nem eram mais necessários. Adentrávamos e saíamos do mundo primevo sem notar diferença significativa com relação à faixa vibracional de Atlântida.

Hoje em dia, fico abismado quando lembro que, na época do antigo Egito, levávamos duas ou três semanas para descer o

Nilo de barco, sendo que, naquele tempo ainda mais remoto, cruzávamos distâncias imensamente maiores em poucos minutos. Mesmo nos dias de hoje, a humanidade não atingiu um grau de mobilidade física semelhante ao dos tempos áureos de Atlântida.

Poucos instantes depois, reduzimos a aceleração e, lá de cima, presenciamos o problema que afligia Ártemis. Na atual Grécia, às margens do Egeu, o exército de Atlas estava invadindo a região, com o objetivo de anexar os povos do mundo primevo, para utilizá-los em sua luta contra Gadeir.

Aquele povo primitivo até tentou resistir, mas era impossível lutar contra um atlante; ainda mais este sendo Atlas, o mais poderoso sacerdote do Vril, entre todos os espíritos advindos de Capela.

O antigo povo pelasgo já estava de joelhos, em meio aos corpos de boa parte de seus irmãos que foram trucidados por uma onda energética do Vril.

Os próprios gregos ignoravam sua origem e procuravam explicá-la com lendas fantásticas, algumas com base em fatos, como esta que narraremos agora.

Esses mitos foram construídos a partir da experiência dos povos que, em tempos muito distantes, habitaram a região do mar Egeu. Esses povos não gregos, de origem mediterrânea, terminaram sendo denominados pelos antigos como "pelasgos".[1]

Isso ocorreu em um período bem anterior ao dos gregos micênicos, o primeiro povo registrado historicamente a chegar à região agora conhecida como Grécia (o extremo sul da Península Balcânica) e os primeiros que podem ser considerados gregos etnicamente.

Mais tarde, o país foi invadido por povos arianos, aqueus e dórios, principalmente, os quais acabaram por se mesclar e deram origem aos helenos.

Aterrissamos a nave e rapidamente corremos até Ártemis, que havia se colocado perigosamente entre o exército atlante e o massacrado povo pelasgo.

Ao ver aquele grupo de capas pretas chegando ao campo de batalha, Atlas irritou-se, gritando:

— O que vocês querem aqui? Não se intrometam nesta batalha!

Quando chegamos ao lado de nossa grande mãe, as gême-

---

1 Usaremos nesta narrativa esse termo para designá-los.

Roger Bottini Paranhos

as instintivamente a beijaram, esquecendo-se de que tinham abandonado o amor e o carinho dela para dedicar-se, junto a mim, ao lado sombrio. A maior sacerdotisa do Vril que Atlântida conheceu acolheu-as com imenso carinho, indiferente às suas equivocadas escolhas.

Eu rapidamente respondi, colocando as mãos sobre os ombros de Arnach e Ryu, que mantinham os braços cruzados sobre o peito, em tom desafiador:

— Atlas, não permitiremos que você escravize esse povo primitivo. Essa luta é injusta.

Um dos líderes dos pelasgos gritou:

— Sim, é uma luta de deuses contra homens. Zeus, o pai das divindades, agora nos enviou seus filhos para proteger-nos.

Naquele instante, o pobre exército pelasgo gritou vivas, com imensa esperança nos olhos. Na Antiguidade, qualquer pessoa que se destacasse do povo comum era vista como um deus, e não somente naquele período remoto; no antigo Egito, na Grécia, na Babilônia e com outros povos isso se repetiria muito depois, tanto que Ártemis viria a tornar-se uma divindade em duas ocasiões. Primeiro, naquele momento, como Ártemis, e, depois, em sua encarnação como Toth, tornando-se, posteriormente, o deus egípcio da escrita e da sabedoria e que foi adotado também pelos gregos em sua personificação como Hermes, que ficou conhecido como Mercúrio pelos romanos.

Os romanos acreditavam que Mercúrio era filho de Júpiter e Maia, filha de Atlas; mais uma das diversas confusões que ocorreram com o passar dos séculos. Maia era irmã de Gadeir. A filha de Atlas era a iluminada Alcyone, que terá importante papel em nossa narrativa.

Assim, um mesmo espírito grandioso ocupou dois postos no panteão grego: Ártemis e Hermes. Esse fato ocorreu da mesma forma entre os santos da igreja cristã. João Evangelista e Francisco de Assis são o mesmo espírito, que se tornou duas vezes santo. Isso é algo muito comum, porque espíritos excelsos geralmente tornam marcantes suas existências.

Atlas, igualmente, tornar-se-ia uma divindade para esses povos, tanto que as águas além do portal de Hércules seriam chamadas de "mar de Atlas" e ficariam conhecidas futuramente como Oceano Atlântico, em referência a essa personalidade marcante da história de nossa humanidade.

Quando Atlas tentou anexar esses territórios para fortalecer seus exércitos, os antigos gregos, assustados, chamaram a terra de Possêidon de Atlântida, que significava terra de Atlas. As estátuas que erigiram a ele no futuro o retratavam como um gigante, carregando o mundo nas costas. Essa demonstração de respeito e temor refletia bem a forma como esses povos da dimensão primeva o viam. Grandes homens e grandes mulheres, na Antiguidade, terminavam tornando-se deuses e deusas aos olhos do povo simples.

O rei da Atlântida Oriental se aproximou e disse, com os dentes cerrados de raiva:

— Andrey, você sabe que preciso dessa gente para manter a guerra atlante equilibrada. Os avanços tecnológicos de vocês também são uma vantagem injusta.

Atlas estava certo. Nós utilizávamos recursos que tornavam a luta desigual. Como eu poderia questioná-lo a esse respeito?

Ártemis, então, falou serenamente:

— Atlas, meu irmão, esse povo não faz parte de nosso mundo. Deixe-os fora de nossos problemas. Já os temos em grande quantidade em nossa terra. Permita que eles sigam suas vidas, lutando suas batalhas, em um mundo que lhes é apropriado.

— Mundo apropriado? — questionou Atlas. Ártemis, você ainda não percebeu que não há mais diferenças entre nós e eles?

A sábia sacerdotisa do Vril retrucou:

— Sim, percebi, mas ainda continuamos muito superiores a eles. Temos poder sobre o Vril, inteligência mais desenvolvida e recursos tecnológicos que os deixam indefesos. Mesmo que você não utilize o quinto elemento, somente seu armamento e a força superior de seu exército de gigantes serão suficientes para vencer com larga vantagem.

Atlas caminhou de um lado ao outro e, demonstrando irritação, completou, com sua voz potente:

— Não vou permitir que Gadeir vença. Eu preciso anexar esses exércitos do mundo primevo. É o único recurso que tenho para evitar o domínio absoluto daquele demônio. A balança do Vril está cada vez mais pendendo para o lado da raça branca.

Não sei por quanto tempo mais conseguirei evitar que Gadeir me atinja de forma definitiva. Preciso me precaver. Se eu tiver que lutar contra vocês para apropriar-me desses exércitos primitivos, eu o farei.

Ártemis foi irredutível em sua posição e disse-lhe que não arredaria o pé daquele local, em defesa dos pelasgos. Atlas sacudiu a cabeça, contrariado, e disse-nos:

— Então, que assim seja: vamos ao confronto!

Todos se colocaram a postos para o combate. Olhei para Ártemis e senti a angústia no peito daquela adorável mulher que eu tanto amava. Ela não sabia o que era combater. Duvido até que ela conseguiria usar o Vril em sua forma inversa para contrapor-se a Atlas, apesar de seu assombroso poder. Um espírito amoroso não conseguiria matar nem mesmo uma mosca, imaginem seus semelhantes! Senti seu estado febril, seu desconforto por ter de enfrentar aquela situação.

Atlas, indiferente, virou-se e começou a caminhar em direção ao seu exército para comandar a batalha. Eu acompanhei os primeiros passos do gigante e, então, disse-lhe, com voz forte e determinada, sem pensar muito na consequência de minhas palavras:

— Atlas, meu irmão, e se nós eliminarmos um poderoso sacerdote do Vril da raça branca? Isso seria suficiente para você deixar em paz esses povos indefesos?

Ele parou, pensou por alguns instantes, um tanto surpreso, e perguntou:

— O que você quer dizer com isso?

Sem titubear, respondi:

— Dentro de duas semanas eliminarei um sacerdote da raça branca. E não me refiro aos de segunda linha, mas sim um dos principais, aqueles que realmente pesam na balança do Vril. Você aceita este acordo: um poderoso sacerdote do quinto elemento em troca da paz e da liberdade dos povos do mundo primevo?

Atlas sorriu e falou, de forma irônica:

— Andrey, Andrey, o que você está planejando nessa cabeça cheia de minhocas?

Depois, ele gargalhou e disse-nos:

— De acordo. Mate um sacerdote de primeira linha dos

brancos em duas semanas, e eu retirarei minhas tropas do mundo primevo. Só sairei daqui quando cumprir sua promessa. Eu confio em você, mas quero ver se tem coragem de roubar um sacerdote debaixo das barbas de Gadeir.

Eu fiz um sinal afirmativo com a cabeça, e ele retribuiu. Aquele gesto era um pacto de honra. Eu sabia que poderia confiar na promessa que ali firmáramos.

Em seguida, ele retornou para o acampamento provisório que havia montado nas praias do mar Egeu, gritando comandos militares aos seus homens, para evacuar o campo de batalha.

Ártemis virou-se para mim e falou, agoniada:

— Meu filho, o que você pretende fazer?

Eu passei a mão delicadamente em seu rosto gracioso e disse-lhe:

— Minha mãe, nem queira saber. Esse é um mundo ao qual você não pertence. Deixe que nós, que vivemos em sombras, resolvamos esse problema.

As gêmeas fizeram um sinal de que concordavam com minhas palavras e a abraçaram. Ela ia tecer algum comentário, mas preferiu calar-se. Apenas colocou a mão sobre seus delicados lábios, em sinal de aflição.

Poucos instantes depois, os habitantes do mundo primevo se aproximaram lentamente e começaram a fazer reverências a ela, em gratidão por sua intervenção em favor daquele povo simples. Com o passar das décadas e dos séculos, essa história seria contada como a grande luta que o povo grego travou contra os gigantes atlantes.

Obviamente, eles afirmariam que lutaram de igual para igual, até que o grande Atlas apareceu e rompeu com o equilíbrio da batalha. A deusa Ártemis, então, convocou sua legião de seres infernais, todos vestidos de negro, para ajudá-la a pôr fim na batalha em favor deles.

Assim nascem as lendas e os mitos. Essa era a história, naquela época. Com o passar dos séculos, foi lentamente sendo distorcida, até a forma como a conhecemos hoje. E, como Ártemis realmente tinha um porte superior e um brilho especial, dignos dos maiores deuses do Olimpo, não foi difícil essa lenda ganhar força até os dias atuais.

Assim, Ártemis passou a ser cultuada como uma das doze divindades do Olimpo e a mais popular entre elas. Inicialmente, foi ligada à floresta e à caça, depois, associaram-na também à luz da Lua e à magia. Filha de Zeus e irmã gêmea de Apolo, ficou conhecida pelos romanos como Diana. Claro que essas informações são lendas, assim como todas as divindades criadas a partir de personalidades incomuns.

Em seguida, conversamos mais um pouco entre nós. A saudade era muito grande, e desejávamos usufruir um pouco mais da companhia de nossa querida mãe.

Eu percebi que Arnach e Ryu não estavam entediados, apesar de estarem no mundo primevo da Terra. Estavam se divertindo muito com aquela gente pequenina; tanto que passou a realizar danças tribais para comemorar a vitória.

Os chefes dos povoados da região nos convidaram para participar da festa comemorativa. Tentamos declinar, mas não foi possível. Tivemos que ficar pelo menos mais um pouco, até que um jovem guerreiro, que parecia ser até mais velho que eu na aparência, aproximou-se, carregando em seu colo uma criança, e perguntou-me, ajoelhando-se à minha frente:

— Desculpe minha impertinência, mas você é Andrey?

Eu fiquei em silêncio por alguns instantes, tentando reconhecer aquele rosto que não me era estranho. Percebi que Ártemis sabia de quem se tratava. O rapaz, então, completou, com os olhos marejados:

— Eu me chamo Agamedes. Eu nasci gravemente enfermo, sem expectativa de viver até a adolescência, mas fui curado por você e por sua esposa, quando eu era apenas uma criança. Vocês mudaram minha vida, pois me deram a oportunidade de eu ser feliz, casar e ter filhos sadios para fortalecer nosso povo.

Aquela afirmação causou-me um choque. Sim, eu me lembrava dele. Em uma de nossas muitas viagens, quando vivemos no mundo primevo, eu e Evelyn fôramos àquela região e curamos muitas crianças. Evelyn tinha nascido para isto: curar e amar seus semelhantes. Eu apenas tentava viver como ela.

Naquele momento, pensei sobre o quanto eu tinha ficado conhecido naquele período por causa dessas curas com o Vril e o quanto isso tinha despertado a cobiça de Atlas e Gadeir sobre

Atlântida – No reino das trevas

183

meu impressionante poder com a grande energia. Evelyn morrera exatamente por esse motivo.

Uma onda de mal-estar invadiu meu peito, e desejei amaldiçoar aquele rapaz e todos os outros que havia curado no passado. Senti vontade de matá-lo, bem como também a seu filho, para aplacar meu ódio. Porém, contive-me, em decorrência da expressão de eterna gratidão em seu rosto e também pela presença de Ártemis ao meu lado. Minha vida já era suja demais para demonstrá-la na frente de minha querida mãe.

Por isso, apenas respondi, com voz reticente:

— Não, não sou Andrey, mas o conheci; tanto ele quanto sua esposa. Eram criaturas especiais; principalmente ela. Eu também os admirava muito.

Agamedes não se convenceu com minha resposta, achando que eu estava negando apenas por modéstia, e colocou seu filho em meus braços, dizendo:

— Por favor, segure-o um pouco, ser divino. Quero que meu filho seja abençoado como eu fui.

Aquela atitude me enervou ainda mais, entretanto, o olhar mágico da criança me desarmou. Era um menino doce, sereno e tranquilo. Seus cabelos, com longos cachos dourados, e seus grandes olhos claros me hipnotizaram por alguns instantes. O sorriso infantil, ingênuo e sem maldade trouxe-me um pouco de paz interior.

Eu imaginava que aquela criança ainda nem falava, mas eis que, de repente, perguntou-me, com voz infantil:

— Por que você usa essa capa negra?

Completamente desarmado diante daquela situação insólita, eu apenas respondi, com amargura na voz:

— Porque esta é a cor de minha alma.

Capítulo 11

Reunião das trevas

Era em torno de quatro horas da madrugada. Despertei serenamente, com a suave e aconchegante respiração de Sol em meu rosto. Ela estava dormindo de lado, abraçada ao meu ombro e com o rosto aninhado entre meus cabelos.

Eu me virei devagar para o lado direito da cama e encontrei Lua escrevendo sobre os joelhos, como sempre. Ela sorriu; então, perguntei:

— Mais um belo poema de amor de minha bela feiticeira?

Ela concordou com uma expressão feliz e me espiou com o canto do olho, de forma travessa, esperando que eu pedisse para ela recitá-lo. Foi o que fiz, mas ela negou, sussurrando, de forma carinhosa, para não acordar a irmã:

— Ainda não está pronto, amor. É o poema de nossas vidas. Assim que concluir, lerei para você e para Sol.

Eu concordei com um gesto sincero e não insisti. Eu sabia como ela levava a sério a arte de expressar seus sentimentos por palavras. Segurei, então, sua mão e fiquei beijando delicadamente suas unhas pintadas de vermelho.

Ela sorriu e falou, com uma expressão radiante:

— Assim não consigo me concentrar no texto.

— Converse comigo, pois estou sem sono — protestei.

Ela, então, colocou o texto sobre a mesa e deitou em meu peito, dizendo:

— Está bem, fale, querido!

Eu pensei por alguns instantes e disse-lhe, com um tom preocupado:

— Estou sem sono por causa da reunião que Gadeir marcou para amanhã. Ele quer que ocorra em seus aposentos, e isso não é comum. Ele sempre realiza as reuniões no salão da mesa oval, no prédio do Governo. Eu suspeito de qual seja o motivo disso.

Lua ajeitou os longos cabelos negros e ficou me olhando, à espera de uma resposta. Sem demora, prossegui:

— Alguns anos depois de que me tornei mago das sombras, Gadeir pediu-me para que eu construísse um espelho de cristal para realizar contatos com o mundo espiritual.

A atenta morena fez um gesto afirmativo e disse-me:

— Sei. Quando éramos crianças, você fez um no mundo primevo para acompanharmos os acontecimentos de lá. Lembra?

Eu sacudi a cabeça de forma afirmativa e prossegui:

— Sim, mas aquele era rústico. Para Gadeir fiz um tão elaborado como o que existia na Grande Pirâmide. Na época, até perguntei se ele não preferia que reformássemos aquele, mas ele insistiu para que fosse construído nos subterrâneos de seus aposentos, que ficam nos dois primeiros andares deste prédio.

Eu meditei um pouco e prossegui:

— Pois bem, creio que nosso líder está sintonizado com alguma entidade sombria do astral inferior da Terra. Certamente que sim, pois ele não usaria o espelho e nem conseguiria conectar-se com espíritos de luz por intermédio dele. Basta ver o estado em que ele se encontra para perceber que está sendo vampirizado por forças ocultas, às quais está vendendo sua alma.

Lua se sentou na cama, entrelaçando suas pernas nas minhas, e ficou me ouvindo com total atenção, com os olhos arregalados, enquanto eu prosseguia:

— E o pior é que acredito que ele esteja chamando todos os sacerdotes para fazerem o mesmo pacto com as trevas; no mínimo, é alguma exigência desse ser sombrio.

Lua abraçou as próprias pernas e apoiou o rosto nos joelhos, enquanto perguntava-me, assustada:

— E o que faremos para evitar isso, meu amor?

Eu pensei por alguns instantes e respondi:

— Ainda não sei, mas certamente não faremos esse pacto sinistro. Isso significaria nos submetermos a eles quando partirmos deste mundo para a pátria espiritual. Não sairei da glória que vivemos em Atlântida para tornar-me um escravo de seres primitivos. Viemos de um mundo superior, na estrela de Capela, jamais me submeterei a um espírito inferior a mim.

Ela concordou com um gesto sereno e ficou pensativa. Depois me perguntou:

— E quanto ao sacerdote do Vril que mataremos para Atlas? Você já pensou em alguém? Galeato? Pantauér? Quem?

Eu me sentei na cama também preocupado com aquele outro problema e respondi, depois de um longo suspiro:

— Ainda não. E você está louca em pensar que eu escolheria justamente seus maiores conselheiros. Isso seria o mesmo que assinar nossa sentença de morte.

Lua deu de ombros e falou:

— Também não adianta escolher aqueles que são inexpressivos. Atlas não aceitará um sacerdote de segunda linha.

Eu a beijei e disse-lhe:

— Eu sei, meu amor, eu sei. Não se preocupe, logo nós encontraremos uma solução.

Eu, então, puxei-a para meu peito e beijei seus sensuais lábios carnudos, fazendo-a estremecer da cabeça aos pés. Os doces gemidos da irmã despertaram Sol, que disse:

— Hum, vocês iam me deixar de fora, dormindo, hein?

Lua sorriu e falou-me:

— Veja só, Andrey, para isso ela desperta rapidinho, mesmo durante a madrugada, mas, para debater conosco sobre os problemas que temos de resolver, ela nem se preocupa, faz-se de sonâmbula.

Sol beliscou a irmã e disse:

— Confio em meus amores. Sei que vocês tomarão as melhores decisões.

Em seguida, ela ajeitou os cabelos para trás da nuca e beijou meu pescoço, levando-me ao êxtase. E, mais uma vez, naquela noite, o Céu se fez na Terra para minha alma torturada, com o amor intenso e verdadeiro que somente as gêmeas poderiam me oferecer.

Atlântida – No reino das trevas

Apesar das trevas em que vivia, eu não estava só. Tinha ao meu lado duas mulheres inesquecíveis que me apoiariam incondicionalmente; tudo em nome do amor, que nos manteria unidos, no futuro, por milênios.

Um dia o homem comum compreenderá que traz em si uma bagagem milenar, ainda inacessível à sua consciência pouco ampla. Perceberá que sua personalidade não foi forjada apenas a partir de suas experiências da infância ou da vida intrauterina, como relatam os estudiosos da psicologia humana. Somos seres eternos, de idade milenar, com milhares de experiências existenciais que refletem diretamente em nossa atual personalidade. Conheça-te, caro leitor, e muitos de teus problemas serão solucionados.

No dia seguinte, vestimos nossos trajes sagrados e caminhamos para os aposentos de Gadeir, no horário estipulado. Arnach e Ryu já estavam lá, ansiosos. Eu me surpreendi e perguntei:

— Que milagre é esse? Vocês aqui, de pé, tão cedo?

Arnach respondeu, esfregando as mãos, demonstrando muita ansiedade:

— Reunião nos aposentos de Gadeir, isso eu não poderia perder nem mesmo poderia me atrasar. Ontem até dormimos cedo para estarmos bem dispostos.

Eu abracei os dois e disse-lhes:

— Sim, também estou muito curioso sobre isso.

Pouco depois, o corpulento e sinistro Pantauér surgiu do nada, repentinamente, e nos convidou a descermos as escadarias que levavam ao subsolo. Apesar de termos falado pouco sobre ele, era tão maquiavélico quanto Galeato. Os dois foram os principais orquestradores das loucuras de Gadeir durante o projeto nazista na Segunda Guerra Mundial, entre outros ataques sinistros à obra do bem na Terra, durante os últimos milênios.

Sei bem o que digo, porque acompanhei de perto esses acontecimentos. Crystal (Evelyn) realizara sua última encarnação na Terra naquele período, e eu me ofereci para acompanhar seus passos de perto, temendo pelas ações vingativas de Gadeir, Galeato e Pantauér, que maquinavam os horrores da Segunda Guerra Mundial.

Crystal nasceu novamente no mundo humano, pouco depois da Primeira Guerra, vindo a tornar-se uma enfermeira francesa que trabalhava diretamente dentro das frentes de batalha na Segunda Guerra.

Já prevíamos o que aconteceria em breve. Por isso, ela se submeteu a essa encarnação missionária, sem carma a resgatar. Os magos negros das trevas começaram a orquestrar uma tentativa de ressuscitar a força do Vril, logo após a Primeira Guerra Mundial, com a inspiração contínua aos seus iguais, os quais estudavam o poder do quinto elemento e fundaram a sinistra Sociedade Vril, bem conhecida entre os estudiosos do ocultismo nazista.

Além de se destacar como um impressionante exemplo de caridade nessa existência, Crystal atuou indiretamente para auxiliar a derrubar o regime nazista alemão, obtendo informações importantes e também trabalhando na decodificação de mensagens secretas do inimigo. Diversos códigos eram utilizados naquele período para criptografar as mensagens com estratégias de guerra. Ela era muito boa em decifrá-los.

Crystal também era excelente conselheira dos líderes dos exércitos aliados. Mesmo exercendo a discreta função de enfermeira, com seu carisma, seu elevado caráter e sua coragem, terminou ganhando respeitabilidade entre as frentes de combate ao inimigo sombrio.

Sua palavra gentil e carinhosa, porém impregnada de bom-senso e autoridade, era sempre ouvida com especial atenção, mesmo por soldados rudes, que a tinham na conta de uma santa encarnada em meio àquele ambiente de dor e sofrimento. Ela representava para eles algo como uma Joana d'Arc moderna, mesmo sem jamais ter pegado em armas.

A dedicada servidora da luz passou, naquela existência, por diversas situações dolorosas e traumáticas, em decorrência do cenário tétrico das guerras. Mas nada se comparou ao choque que teve ao ver os corpos das crianças mortas nos campos de concentração, por causa da loucura científica de outro mago das sombras: Josef Mengele, que realizava experiências as mais variadas com crianças, além de fornecê-las para sacrifícios humanos, realizados por Heinrich Himmler, em sua insana tentativa de dominar a energia Vril em sua forma inversa.

Atlântida – No reino das trevas

Graças ao bom Deus, conseguimos evitar a ressurreição do Vril naquela época, pois teria sido um grave desastre para a humanidade.

Crystal me dissera ser essa uma visão que ainda lhe causava muita tristeza, somente ao recordar-se dela, apesar de todo o sofrimento ter uma origem em ações passadas, como sentencia a lei divina de ação e reação. Entretanto, o amor cobre a multidão dos pecados. O homem poderia corrigir seus erros do passado por meio do amor e da sabedoria, mas, infelizmente, em geral, termina trilhando o caminho da dor e do sofrimento para despertar.

Naquele período, então, fiquei quase como se fosse um anjo da guarda no astral de minha antiga alma afim, em um passado distante. Eu passava meus dias nessa triste época da história de nossa humanidade acompanhando seus passos e os das sombras, intervindo ao seu favor, quando necessário, e alertando sempre nossos maiorais, quando ela estava sob o risco de alguma ameaça que eu não tinha capacidade para resolver sozinho.

À noite, enquanto ela dormia, muitas vezes, eu era o encarregado de desligá-la do corpo físico para passar-lhe instruções que ela recordaria intuitivamente no dia seguinte, assim como a equipe espiritual faz comigo hoje em dia.

Depois do fim da Segunda Guerra Mundial, a sociedade Vril desapareceu de forma tão misteriosa como surgiu. Nada mais era que um empreendimento materializado pelos magos negros na esfera física, com o objetivo de atingir seus interesses. Esse é um procedimento comum tanto nas trevas como na luz. Um exemplo disso é o surgimento da sociedade dos essênios, na época de Jesus. Esse grupo desapareceu misteriosamente, após realizar a tarefa de auxiliar o Mestre dos mestres na preparação para a execução de sua sagrada missão.

Mas voltemos à nossa narrativa sobre Atlântida. Os tristes fatos da Segunda Guerra Mundial são tema para outro livro.

Descemos lentamente os cinquenta degraus que nos levavam ao subsolo, tendo o cuidado para não pisarmos em nossas capas. Minha suspeita estava certa: caminhávamos em direção ao espelho de cristal.

Mesmo vivendo em uma sociedade tecnológica como Atlântida, Gadeir abrira mão da iluminação gerada pelo Vril, para utilizar tochas de fogo nos corredores e na ampla gruta onde, bem ao fundo, eu construíra o espelho de cristal. A energia do fogo tinha papel importante nos rituais de magia elaborados por ele.

Em frente ao portal interdimensional, Gadeir havia construído um altar que parecia ser utilizado para sacrifícios, talvez até humanos, haja vista que tinha manchas vermelhas na base. Eu estava tão preocupado em analisar a estrutura sinistra do templo que quase nem percebi uma figura esquálida, só de tanga, encolhida, ajoelhada entre o altar e o espelho. Incrível, era Gadeir!

Ryu também notou e, apoiando a mão em meu ombro, cochichou:

— O que é aquilo, Andrey? Será Gadeir?

O ser, então, levantou-se, e vimos seu corpo despido, cheio de preocupantes manchas escuras. A pele branca de todo o seu corpo estava coberta por varizes, principalmente a das costas e das pernas. A cabeça estava raspada ou talvez ele tivesse perdido seus longos cabelos. Nem sei dizer ao certo. Os olhos afundados nas órbitas e contornados por olheiras escuras, em torno da pele muito branca, davam a ele um aspecto doentio.

Arnach, a própria personificação da vaidade, horrorizou-se com aquela visão e disse, com cara de nojo:

— Credo, Gadeir está péssimo! Eis o verdadeiro quadro da dor.

Eu o cutuquei e disse:

— Fique quieto, Arnach. Hoje não é um bom dia para irritarmos essa criatura sombria.

Mal imaginava que era o que faríamos em breve. Sol, então, apontou para o altar, e observamos, espantados, sobre ele, dentro de um círculo mágico, os símbolos de todos os sacerdotes do Vril da raça branca. Cada um de nós tinha um emblema representativo, uma insígnia sacerdotal, intimamente ligada aos nossos nomes. Gadeir havia confeccionado pequenas estatuetas que nos representavam simbolicamente. Aquilo causou-nos especial preocupação.

Logo em seguida, iniciou-se um ritual com cânticos de invocação de natureza demoníaca. Senti imenso mal-estar. Nunca fui afeito a rituais, ainda mais de tal tipo. Vivi nas trevas, sim, mas jamais fiz parte desse lado medíocre, típico de almas inferiores.

Atlântida – No reino das trevas

As gêmeas também demonstraram desconforto. Eram como dois beija-flores que haviam descido ao pântano de Gadeir. Eu segurei suas macias mãos e pedi para que aguentassem firme. Eu fiquei brincando com seus dedinhos, porque sabia que isso as acalmava em momentos de tensão. Logo elas sorriram, demonstrando estarem mais aliviadas.

Nosso líder passou a irradiar um ódio extremo, algo assustador. Seus olhos ficaram vermelhos, e eu podia ver as formas mentais sobre sua cabeça. Ele se via como um demônio com chifres, apunhalando Atlas com um golpe mortal na região do estômago.

O ódio no coração de Gadeir era tanto que nos impressionou. Caso não tivesse ampla consciência, corria o risco de virar um ovoide no plano astral. Todo o poder está na mente, absolutamente nela; tanto o bem dirigido como o mal possuem forças inimagináveis.

Os espíritos primários, que se aprisionam em sentimentos negativos por longo tempo, perdem o contato com a realidade ao seu redor, levando-os ao ponto de deformarem sua forma perispiritual, tornando-se bolas negras de formato indefinido. Ficam nesse estado, aprisionados ao ódio que sentem, por longo tempo, até que são libertados desse autoflagelo por trabalhadores do bem, os quais realizam procedimentos para desligá-los dessa enigmática auto-hipnose.

Se Gadeir fosse um espírito comum e se ficasse naquele estado por demasiado tempo, sem dúvida poderia assumir a forma perispiritual ovoide. Mas ele sabia das coisas; era mais razão que emoção. Asim, jamais se escravizaria ao ódio ao ponto de bloquear os demais sentidos. Ainda mais que sua obsessão maior era o poder, e não o ódio gratuito a Atlas. Ele desejava apenas remover aquele empecilho que o impedia de concretizar seu maior desejo: o poder supremo.

Depois de uns vinte minutos naquela cantilena cansativa, o espelho de cristal começou a ficar opaco. Eu conhecia aquele processo. Em breve, abrir-se-ia um portal de comunicação entre os dois mundos. E foi o que aconteceu.

Não muito tempo depois, surgiu na tela um grande rosto, com face animalizada, sem pelos; nada de cabelos ou sobrancelhas. Os olhos eram vermelhos e demonstravam superioridade;

os dentes estavam escuros e tinham manchas vermelhas, dando a impressão de que o ser havia se alimentado de carnes cruas.

Gadeir ajoelhou-se, e eu sussurrei para os amigos:

— Mas o que é isso, meu Deus? O grande Gadeir se ajoelhando para uma criatura abominável do mundo oculto!

Não tínhamos ideia de quem era aquela entidade, porém mil perguntas surgiram em nossas mentes. Quem era aquele ser? Que poderes ele teria? Qual sua origem? Por que alguém tão poderoso como Gadeir submeter-se-ia a ele? Certamente, ele não deveria ser pouca coisa no astral inferior da Terra, porém meu ego e minha arrogância não permitiriam, de forma nenhuma, que eu me sujeitasse a ele. Normalmente, Gadeir também não agiria assim. Isso só poderia ser reflexo de seu desejo desesperado de ganhar a guerra.

Boquiabertos, acompanhamos as cenas impressionantes que se seguiram. O ser cavernoso, que era uma entidade da classe dos dragões do submundo astral da Terra, cobrou de Gadeir se ele havia convocado todos os sacerdotes do Vril de nossa raça.

Nosso líder confirmou com um gesto submisso, mexendo a cabeça, enquanto o ser demoníaco mirava-nos profundamente, um a um, de dentro do espelho de cristal.

Depois de nos avaliar, ele falou com autoridade:

— Ajoelhem-se, perante seu senhor, pois chegou a hora de fazerem o juramento sagrado que ligará suas almas à minha. Somente dessa forma vencerão o inimigo e reinarão por um longo tempo sobre a terra de Possêidon.

"Ajoelhar-me?", pensei. Eu era um ser livre, amava ser senhor de meu destino e agora estava ali, naquela situação inusitada, tendo que me submeter àquele ser desprezível.

As gêmeas e os amigos inseparáveis ficaram me observando, com o objetivo de tomarmos uma decisão em conjunto, como tínhamos combinado desde nossos primeiros passos no caminho sombrio. Enquanto isso, os demais sacerdotes foram se ajoelhando, lentamente, alguns em dúvida, outros demonstrando absoluta submissão a Gadeir, ao ponto de bater no peito ou fazer gesto semelhante àquele que, no futuro, ficaria conhecido como a saudação nazista.

Minha mente, então, viajou até a infância, em um verda-

Atlântida – No reino das trevas

193

deiro e inesquecível *flashback*. Vi-me no templo da colina do Sol, com cinco anos de idade, ao lado de meu pai, Atônis. Era uma manhã radiosa, e os agradáveis raios solares banhavam a natureza com as imponderáveis energias da luz.

Evelyn estava ao meu lado, como sempre esteve durante toda a sua vida. Meu pai falava-nos com empolgação sobre a natureza do Espírito Criador:

— Meus filhos, Deus é vida, por isso o representamos como a ação benéfica dos raios solares. Ele está em toda a parte, velando para que as sementes germinem, para que as flores floresçam, os animais se multipliquem e o homem cresça e se ilumine; em resumo, para que a vida se faça. Ele é o equilíbrio sagrado, o bem presente em todos os corações. Onde existir a manifestação do amor e do progresso, ali Ele estará especialmente presente, feliz por atuar nas almas que direcionarem suas forças para agirem em nome da Essência Divina. Essa é a manifestação divina pelo lado da luz. Deus está absolutamente em tudo, e é sábio aquele que o encontra pelo caminho do amor. Quem o descobrir pelo prisma da luz obterá a felicidade milênios antes daquele que optou seguir pelo caminho sombrio.

Atônis falava de forma tão inspirada sobre esse Ser maravilhoso que ainda desconhecíamos em nossa tenra infância que instintivamente nos ajoelhamos para reverenciá-lo. Meu pai nem notou, pois estava envolvido em seu êxtase, com os olhos voltados para o Astro-Rei. No entanto, assim que nos percebeu de joelhos, correu até nós e levantou-nos, dizendo, com um sorriso em seus lábios, que parecia mais belo que a luz do Sol que ele tanto amava:

— Meus filhos amados, não se ajoelhem. O Espírito Criador não quer nossa submissão. Não somos seus servos, e sim seus amados filhos, sua mais bela criação. Ele, em toda a sua sabedoria, deseja apenas que nos tornemos pessoas melhores a cada dia. Apenas isso. Jamais devemos ser servis. O Criador dos mundos espera pacientemente que despertemos nossas almas para o progresso interno, o autoconhecimento, a busca da finalidade da vida, dentro de nossas mentes e de nossos corações. Ele deseja que sejamos perfeitos, como Ele o é. Como todo o pai, Ele apenas quer que seus filhos evoluam até se tornarem sua imagem e semelhança. Somos seus filhos, e não seus servos. Deus é amor, e não um déspota que escraviza sua Criação e a submete a um servilismo injustificável. Isso é uma visão equivocada de povos que foram escravos e, quando libertos, sentem a necessidade de submeter-se a algo maior para encontrarem sentido em suas vidas.

Atônis, então, colocou as mãos nos lábios, procurando a melhor explicação, e prosseguiu:

— Por isso, não orem de joelhos. Façam suas preces de pé, com dignidade. Jamais peçam nada de forma passiva. Ele conhece nossos problemas e nossas dúvidas; não precisamos contar-Lhe. Apenas agradeçam por tudo de bom que receberem e confidenciem a Ele seus planos mais sagrados, para se tornarem pessoas melhores. Deus gosta de ouvir nossos planos, nossos sonhos e as metas que traçamos para nossas vidas. Elevem seus corações ao Espírito Criador e confidenciem-Lhe o que desejam para suas vidas. Depois mobilizem energias para chegar a esse objetivo. Fé e ação devem andar juntas.

Evelyn e eu ficamos com os olhos úmidos de emoção ao conhecermos aquele Pai Criador tão amoroso e amigo de seus filhos. Estávamos inebriados de alegria. Sentíamo-nos abençoados por termos um pai assim tão maravilhoso, que nos permitia a dádiva de amá-lo, em vez de termos de temê-lo. O Ser mais poderoso do Universo era simples e generoso. Isso era algo lindo para crianças que naturalmente temem o desconhecido.

Milênios se passaram, desde esse dia memorável; contudo, essa ideia de não ser necessário nos ajoelharmos na Presença Divina ficou gravada em minha mente até os dias de hoje. Em todas as minhas vidas futuras, jamais aceitei a imposição de ter de me pôr de joelhos em missas ou rituais dessa natureza, de qualquer religião.

Meu Pai não espera isso de mim, mas sim que eu me torne uma pessoa melhor a cada dia. O pagamento de promessa mais agradável aos seus olhos é vencermos nossas imperfeições, e não subirmos escadarias de joelhos ou gestos dessa natureza.

Depois Atônis nos convidou para passearmos pelo parque do templo, ornado com diversas fontes e privilegiado com natureza exuberante. Ele nos fez perceber a beleza da vida e que tudo tinha a presença daquele generoso Pai. O barulho harmonioso das fontes, os pássaros cantando, a brisa suave balançando as folhas das árvores serenamente, todas essas lembranças do colorido harmonioso da natureza e do Sol acolhedor da manhã me levaram a um estado de espírito especial.

As gêmeas e os dois amigos perceberam que eu estava em um transe voltado para esferas inacessíveis àquele ambiente pestilento que Gadeir havia construído. Elas seguraram firme minhas mãos, e Arnach e Ryu colocaram as suas sobre meus ombros, dando-me um apoio especial, mesmo sem saber direito por onde minha mente andava. Mas este era nosso pacto: unidos para sempre, não importando em qual estrada.

O ser demoníaco dentro do espelho observou a ampla assembleia de sacerdotes ajoelhados e, repentinamente, parou para olhar em nossa direção; os únicos que ainda se mantinham em pé, desafiando suas determinações – e o pior, aos seus olhos! Estávamos envoltos em uma luz celestial. Mais uma vez, luz e treva se faziam presentes em nossas vidas.

Ao ver-nos, ele gritou, com agressividade:

— Ei, vocês, ajoelhem-se agora, inúteis, imbecis. Será que não fui claro? Se vocês desejam vencer a guerra e reinar sobre Atlântida e o mundo, devem servir-me. Suas almas devem ser minhas!

Ele, então, olhou profundamente em meus olhos, percebendo que era eu quem mantinha todo o nosso grupo de pé, e voltou a gritar, diretamente para mim:

— Ajoelhe-se, bastardo!

Aquilo me irritou profundamente, retirando-me de meu transe de luz e exacerbando ainda mais meu ego. Eu, bastardo? Mas o que é isso? Tive o melhor pai do mundo, não fui desprezado por ele. Eu que havia me distanciado do carinho paterno; tanto meu pai físico como o Grande Pai, o Espírito Criador, jamais me desampararam.

Atônis havia me ensinado o valor da liberdade e que o Espírito Criador desejava que seus filhos fossem livres e felizes. Agora, aquele espírito grotesco vinha me dizer para servi-lo. Com quem ele pensava que estava falando? Extremamente irritado, mesclando luz e treva, gritei no mesmo tom dele:

— Cale a boca, verme imundo! Quem você pensa que é?

Somos seres superiores a qualquer entidade desse planeta medíocre. Somos capelinos. Enquanto vocês lutam com tacapes em suas cavernas, nós já dominamos avançada tecnologia e temos vida refinada. Por que você acredita que vou me submeter? Quero que você me dê apenas um motivo para eu me submeter ao seu comando.

Ele riu, mais para se recuperar da surpresa de uma reação tão inesperada do que para demonstrar superioridade, e respondeu, mais para Gadeir do que para mim:

— Pensei que a raça branca desejasse reinar sobre Atlântida.

Não dei tempo para ele continuar e retruquei:

— Você pensa que somos estúpidos? Eu estive no Plano do Espírito em minha juventude, pelo lado da luz, antes de descer às sombras, e sei muito bem que não haverá reinado absoluto. Atlântida deixará de existir antes que isso aconteça. Ou você está mentindo ou não passa de um farsante que desconhece os elementares desígnios do Espírito Criador. Ninguém reinará absoluto sobre a Grande Ilha. Em breve, veremos seu fim apocalíptico.

Gadeir ficou sem palavras, chocado com aquela situação ridícula, em que ele se colocava de joelhos diante de uma entidade desconhecida, enquanto eu a enfrentava. Ele se sentiu pequeno, humilhado e ficou sem palavras.

Eu aproveitei o momento para chamá-lo à razão.

— Gadeir, recupere o bom-senso, homem! Você é mais poderoso que ele. Não se submeta a algo que desconhece. Quando chegarmos lá no outro mundo, nós acertaremos as contas com ele. Não vou sair dessa vida para ser subjugado por uma criatura inferior a mim. Se eu não me ajoelho aos pés do Espírito Criador, jamais farei isso a quem quer que seja.

Nós, os dois triângulos, estávamos muito unidos. As gêmeas e os dois amigos mantinham perfeita sustentação para não sucumbirmos às vibrações densas do local. Em seguida, eu olhei para todos os sacerdotes do Vril e disse-lhes:

— Vocês me envergonham. Devíamos estar lá fora, no campo de batalhas, lutando contra os vermelhos com dignidade, e não aqui dentro vendendo a alma para esse ser medíocre.

Todos se sentiram envergonhados, e eu completei:

Atlântida – No reino das trevas

— Onde está a dignidade dos sacerdotes da raça branca? Eu pensei que lutava ao lado de grandes guerreiros, homens livres, mas me enganei. Vocês não passam de míseros escravos que não têm alma.

O ser funesto ficou ainda mais irado e bradou:

— Vou destruí-lo, verme maldito! Ouça o que estou lhe dizendo.

Eu sorri, quase gargalhei, e, virando para sair com os amigos, completei com uma voz cavernosa:

— Prepare-se, cão imundo. Quando todos nós estivermos reunidos no mundo do Espírito, vou caçá-lo, depois colocarei uma coleira em seu pescoço e amarrá-lo-ei ao pé do meu trono.

Enquanto isso, Arnach olhou para as gêmeas e disse-lhes, com discrição:

— Retirem nossos nomes do círculo mágico.

Sol ergueu as mãos, levitou nossos símbolos com o Vril e os desfez no ar, desligando-nos daquele ritual macabro.

Caro leitor, jamais consinta que coloquem seu nome ou símbolo sagrado dentro de um círculo de magia ritualística. O círculo é uma forma geométrica sem saídas, sem ângulos de referência e sem pontos de tensão. Por ser sem saída, aprisiona a alma; sem ângulos de referência, deixa a vítima perdida, sem rumo; e, por não ter pontos de tensão, estabelece uma relação de passividade e servilismo naqueles que são encarcerados dentro desse misterioso símbolo.

Gadeir quase enfartou com isso. Em estado de choque, ele ergueu a cabeça e só conseguiu ver nossas capas tremulando, enquanto saíamos com passos firmes daquele local desprezível. E ele ficou lá, seminu, como um cordeiro sendo oferecido em sacrifício em seu repulsivo altar.

Quando atingimos a saída de seus aposentos, ouvimos seu grito enlouquecido de raiva. Ryu meneou a cabeça, um tanto preocupado, e desabafou:

— Acho que assinamos nossa sentença de morte.

Arnach não pareceu abalado e apenas replicou, contendo as gargalhadas:

— Isso aconteceria mais cedo ou mais tarde. Creio até que já estava demorando demais.

Logo atrás, as gêmeas e eu caminhávamos de mãos dadas. Elas nada disseram, mas pensavam o mesmo que eu. Além disso tudo, ainda tínhamos que matar um importante sacerdote da raça branca. Dentro em breve, a situação ficaria insustentável. Mas não me afligi, pois eu sentia que Gaia, nosso planeta, em breve reagiria contra as constantes agressões que estava sofrendo nas terras atlânticas, pondo fim a mais um capítulo da história de nosso mundo.

Capítulo 12

Cumprindo promessas

Apesar do constrangimento geral, todos os sacerdotes fizeram o pacto de sangue com o dragão das trevas. De forma ingênua, venderam seu bem mais precioso: a liberdade de suas almas. E pagariam alto preço, quando todos descessem para as zonas infernais do mundo astral. Pelo menos, nós cinco estávamos fora desse terrível contrato com as sombras primitivas da Terra.

E, como havíamos previsto, isso custou o agravamento de nossa já deteriorada relação com os demais magos atlantes da raça branca. Se já nos tratavam com desconfiança, agora éramos vistos como traidores e infiéis à causa da Atlântida Ocidental.

Tentamos convencer alguns sacerdotes menos engajados nas ideias de Gadeir a ficarem do nosso lado, mas eles resolveram apostar em nosso líder, temendo represálias. Eles apenas seguiram o bom senso. Seria uma temeridade apostar em um pequeno grupo de rebeldes. Logo, apenas se mantiveram neutros.

À noite, fiquei sentado à beira da piscina de nosso apartamento, tomando guaianás, perdido em meus pensamentos, enquanto as gêmeas nadavam nuas para relaxar, tendo em vista o terrível estresse que tínhamos vivido naquele dia.

Passado algum tempo, elas me chamaram para dentro da água perfeitamente aquecida, e relaxei em seus braços. Por milênios, viveríamos daquele modo, apreciando o contato íntimo dentro da água, entrelaçando corpos e almas.

Elas mordiscavam minhas orelhas, dirigiam-me olhares ardentes e sussurravam em meus ouvidos, em tom sedutor:

— Queremos volúpia.

Por isso, Arnach levou-me para uma piscina com mulheres no livro *Sob o Signo de Aquário – Narrações sobre Viagens Astrais,* e Galeato fez o mesmo, na narrativa *Universalismo Crístico – O Futuro das Religiões.* Eles tentavam explorar minhas recordações inconscientes, acionando gatilhos em meu psiquismo para atender seus propósitos.

Durante milênios, as gêmeas e eu, juntos a Arnach e Ryu, construiríamos um império nas trevas, onde literalmente viveríamos em luxo e opulência, indiferentes à massa de espíritos que teríamos de escravizar para alimentar esse sistema.

Jamais tivemos o objetivo de propagar a ação das trevas pelo mundo, mas mantínhamos nossos domínios consolidados e, ao mesmo tempo, servíamos de justiceiros em nome do Criador, impondo terríveis resgates cármicos no astral àqueles que maculavam o princípio da harmonia universal: ama ao teu próximo como a ti mesmo e não faça a ele o que não gostaria que te fizessem.

Estando certos ou errados, acreditávamos agir em nome do Espírito Criador.

O terrível trauma da falência da sociedade atlante alimentou em nossos corações um desejo de punição aos comportamentos desprezíveis dos falidos. Utilizávamos essas criaturas como escravas, tanto para atender nossos interesses pessoais como para manter a esfera energética necessária ao nosso poder nas trevas.

Iniciamos punindo e escravizando os atlantes-capelinos, mas logo estendemos nossos domínios por todo o globo, dividindo-o com os demais magos negros. Não perdoávamos fraquezas morais; puníamo-las com rigor extremo.

Enquanto as gêmeas e eu relaxávamos na segurança de nosso lar, Arnach e Ryu resolveram esquecer aquela terrível experiência nas alegres festas da alta sociedade atlante. Combinamos de mantermo-nos em sintonia para caso ocorresse alguma represália de Gadeir. Não sabíamos qual seria sua reação, depois daquele atrito em sua cripta fúnebre.

Atlântida – No reino das trevas

Todavia, nossa preocupação não se confirmou. Gadeir obteve o apoio total dos sacerdotes da raça branca. Ele, então, comemorou a adesão e deixou para se preocupar conosco no momento oportuno.

O mesmo não aconteceu com o dragão das trevas, que não se conformou. Durante a madrugada, quando saí do corpo em espírito, ele tentou atacar-me e romper meu cordão prateado – elo que liga o espírito ao corpo, enquanto estamos encarnados no plano físico.

Sol estava comigo e percebeu a emboscada. Rapidamente, ela utilizou sua visceral relação com a irmã e intuiu Lua a nos despertar.

A morena pulou sobre nossos corpos e acordou-nos, chacoalhando-nos intensamente. Regressamos à matéria sobressaltados, como se estivéssemos sendo vítimas de um terrível pesadelo. Explicamos o fato à Lua e decidimos utilizar o recurso da luz contra a ação das trevas.

Sol nos olhou com seriedade e falou, com sua voz doce:

— Não somos da luz, mas também não somos das trevas. Podemos orar às esferas superiores para que neutralizem a ação desse espírito mau. Os anjos do Espírito Criador não deixarão de nos atender, se perceberem nossas boas intenções nesse complicado jogo de interesses.

Eu não tinha muita fé nessa interferência positiva da luz, mas resolvi acreditar na argumentação de Sol. Afinal, mal não faria. Os trabalhadores do bem estão acima dos julgamentos humanos. Se a lei de causa e efeito que rege o Universo permitisse a intervenção deles, certamente atuariam com dedicado desvelo.

E foi o que aconteceu. Nós nos sentamos em posição de lótus na cama, e as doces meninas, que se sintonizavam muito bem com a luz, apesar de tudo, elevaram seus corações ao Todo-Poderoso.

Com suas vozes angelicais, de olhos fechados, em profunda interiorização da alma, oraram, intercalando-se na prece:

> Querido Pai Criador, fonte da vida, permita que os bons espíritos intervenham ao nosso favor, para evitar o ataque das sombras. Sabemos que estamos em contradição com a

tua Lei Maior, mas ampara-nos neste momento extremo. Às vezes, a vida nos impele a seguir por caminhos que não compreendemos. Por algum motivo, que desconhecemos, fomos levados a negar tudo aquilo em que acreditávamos. Por dor ou por amor, aqui estamos, seguindo o rumo que se apresentou aos nossos destinos. O bom pai sabe como aproveitar melhor as habilidades de seus filhos. Usa-nos para atender aos teus desígnios na escuridão da noite que desceu sobre a Grande Ilha e ampara-nos para concluirmos com bom êxito o desfecho que planejastes para nossas vidas.

Andrey vê em seus sonhos que morreremos juntos, abraçados, ao pé de um grandioso trono, vendo a terra de Possêidon submergir nas águas do Oceano. Que se cumpra, então, essa Tua vontade, Pai magnânimo! Protegenos até o momento em que tivermos de descer às profundezas do mar para expiar nossas faltas e permite sermos úteis aos teus magnânimos planos. Que assim seja!

Depois da prece das meninas, percebi a presença de seres de luz, translúcidos, protegendo nossos aposentos, em absoluta atenção, como se fossem vigilantes dos Céus. Envolvido pela emoção da oração, do fundo da alma, acreditei que eles tinham sido enviados diretamente pelo Espírito Criador.

As gêmeas também perceberam a mudança vibracional e sorriram, batendo palmas. Eu as beijei feliz por não estarmos sós. Aquela situação surpreendente me levou a pensar: "O que é o bem e o mal?".

Deus deve estar acima disso tudo, muito além de nossa compreensão, apenas analisando esses dois extremos da natureza humana, certo de que tudo faz parte do infinito processo evolutivo.

Na verdade, onde nos encontramos na "escada de Jacó" trata-se apenas de estágios dentro da infinita caminhada rumo à luz, e, assim como um irmão mais velho conduz o mais novo para o aprendizado, os espíritos de luz assim procediam com os intermediários, que deveriam fazer o mesmo aos enrijecidos no ódio, os quais se encontravam mais atrás na caminhada.

Talvez nós estivéssemos naquela condição intermediária; somente isso. E essa condição não nos fazia menos amados pelo

Atlântida – No reino das trevas

Pai, que compreende as limitações de seus filhos e sabe que, mais adiante, com o passar dos séculos, o demônio tornar-se-á anjo, em decorrência da inexorável lei do progresso espiritual a que todos somos submetidos.

Possivelmente, aos olhos dos habitantes da colônia de Kandur, estivéssemos no caminho do mal, mas, para Gadeir, o dragão das trevas e seus asseclas, éramos agentes da luz, impedindo seus planos.

O que é o certo e o errado? Seria o bem e o mal apenas os dois extremos da mesma coisa, assim como o calor e o frio são apenas os opostos de algo que denominamos como temperatura?

Só sei que me deitei na cama com o espírito leve, refletindo sobre esses pensamentos. Em silêncio, abracei Sol, e Lua fez o mesmo comigo. Dormimos os três assim, abraçados como anjos, embalados pela proteção celestial. Era raro pegarmos no sono os três ao mesmo tempo, mas, mesmo naquela noite perigosa, assim o fizemos, confiantes da proteção divina, e adentramos no plano do espírito.

Lá caminhamos, vestidos de branco, por um jardim florido, como se estivéssemos em câmera lenta, observando serenamente as vibrações superiores dos reinos de paz. Sorríamos felizes pela paz de espírito que sentíamos.

Alguns sábios anciãos palestraram sobre assuntos que jamais depois me lembrei, mas percebia que eles nos falavam de coisas da luz, de alma para alma, prescindindo da articulação das palavras.

Naqueles instantes, recordei-me dos belos retiros espirituais que realizava com meus pais, ao lado de Evelyn, aproveitando as energias da natureza para restabelecer o equilíbrio da alma.

Lua e Sol ouviam atentas as preleções, com as cabeças inclinadas sobre meus ombros, com um doce sorriso em seus rostos.

Recordo-me também das vibrações de paz e luz que recebíamos dos amigos espirituais e que irradiei para Ryu e Arnach, torcendo para que ambos estivessem bem no mundo físico e recebessem a proteção dos agentes da luz.

Tudo parecia um sonho. Contudo, quem despertou a consciência para uma visão mais ampla da vida sabe que os sonhos são registros das vivências do espírito imortal, quando liberto temporariamente da carne. Algumas vezes, eles são confusos apenas porque nosso cérebro físico não está preparado para registrar cenas e fatos sem paralelo no mundo dos homens.

No dia seguinte, acordamos muito bem dispostos. As gêmeas estavam com seus corações leves e cantavam alegremente. Minhas amadas mulheres estavam envolvidas em uma aura de luz e foram se dedicar a seus passatempos preferidos: a literatura e o teatro; cada qual ao seu.

Parecia que elas haviam esquecido todos os nossos problemas. A noite que vivemos naquela admirável frequência, graças ao poder da oração, fora um bálsamo para seus corações aflitos. Admirei-as com ternura e disse para mim mesmo:

— Devo deixá-las livres de nossos problemas, pelo menos por um dia.

Mas eu não podia esquecer-me dos próximos passos que deveria executar. Era necessário cumprir a promessa feita a Atlas. Ártemis devia estar ainda entre os pelasgos, aguardando a retirada do exército vermelho.

Eu precisava eliminar um sacerdote da raça branca o mais rápido possível, para diminuir o poder com o Vril nas mãos de Gadeir. Resolvi meditar sobre isso sozinho. Elas estavam muito felizes para eu lembrá-las de algo assim.

Retirei-me sozinho para o campo e passei a tarde pensando, em busca de respostas. Enquanto isso, Sol, minha bela artista, foi ensaiar seu papel teatral nos jardins internos do grande prédio em que vivíamos. Lua ficou em nossos aposentos, deitada no divã, apreciando sua beleza no espelho, à procura de inspiração.

Na busca da poesia perfeita, que estava compondo para nós fazia algum tempo, ela elevou ainda mais seus pensamentos e ouviu uma música sublime, que não era de nosso mundo. Ela percebeu, então, ao fundo, o som mágico de um violino, acompanhado por belas vozes, que pareciam louvar a beleza da vida. Lua, então, começou a sussurrar a melodia, encantada com as energias que fluíam por sua alma. Sentiu-se leve e assim levitou, em espírito.

Eis que, de repente, ela viu em sua frente uma fada iluminada, que flutuava assim como ela. Na hora, Lua não percebeu, mas o ser brilhante era Evelyn, que vinha da terra dos imortais para alertá-la, com as seguintes palavras:

Atlântida – No reino das trevas

— Minha doce menina que o destino quis que fosse brilhar em meio às trevas da Atlântida falida, venho a ti, neste teu breve momento de libertação do corpo, para alertá-la. Sua irmã não deve ficar sozinha neste instante. Corra em sua direção agora. Não temos tempo a perder.

Lua percebeu a gravidade do momento, enrugou a testa, demonstrando preocupação, retornou ao corpo e correu à procura da irmã, enquanto a manifestação espiritual diáfana de Evelyn desaparecia lentamente em meio ao nosso quarto.

Nesse mesmo instante, enquanto Sol estava completamente imersa em seus ensaios, Electra aproximou-se sorrateiramente e puxou-a pelos cabelos, com um afiado punhal nas mãos. Olhando firme em seus vivos olhos verdes, disse-lhe:

— Eu prometi matá-las e agora vou cumprir. Gadeir me autorizou a iniciar a limpa nesta facção de traidores. Você será a primeira. Depois, ocupar-me-ei daquela sua irmã arrogante.

Electra estava cada vez mais envelhecida e rancorosa, com a pele enrugada, olheiras profundas e os cabelos, antes tão vistosos, agora estavam ralos e sem vida. Sua voz tornara-se desagradável e repulsiva, lembrando a das bruxas medievais. Antes, ela atraía pela beleza física e afastava pela podridão em que vivia sua alma; agora, tudo nela era desprezível.

A beleza exterior aproxima, mas uma mulher sem riqueza interior jamais conseguirá manter-se atraente. Um dia a beleza acaba, e essa mulher nada mais terá a oferecer a quem ama.

Sábia é aquela que procura embelezar a alma, tornando-se linda também por dentro, espiritualizando-se e cultivando valores nobres, pois todas as flores um dia murcham, entretanto, a beleza da alma é eterna. Somente assim as mulheres conquistarão o amor eterno que tanto procuram em seus sonhos mais íntimos. A busca por um amor ideal exige que nos tornemos também pessoas especiais.

Electra, então, desceu o punhal no pescoço de Sol, mas foi interceptada pelo braço ágil de Lua, que arrancou a arma da bruxa e jogou esta contra a parede, libertando a irmã.

Ofegante, a morena disse:

— Tudo bem, maninha?

A sensível loira fez um gesto positivo, com a mão sobre

o peito, demonstrando estar assustada. Lua, em seguida, dirigiu-se à Electra com seus olhos já vermelhos – característica típica dos magos negros atlantes quando ficavam com raiva – e disse-lhe, com sua voz rouca, que se tornava severa nesses momentos de revolta:

— Bruxa velha, você acreditou que poderia nos pegar separadas? Somos uma só. Eu posso sentir a respiração de Sol a quilômetros de distância; quanto mais a aproximação de uma ave de rapina como você!

E, sem dar maiores explicações, Lua chamou o punhal até sua mão, com o Vril, e partiu para cima de Electra. A morena jogou os cabelos para o lado, para não a atrapalhar no golpe mortal, e ergueu a faca.

Naquele instante, a bruxa se assustou e finalmente expôs seus pensamentos mais íntimos. Lua, naquele átimo de segundo, mergulhou no fundo dos olhos apagados de Electra e viu a cena do assassinato de Evelyn. Tudo se desenrolou rapidamente, revelando os mentores do crime e o plano tramado por eles para me levar definitivamente para o caminho das sombras.

A elegante morena deu dois passos para trás, impressionada com o que vira, e apenas aprisionou Electra com a força do Vril. Sol percebeu a expressão de espanto da irmã e a apoiou na ação. Em seguida, elas conduziram a assassina para nossos aposentos e a conservaram cativa até minha chegada.

Após receber o comunicado delas, dirigi-me rapidamente para lá, preocupado com o que poderia estar acontecendo. Achei que se tratava de algo referente a alguma ameaça de Gadeir. No entanto, encontrei Electra flutuando na sala, dentro de uma bolha agregadora do Vril.

Sem entender o que estava acontecendo, perguntei às gêmeas:

— Mas o que é isso? Por que esse demônio está aqui?

Electra cerrou os dentes e cuspiu em minha direção, com os cabelos em desalinho e gritando como uma doida.

Eu fiquei observando aquela maldita mulher com desprezo. Ela era um poço infinito de ódio.

Lua se aproximou e disse-me:

— Meu amor, melhor que explicarmos é você mesmo ver.

Ela, então, colocou minhas mãos em suas têmporas, sinali-

Atlântida – No reino das trevas

zando que eu deveria entrar em sua mente para ler os acontecimentos. Eu beijei a fronte da doce morena, com imenso carinho, e penetrei em seu campo mental com facilidade, já que tínhamos profunda sintonia.

Em questão de segundos, passei a ver os últimos fatos ocorridos com ela. Primeiro a aparição de Evelyn para Lua, o que me deixou muito emocionado; depois, a morena correndo de pés descalços pelos corredores até encontrar a irmã e evitando sua morte. Em seguida, ela pronta a desferir o golpe mortal com a faca, mas sendo impedida por uma invasão inesperada à mente de Electra.

Naquele instante, minha expressão mudou, porque passei a ver o que Lua observara na mente de nossa inimiga, que eram todos os passos daquele dia fatídico em que Evelyn fora assassinada, fazia quase cinquenta anos.

Lua não tinha vivido os fatos. Assim, seria impossível, então, possuir em sua mente aqueles registros que me marcaram tão profundamente.

Até mesmo nossas roupas, os gestos e as atitudes eram iguais aos da época da tragédia, nos registros mnemônicos que obtivera ao invadir a mente de Electra. A luminosidade do dia, minha expressão de felicidade, enquanto me dirigia às salas de pesquisa da Grande Pirâmide, o semblante frio do zumbi programado por Electra para efetuar o atentado; tudo retratava perfeitamente os fatos ocorridos naquela época em que as gêmeas tinham apenas cinco anos.

Pude ver Evelyn, então, entrando na Grande Pirâmide naquele dia, pela visão da maldita bruxa. Depois foi minha vez. As cenas se passavam rapidamente. Momentos depois, Electra apareceu comandando o zumbi que hipnotizara a distância, e, por fim, os fatos se desencadeando até o atentado contra minha adorada esposa.

Em seguida, vi a cena dela se comunicando com Gadeir, com um sorriso maléfico no rosto, informando que o crime estava consumado. Sim, Gadeir sabia e era o mandante da ação criminosa, como eu sempre suspeitara!

Aquela confirmação foi determinante para meus passos seguintes na luta entre os dois reis de Atlântida.

Terminada a reprodução de todas as imagens que pude ver por intermédio da mente de Lua, duas lágrimas correram silenciosas por meu rosto. As meninas também choraram em silêncio. Elas amavam Evelyn verdadeiramente, de coração. Depois de alguns momentos de reflexão, eu disse para as gêmeas, com extrema frieza:

— Libertem a bruxa da bolha e mantenham-na sob controle. O que pretendo fazer exige máxima concentração.

Sol e Lua atenderam meu pedido e ficaram aguardando minha ação. Electra tentou manter-se com um ar superior, mas isso duraria pouco tempo. O fim que eu havia planejado para quem assassinara Evelyn era duro demais para haver dignidade.

Em alguns poucos segundos, manipulei o Vril em sua forma inversa, de uma maneira que tinha treinado durante todos aqueles anos. O quinto elemento, o símbolo do infinito de pé, materializou-se à nossa frente, envolto em labaredas, invertido e girando em torno de seu próprio eixo, manifestando sua energia infernal sob a ação do lado oculto. Em seguida, ele envolveu o corpo de Electra, e se reproduziu nela a mesma morte de Evelyn, mas não instantaneamente, como ocorrera com minha falecida esposa. A bruxa maquiavélica se desintegraria lentamente, por vários dias, tendo seu corpo esfarelado, fato que lhe infligiria uma dor atroz, tão terrível como a que Evelyn sofrera em seus últimos momentos.

Eu acreditava estar sendo apenas um justiceiro, agindo em nome do Espírito Criador para punir o mal que ela causara. Era a lei de ação e reação sendo aplicada; nada mais que isso.

A vingança para os magos negros era uma virtude, pois acreditávamos ser os senhores do carma. E assim seria por séculos, sem culpas, sem peso nenhum na consciência.

Mais tarde, quando nos demos conta de que havíamos eliminado uma importante sacerdotisa do Vril da raça branca, conforme nosso acerto com Atlas, tivemos ainda mais certeza de que estávamos sendo instrumentos da vontade divina.

Electra tentou manter-se altiva por alguns instantes, mas logo a terrível dor da desintegração molecular provocada pelo Vril começou a causar-lhe fortes dores, em uma macabra mistura de esfarelamento da pele e lenta liquefação dos órgãos internos.

Atlântida – No reino das trevas

Não demorou muito para ela gritar sem controle, vencida pela dor. Com uma expressão facial desesperada, pediu-nos socorro. Nós apenas acompanhamos sua agonia com um olhar indiferente.

A preferida de Gadeir caiu de joelhos aos nossos pés, e, então, passei delicadamente a mão em seu rosto. A sensação que ela teve foi como se uma grossa lixa tivesse raspado sua face. Olhei para meus dedos, e eles estavam cobertos do mesmo pó monoatômico no qual o corpo de Evelyn havia se transformado naquele dia trágico.

Eu esfreguei os dedos para analisar sua textura e concluí, com um olhar frio e científico, que mais uma vez havia manipulado o Vril com absoluto sucesso. Gostei tanto dessa aplicação, que depois a executei em outras ocasiões, até mesmo no astral, onde continuamos a dominar o quinto elemento de forma única.

Graças a essa energia mágica – exclusividade dos magos negros atlantes –, vencemos sem maiores problemas a guerra contra os dragões pela supremacia nas faixas vibratórias mais densas do astral da Terra.

Electra tentou fugir de nossos aposentos, rastejando como uma cobra. Mas qualquer movimento lhe provocava infinita dor. Sol chamou nossos fiéis guardas, que se mantinham a postos no corredor, e eles a carregaram para fora, jogando-a como um saco de lixo no amplo saguão de entrada do prédio.

Enquanto a arrastavam, observei com um sorriso irônico o rastro de pó que se desprendia de suas pernas e de seus braços. Imaginei que a dor que ela estava sentindo ainda era um castigo muito brando pelo mal que causara à Evelyn. Eu desejava fazê-la sofrer mais, muito mais. Eu não conseguia conter minha satisfação pela vingança e, ao mesmo tempo, ficava pensando que poderia fazer algo ainda maior para fazê-la sofrer mais intensamente.

Quando fechei a porta e voltei para o quarto, Lua estava preparando um brinde especial e disse-nos:

— Precisamos comemorar, pois vingamos a morte de Evelyn e, ao mesmo tempo, cumprimos a promessa feita a Atlas. Electra é perfeita para atender sua reivindicação.

E, colocando a mão na testa, em sinal de que fora tonta, concluiu:

— Como não pensei nela antes? Atlas logo perceberá que a balança do Vril inclinar-se-á significativamente para seu lado e retirará suas tropas do mundo primevo. Nossa mãe ficará muito feliz, tenho certeza.

Depois dessas palavras da bela e sedutora morena, eu fiquei pensativo. Sol me abraçou e perguntou o que tinha acontecido.

Eu respondi, reticente:

— Gadeir tentará evitar a morte de Electra. Deveríamos tê-la eliminado imediatamente. Atlas só retirará suas tropas, quando a presença do Vril morrer definitivamente em Electra.

E, esfregando as mãos, demonstrando ansiedade e satisfação, prossegui:

— Não, ela precisa sofrer mais. Não deve morrer tão rápido. O que faremos? Eu quero vê-la sofrer bem mais do que isso. Maldição! Preciso de uma ideia já.

Eu gargalhei como um louco. Sol, então, interveio, perguntando:

— O velho terá como reverter sua ação, Andrey, com o Vril?

Eu fiz um sinal significativo, indicando que não, enquanto andava de um lado ao outro, procurando alternativas para estender o sofrimento da bruxa. Ela, então, complementou:

— A única forma de ele obter isso será pedindo que você reverta a ação com o Vril. Temos que agir rápido.

Eu dei de ombros e perguntei:

— Mas como faremos isso?

Sol olhou para Lua de forma significativa, e esta disse:

— Entendi, maninha. Vou providenciar o amante de Electra.

Lua embarcou em uma nave e dirigiu-se rapidamente para o campo de batalha onde se encontrava Atlas. A bela morena caminhou até seu acampamento, deixando todos os soldados de queixo caído com suas curvas exuberantes e seu caminhar elegante. Ela disse ao líder da raça vermelha, sem rodeios:

— Você sentiu a queda na força do Vril entre os brancos?

Ele assentiu com um sorriso sagaz, e ela voltou a falar:

— A sacerdotisa Electra ainda está viva. Precisamos desmoralizá-la aos olhos de Gadeir, antes que ele tente reverter sua iminente morte. Quero um guerreiro vermelho para apresentar como seu amante. Afirmaremos que ela estava passando informações sigilosas para você, por intermédio dele.

Atlântida – No reino das trevas

Atlas compreendeu o plano e saiu da barraca militar, reuniu os soldados e disse-lhes, com sua voz de trovão:

— Nobres guerreiros da raça vermelha, preciso de um valoroso soldado para uma missão sem retorno. Com o êxito dessa tarefa, levaremos para o inferno um sacerdote dos brancos e inclinaremos a balança do Vril ao nosso favor. Quem se candidata?

Todos os guerreiros de Atlas se ofereceram para o sacrifício, batendo as lanças contra os escudos, com olhares flamejantes e gritando palavras de ordem. Ele levantou as mãos, pedindo silêncio, e voltou a falar:

— Essa é uma viagem só de ida. O voluntário será morto nas mãos do inimigo. Compreendem isso?

Todos voltaram a bradar e bater seus escudos, sem vacilar, fazendo uma atordoante algazarra. Era impressionante o domínio daquele gigante sobre seu exército. Lua logo percebeu, no meio da tropa, um jovem muito bonito e que parecia ter capacidade de representar muito bem. Além disso, ele tinha um olhar de verdadeira admiração por seu líder.

Lua, sem rodeios, indicou-o, pois não tinha tempo a perder:

— Eu quero aquele. Ele parece atender bem nossos propósitos.

O jovem guerreiro percebeu que fora escolhido. Sem vacilar, jogou suas armas no chão e caminhou com firmeza até o grande Altas.

Em seguida, ajoelhou-se diante de seu líder, que o levantou com uma força descomunal e, segurando firme em seus braços, disse-lhe, com um olhar hipnótico:

— Morra com grandeza, meu irmão! Esta é sua última missão no mundo humano. Execute-a como se fosse a mais importante de sua vida.

O soldado respondeu, com voz altiva, sem piscar e com os olhos úmidos:

— Sim, meu mestre.

Atlas o beijou como se faz a um filho e o abraçou. Poucos minutos depois, Lua retornou rapidamente para a capital da raça branca, levando consigo nosso álibi definitivo para a morte de Electra. Não havia tempo a perder. Ao entrar em nossos aposentos, logo percebeu que Lua e eu já fôramos convocados para prestar esclarecimentos.

No salão principal da sede do governo atlante, encontravam-se, naquele momento, todos os sacerdotes do Vril da raça branca reunidos. Gadeir estava sentado em sua cadeira e observava com angústia o esfarelamento contínuo de sua pupila, que se contorcia com uma terrível expressão de dor.

Sol e eu entramos no recinto, e ele nos disse, com raiva incontida:

— Reverta isso, monstro maldito!

Prestando reverência ao nosso líder, repliquei sem hesitar:

— Lamento, milorde, mas isso não será possível. Electra é uma traidora. Agi assim para protegê-lo de sua conspiração.

Toda a assembleia se impressionou com aquela acusação. Electra era, sem dúvida, uma das mais fiéis assessoras de Gadeir.

— Você está louco! — bradou ele.

Sem me abalar, passei a relatar os fatos, adequando-os segundo nossos interesses maquiavélicos.

— Electra tentou matar Sol hoje pela manhã. Quando Lua foi defendê-la, terminou invadindo o campo mental da conspiradora por acidente e viu a terrível traição. Electra é amante de um espião de Atlas. Ela estava passando informações sigilosas para nosso inimigo.

Ela protestou, entre gemidos, sem poder defender-se adequadamente por causa das dores, enquanto todos demonstravam incredulidade e reagiam de forma hostil a mim.

Eu fiz um sinal para que se silenciassem e prossegui:

— Calma, meus amigos. Teremos provas em breve. Estou apenas aguardando o retorno da sacerdotisa Lua com o criminoso.

Naquele mesmo instante, Lua entrou com o soldado vermelho e jogou-o aos pés de Gadeir, falando com eloquência:

— Não é necessário esperar mais. Eis o inimigo que seduziu Electra e se apropriou de importantes informações de nossas pesquisas bélicas.

Lua entregou a Gadeir documentos que Atlas havia obtido por outros meios e que comprovavam que ele detinha informações ultrassigilosas das pesquisas que Gadeir mantinha a sete chaves. Nem nós sabíamos daquelas experiências. Certamente, nosso líder deveria desconfiar, também, de seus assessores mais diretos.

Atlântida – No reino das trevas

O soldado vermelho, então, encenou perfeitamente um gesto de amor, colocando alma em suas palavras, pedindo perdão à Electra, nesses termos:

— Perdoe-me, meu amor, mas eu precisava servir ao meu povo. Eu te amo. Aproximei-me de você com a missão de obter informações, mas me apaixonei. Contudo, não poderia trair meus irmãos. Isso seria inadmissível. Acima de tudo deve estar meu dever com Atlas e com meu povo. Sinto por tê-la usado.

Lua combinara com ele para dizer exatamente aquelas palavras, com o objetivo de demonstrar que nem mesmo os "repulsivos" vermelhos cometeriam traição. Isso seria o golpe derradeiro em Electra, que aparentemente havia vivido uma paixão proibida com o inimigo e traído sua raça.

Sem forças para articular uma palavra sequer, ela tentou defender-se, à medida que em seu corpo acelerava o processo de desintegração molecular, causando-lhe mais dor.

Naquele momento, eu sutilmente apertei o "torniquete" da manipulação do Vril que havia realizado, deixando-a sem condições de defender-se. Ela já mal respirava. Inclusive, seu olhar e a expressão facial, que poderiam depor ao seu favor, ficaram indecifráveis. A desagregação orgânica adulterou completamente seu rosto, tornando-o inexpressivo.

Os sacerdotes do Vril, em seguida, passaram a pedir a condenação da traidora, exigindo de Gadeir seu extermínio imediato. As provas não deixavam dúvidas. Nosso esquelético líder sentiu que havia caído em uma armadilha e mirou-me com raiva e indignação.

Ele ficou sem ação, olhando para mim e para as gêmeas, assombrado com nossa armação, enquanto todos os sacerdotes gritavam e jogavam objetos em Electra, pedindo sua imediata execução. Negar-se a executá-la seria algo que lhe custaria muito caro. Ele precisava da confiança e do apoio dos sacerdotes e não tinha como provar a inocência de Electra. Nosso plano fora muito bem realizado, mesmo sendo improvisado e feito às pressas. As gêmeas sabiam tramar como ninguém!

Naquele instante, mirei profundamente os olhos de Gadeir e falei diretamente a ele, em tom irônico e de forma reticente:

— Existe mais um agravante: além de traidora, ela matou Evelyn.

A mente de Gadeir pareceu neutralizar os gritos enlouquecidos de seus sacerdotes ao redor. Naquele momento, ele percebeu que eu sabia de tudo, inclusive sobre ele ser o mentor da morte de Evelyn.

Ele, então, disse-me, de alma para alma:

— Prepare-se, pois vai ter volta.

Em seguida, fez um leve gesto com a mão, típico de quando manipulávamos o Vril sem esforço, e desintegrou definitivamente Electra e o guerreiro vermelho, seu suposto amante.

Era para ser um momento de alegria, de inigualável triunfo; no entanto, naquele mesmo instante, eu percebi a silhueta de Evelyn abraçando e consolando Electra. O corpo espiritual da mulher chorava copiosamente nos braços de minha falecida esposa, enquanto seu duplo físico se desintegrava.

A doce filha de Ártemis me censurou com um olhar de relance e disse-me, com uma ponta de tristeza, antes de desaparecer carregando o corpo de sua assassina:

— Andrey, aprenda a amar e perdoar.

Aquilo me deixou confuso. Pouco antes, ela alertara Lua para evitar que aquela cobra maldita assassinasse Sol. Agora, recolhia a criminosa em seus braços com o coração repleto de compaixão.

Minha alma era muito pequena para compreender tudo aquilo. Evelyn estava muito à frente de mim na caminhada rumo à luz de Deus. E, com o tempo, essa distância só fez aumentar, levando-nos a um abismo intransponível, que dificilmente poderia ser vencido, em razão dos milênios de evolução que nos separavam.

Todos os sacerdotes comemoraram a eliminação da traidora. E eu fiquei assim, atordoado, sem poder saborear nossa vitória. Gadeir cobriu a cabeça com o capuz e saiu cabisbaixo, profundamente abalado com a morte de sua preferida.

Eu havia lhe tirado as duas pessoas que ele mais amava: primeiro, sua irmã Maia e, agora, Electra.

Eu chamei as meninas em um canto e disse-lhes, com um olhar perdido:

— Toda a atenção agora será pouca. Mantenham-se sempre alertas. Eu não suportaria perdê-las. Já vivi isso uma vez. Se a tragédia se repetir, acabo com minha vida.

Atlântida – No reino das trevas

Eis por que, na época do faraó Akhenaton, Radamés (Andrey) suicidou-se após a morte de Isetnefret (Evelyn), conforme relatamos no livro *Akhenaton – A Revolução Espiritual do Antigo Egito*. Isso nada mais foi que lembranças inconscientes, as quais sobem à tona com a força de um vulcão, nos momentos intensos da vida.

Conhece-te e traze o material que está escondido nos porões de sua alma à luz da consciência. Somente assim venceremos os fantasmas que povoam nosso inconsciente, frutos de milênios de experiências no transcorrer de nossa caminhada evolutiva; encarnação após encarnação.

Capítulo 13

Gadeir revida

Atlas sentiu a profunda queda no Vril entre os sacerdotes brancos, por causa da morte de Electra, e cumpriu sua parte no acordo com satisfação. Mesmo assim, Ártemis esperou serenamente ele retornar para Atlântida com suas tropas. Somente depois de ele finalmente ultrapassar o estreito de Gibraltar, o portal de Hércules, a sacerdotisa do Vril da época de ouro despediu-se daqueles que se lembrariam de seu nome por milênios e partiu ao encontro dos demais mestres.

Assim como sua filha, ela tinha passado os últimos dias cuidando e amparando os enfermos, tanto dos campos de batalha como dos povoados próximos. Utilizando-se da poderosa energia Vril, ela os curou, tornando-se a seus olhos a mais poderosa divindade da época.

Mas ela não retornou para a colônia de Kandur. Criste já a tinha avisado telepaticamente que todos tinham seguido para o litoral, conforme o planejado, para prepararem as embarcações em que os escolhidos partiriam para o mundo primevo, antes da grande catástrofe. A etapa da preparação de Kandur havia sido encerrada com êxito.

Os mestres viajaram pela floresta com seus mais de seiscentos discípulos, procurando evitar despertar a atenção, para não serem mortos pelas facções em guerra que desejavam ampliar o poder com o Vril.

Ali, entre aqueles jovens, estavam os futuros reis e rainhas, deuses e deusas das nações do mundo primevo, que se miscigenariam com esses povos primitivos e imprimiriam um novo nível de evolução a eles.

Em seus futuros relatos, constaria a chegada dos gigantes iluminados que lhes haviam trazido conhecimento e progresso.

Naquela época, Gadeir descobriu que a redução gradativa da presença do quinto elemento na natureza atlante não era apenas fruto do declínio de nossa civilização, mas também obra dos sacerdotes da época de ouro, que tentavam reduzir o poder bélico dos magos negros.

Ele chegou a enviar expedições para explorar as montanhas de Kandur, em busca dos mestres, porém, graças a Deus, chegaram tarde demais. Mesmo estando em uma dimensão paralela, a colônia de Kandur poderia ser descoberta e sofrer um ataque.

Em poucas semanas, eles atingiram uma região de pouca visibilidade aérea, próxima ao litoral meridional, e lá começaram a construir as embarcações e orientar os discípulos de total confiança sobre os últimos detalhes do projeto de migração para outras terras.

Todos os jovens ficaram impressionados com a confirmação do destino de Atlântida. Eles, então, passaram a trabalhar com mais afinco para construir os barcos e obter a instrução moral necessária para concluir sua missão. A partida para o mundo primevo era inevitável.

Atônis e Násser já estavam em avançada idade, mesmo assim, mantinham-se bem dispostos para ajudar na construção das embarcações. Dentro do possível, utilizavam as facilidades que o Vril possibilitava, carregando grandes toras de madeira e outros serviços que os discípulos não possuíam domínio para realizar. Esses mesmos alunos depois seriam os responsáveis pelas engenhosas construções no mundo primitivo da Terra, erguendo blocos de mais de duas toneladas com o Vril, assombrando os pesquisadores da atualidade.

Ártemis e Criste se dedicaram ao preparo psicológico, filosófico e emocional das crianças que nasceram em Kandur e que também partiriam com seus pais para essa fantástica aventura, que permitiria o desenvolvimento da humanidade nos séculos futuros.

Sob a brisa serena do mar, eles se preparavam para a última etapa, antes de partirem. Nos rostos sábios e serenos dos mestres, via-se um misto de orgulho e nostalgia. Sentiam-se realizados por concluírem com sucesso o treinamento daqueles jovens honrados, advindos de capela, mas vencedores na luta contra seu próprio ego, demonstrando que a origem espiritual capelina não significava propriamente falência espiritual, mas sim tendências que poderiam ser vencidas.

Ninguém nasce com o destino de ser bom ou mau. Isso é uma escolha individual. Apenas somos suscetíveis à nossa carga espiritual de vidas passadas, que reproduzimos por meio de nossos padrões comportamentais. Vencer essa carga: eis nossa tarefa no mundo.

Em algumas manhãs, Ártemis caminhava pela beira da praia, de pés descalços, com seus lindos olhos acinzentados perdidos na imensidão do horizonte, refletindo sobre a caminhada futura de seus diletos pupilos.

Em breve, as embarcações sumiriam naquela linha onde o mar findava para nossas vistas e surgiriam em outras terras, com a nobre tarefa que fora sempre a vocação sagrada do povo atlante: educar e promover o progresso de povos incipientes. Assim, nem tudo estava perdido.

Naqueles momentos, então, a grande sacerdotisa do Vril se lembrava de toda a sua existência, desde criança, embalada pelo som sereno e repetitivo das ondas do mar. A vitoriosa mulher, exemplo de dignidade espiritual, recordava-se de seus sonhos da juventude em contribuir para o progresso da terra de Possêidon. Sua missão era exatamente esta: tornar a Grande Ilha uma pátria cada vez mais voltada para o bem e para sua sagrada tarefa de educar e civilizar os povos do mundo primevo. Ela trabalhou para isso até o último momento de sua vida. Ártemis viveu intensamente sua missão.

Ela se lembrava de sua amada filha, tão injustamente assassinada, e também desse seu filho, que se perdera em meio a tanta dor, além das gêmeas queridas, filhas do coração, que haviam me seguido pelo caminho das sombras.

Nesses instantes, ela caía de joelhos nas areias macias da praia e chorava, procurando expulsar do peito a dor que sentia pela ausência de pessoas que tanto amava.

Ártemis, aquela que se tornara uma deusa aos olhos dos gregos primitivos, olhava, então, para os Céus, de joelhos, e dizia para si mesma, tentando conter a dor da saudade: "Meus amores do coração, um dia, nós estaremos todos juntos novamente, vivendo lado a lado na paz e na sabedoria do Criador dos Mundos, longe da dor e do sofrimento, que só se fazem presentes nos momentos em que precisamos ser despertados para a verdadeira vida".

Ela, então, sorriu e secou suas lágrimas com os braços, e falou novamente para si mesma: "Sim, um dia a ilusão acaba, a verdade se revela, e despertamos para os objetivos maiores da vida. E, quando isso acontecer, estaremos juntos novamente, trabalhando para tornar viva entre os homens a vontade do Espírito Criador".

Enquanto Ártemis tornava-se um foco de luz na Terra, com suas elevadas preces, na capital Posseidonis, os ânimos continuavam quentes. Gadeir não sossegava de buscar os maiores mestres do Vril, que se negavam a apoiar a guerra.

Vários sacerdotes da grande energia que haviam optado por um autoexílio nas cavernas foram encontrados e assassinados por não revelarem o bloqueio realizado com a energia Vril, objetivando evitar que os rebeldes a utilizassem em todo o seu potencial.

Dias depois, o líder da raça branca, que se tornava um demônio cada vez mais cruel, conseguiu capturar mestre Kundô. Ele havia retornado para a capital, com a intenção de penetrar na pirâmide e reduzir ainda mais a presença do quinto elemento em nosso mundo. Isso evitaria maiores desgraças naquela luta que parecia se tornar mais selvagem a cada novo enfrentamento.

Fazia dias que Gadeir não sorria; mais precisamente, desde a morte de Electra. Ao saber da prisão de Kundô, ele esboçou um sorriso satânico e falou para Galeato e Pantauér, com uma ponta de ironia:

— Agora chegou minha vez de sorrir. Reúnam todos os sacerdotes no salão principal, porque vamos eliminar mais um mestre da luz.

Pouco tempo depois, estávamos novamente no mesmo local onde Electra fora morta. Gadeir entrou com passos rápidos e vestindo seus trajes sacerdotais. Ele se sentou em um trono improvisado e bateu palmas. Era apenas um sinal para que seus soldados entrassem conduzindo o prisioneiro.

Eu estava com um olhar vago e cansado de todo aquele teatro infernal. Nem percebi quem era a vítima. Somente quando ele foi jogado aos pés de Gadeir, de joelhos, pude perceber os longos e suados cabelos negros de Kundô, encobrindo seu rosto. Suas mãos estavam amarradas, e notei que ele havia sofrido tortura física.

Eu me sobressaltei, mas me contive, pois sabia que era isso o que Gadeir desejava.

O rosto do sábio mestre atlante da raça vermelha estava desfigurado, mas mantinha um olhar digno e desprovido de raiva. Kundô possuía dez vezes mais força com o Vril que Gadeir e seus asseclas. Apesar disso, não reagia. A força do Vril dos mestres atlantes não deveria interferir no destino natural da Grande Ilha.

O mal já não habitava mais seu coração fazia muito tempo. E, além disso, ele jamais macularia sua ascensão espiritual por fugazes momentos de glória ou soberba, assim como nós, pobres almas escravizadas ao mundo das ilusões.

Ele compreendia o sentido da vida e estava em um nível de consciência muito superior ao de todos nós ali presentes, que ainda nos debatíamos no lodaçal do ego humano.

Gadeir olhou-o com desprezo, ainda mais por ele ser um vermelho, e levantou-se de forma cerimoniosa e arrogante. O gigante esquelético deu alguns passos com seu esguio corpo curvado. Usando um capuz que cobria sua cabeça, ele se aproximou um pouco mais do mestre da chama violeta e disse-lhe, com voz soturna:

— Durante todos esses anos, você e seus fracos irmãos da luz escondiam, então, um sutil bloqueio do Vril, limitando nossas capacidades, e nós nem suspeitávamos. Jamais deveria tê-los deixado viver. Acreditei que eram insignificantes, no entanto, conspiravam em seu retiro espiritual nas montanhas de Kandur, no berço de meu inimigo. Talvez até tenham apoiado Atlas para ele resistir assim por tanto tempo. Não duvido de que o poder dele com o Vril esteja ancorado na força de traidores como você. Bem que você não passa de um vermelho sujo como ele! Não entendo como uma raça inferior possa ter tanto poder com o Vril.

Gadeir, então, tentou endireitar seu corpo, à medida que respirava profundamente. Galeato e Pantauér se aproximaram sorrateiramente e ficaram ao seu lado, olhando para o chão, em direção a Kundô, que permanecia de joelhos. Todos os demais sacerdotes aguardaram o desenrolar do interrogatório em silêncio.

O ser sombrio, então, levou as mãos lentamente até o capuz e retirou-o da cabeça. Em seu rosto, que parecia mais o de uma caveira, ele estampou um sorriso malicioso e disse para Kundô, com indisfarçável autoridade e arrogância:

— Diga-me, mestre da luz, como devemos proceder para romper com o bloqueio do Vril?

Kundô manteve-se sereno e apenas respondeu:

— Não há como reverter o que foi feito. Ademais, isso não depende de mim, nem de ninguém, é a vontade do Espírito Criador que o quinto elemento fique restrito na atmosfera atlante durante o período de trevas.

Gadeir sorriu e gritou, olhando para seus assessores mais próximos:

— Resposta errada.

Naquele mesmo instante, Galeato e Pantauér desferiram violentas bofetadas no rosto do sereno mestre. Aquilo foi demais para mim, pois tínhamos um pacto de honra de jamais tocar em um sacerdote do Vril. As batalhas e os duelos deveriam se desenrolar apenas utilizando a grande energia. Realizar torturas físicas e impor humilhações dessa natureza era inadmissível.

Revoltado com aquela agressão, eu me preparei para intervir, sendo imediatamente seguido pelas gêmeas, mas Kundô mirou-nos com firmeza e falou-me, de forma telepática:

— Não, Andrey, essa não é a sua luta. Devemos cumprir destinos diferentes. Respeite a vontade do Espírito Criador. Siga sua intuição para entender qual é seu papel nos acontecimentos que estão por vir e fique tranquilo com relação aos seus pais, pois todos estão em segurança, longe das montanhas. Lembre-se: cada um de nós possui uma missão dentro do plano divino. Seja sábio para cumprir a sua. Não importa se estamos sintonizados com a luz ou com as trevas, Deus está presente em tudo. E, queiramos ou não, estamos sempre a serviço do Espírito Criador.

As gêmeas também captaram a mensagem telepática de Kundô e recuaram, muito comovidas. Eu abaixei a cabeça e lutei com todas as minhas forças para segurar as lágrimas que insistiam em escapar de meus olhos. Sol e Lua seguraram em meus braços e apoiaram seus rostos em meus ombros para esconderem o pranto. No entanto, Gadeir percebeu e sorriu satisfeito.

Ele, então, insistiu ainda por mais alguns minutos, sempre recebendo a mesma resposta de Kundô, até que ele se cansou e pediu para que um de seus assistentes lhe trouxesse uma espada forjada com oricalco.

Gadeir ergueu-a e admirou a beleza daquele artefato que era mais dourado que o ouro e mais brilhante que os diamantes e disse:

— Você não é homem o suficiente para travar uma batalha comigo utilizando o Vril, portanto, não lhe darei a morte digna de um sacerdote do quinto elemento. Kundô, você morrerá pela espada, assim como os cães imundos que enviamos às guerras convencionais todos os dias.

O iluminado mestre apenas fez uma reverência e respondeu, com um suave brilho nos olhos negros:

— Será uma honra morrer como meus irmãos mais humildes.

Gadeir esboçou uma expressão de ódio e preparou-se para desferir o golpe mortal na altura do pescoço de Kundô.

É curioso perceber que, em Atlântida, ele morreu por uma forma de execução semelhante à promovida por Robespierre, durante a Revolução Francesa, e que levaria Kundô, na personalidade de Conde de Saint Germain, a lutar fervorosamente contra aquela chacina sem fim, executada pelo terrível instrumento de decapitação, que ficou conhecido como guilhotina.

Ele olhou de forma serena para seu algoz e, no momento em que este desceu a lâmina mortal em seu pescoço, seu corpo simplesmente se desmaterializou. Gadeir quase caiu, por sua lâmina não encontrar resistência nenhuma ao passar pelo alvo. Ela apenas cortou o ar.

Eu sorri, feliz por Kundô ter partido para o Mundo Maior sem sofrer a ação daquele ser desprezível. Todos ficaram impressionados, e eu disse para as gêmeas:

Atlântida – No reino das trevas

— Vamos embora. Não temos mais nada a fazer aqui.

Quando estávamos nos retirando, Gadeir disse coletivamente:

— Todos os sacerdotes da linha branca devem ser caçados. Eles terão somente duas opções: revelar o segredo do bloqueio ou morrer.

Galeato interveio, dizendo:

— Grande mestre, é importante pesquisarmos uma solução para isso também. Creio que esses inúteis não revelarão o segredo.

Gadeir concordou. Então, retornei e disse-lhes:

— Lembrem-se de que Atlas é o mais poderoso de todos os sacerdotes com o Vril. Liberar o bloqueio também ampliará seus poderes. Tomem cuidado, porque essa solução pode custar-nos caro.

Galeato me olhou com desprezo e disse:

— Suas palavras não merecem confiança. Você quer nos confundir. É um traidor. Sabemos que torce pela vitória de Atlas.

Eu também fiz um gesto de desprezo, girei sobre os calcanhares e saí de queixo erguido, acompanhado pelas gêmeas. Gadeir ficou em silêncio, meditando, e depois disse a Galeato:

— Pondere sobre essa afirmação de Andrey. Ele pode ter razão. Melhor sermos prudentes.

Galeato concordou com um gesto discreto, apesar de sentir-se contrariado.

Capítulo 14

O desequilíbrio do vril

Nos cinco anos seguintes, pouca coisa mudou. A guerra somente agravou-se, tornando-se mais intensa a cada ano. Os atlantes vermelhos iniciaram pesquisas para a mutação genética e a clonagem humana, para utilização dos seres provenientes como meros androides no confronto.

O plano de Atlas era posteriormente enviá-los a outros continentes, com a finalidade de escravizar os povos primitivos do planeta e montar bases de controle para explorá-los de todas as formas possíveis. Apesar da intervenção de Ártemis, ele não havia desistido desse projeto; apenas o adiara.

No final desse período, Gadeir conseguiu romper o bloqueio da energia Vril, e ela foi utilizada de forma ainda mais irresponsável pelas raças branca e vermelha, ampliando os graves danos à natureza e à população civil, fato que tornou a guerra ainda mais dramática.

O que nos consolava era que sentíamos a aproximação do apocalipse, como nuvens negras do mal, as quais flutuavam na linha do horizonte e caminhavam lentamente em direção ao seu objetivo.

Todos os dias, acordávamos com o som das explosões distantes e dos pequenos tremores de terra, que pareciam ser somente um trovão que se faz ouvir de longe, mas eram nada mais nada menos que o prenúncio do fim.

O planeta, na região de Atlântida, começava a dar sinais de que muito em breve expulsaria o "corpo estranho" que lhe sugava as energias e o feria diariamente.

Assim, as duas raças que viviam na Grande Ilha e que por séculos se respeitaram e se amaram terminariam seus dias como inimigas, por causa da discriminação racial, mal este que impera até nossos dias, fruto do baixo nível espiritual da humanidade terrena, que passou a viver em nosso mundo a partir daquele período.

Enquanto isso, os mestres e seus mais de seiscentos discípulos continuavam o trabalho de construção e acabamento dos doze grandes barcos que levariam cinquenta passageiros cada. Os jovens trabalhavam com vigor, mas os mestres já estavam sentindo o peso da idade.

Os espíritos orientadores do planeta tinham informado que o momento de embarcar para as novas terras ocorreria quando um astro vermelho surgisse no céu. Três meses antes da catástrofe, foi possível enxergar o surgimento do ponto escarlate na abóbada celeste. O momento estava próximo; era necessário acelerar os trabalhos.

Mestre Násser caminhava com dificuldade. A vida na selva, sem os recursos e o conforto da colônia de Kandur, havia desgastado seu organismo em avançada idade. Na época da grande catástrofe, eles possuíam em torno de cento e vinte anos. Inclusive, alguns dos antigos atlantes que abraçaram o projeto já haviam desencarnado, em decorrência do clima hostil da vida selvagem. Muitos daqueles que se refugiaram em cavernas para não terem seus poderes com o Vril explorados pelas facções em guerra também já haviam sucumbido.

Enquanto os jovens discípulos lutavam contra o tempo para abandonar a moribunda terra de Possêidon, as gêmeas e eu assistíamos, na capital atlante, às mais terríveis manifestações da degradação humana. O comportamento bizarro e o olhar vidrado das pessoas nas ruas nos davam a impressão de que todos haviam sido infectados por um vírus desconhecido ou, então, suas almas estavam possuídas por seres demoníacos.

O estado mental e emocional dos atlantes começava a deteriorar-se; algo típico em períodos de final de ciclos evolutivos no mundo. No fundo de nossas almas, lá no inconsciente, podemos sentir quando o "Grande Juízo" se aproxima, assim como está ocorrendo nos dias atuais. Aqueles que estão sintonizados com um baixo padrão vibracional ficam angustiados e irritadiços, externando ainda mais as mazelas de suas almas.

Assim os dias se passavam, até que, em certa manhã, enquanto eu dormia, fui despertado pelo roçar dos longos cabelos de Sol em meu rosto. Ela sempre fazia isso quando queria me acordar pela manhã. Mas daquela vez não o fez para acordar-me com um lindo sorriso no rosto, ela estava soluçando e com a face coberta de lágrimas. Eu me sobressaltei e perguntei a ela, abraçando-a:

— O que foi, meu amor? Por que você chora?

A sempre alegre loira me abraçou forte e disse, com voz reticente:

— Acabou o equilíbrio com o Vril. Nossa força conjunta está maior do que a dos vermelhos. O fim está próximo.

Eu, então, pulei da cama assustado, enquanto Lua despertava, e corri nu até a sacada. Concentrei-me no quinto elemento e constatei que a cativante Sol estava com a razão.

O que teria acontecido? Era um desequilíbrio grande demais para ter ocorrido em decorrência da morte de um único sacerdote vermelho. Aquela estranha predisposição do Vril na atmosfera significava muitas baixas. A não ser que o sacerdote atingido fosse Atlas, pois ele concentrava grande parte da força conjunta dos atlantes orientais.

Vestimo-nos rapidamente e saímos em busca de informações. Ao cruzarmos pelo mezanino do grande salão central, vimos lá embaixo o corpo alto, esguio e curvado de Gadeir, junto aos demais sacerdotes, comemorando o golpe mortal que haviam executado em Atlas. Assim como ele fizera no passado, agora Gadeir o tinha atingido a distância com o Vril, realizando o que poderíamos chamar de manipulação mágica do quinto elemento.

Foi possível escutar os comentários dele e de Galeato, afirmando que o quadro de Atlas era irreversível, mesmo com o poder curativo do Vril e das pirâmides.

Eu fiz sinal para as gêmeas, e contornamos por outro cami-

Atlântida – No reino das trevas

nho. Se Atlas estava entre a vida e a morte, esse não era um bom momento para cruzarmos com Gadeir.

Avisamos Arnach e Ryu para afastarem-se imediatamente da região e tomamos uma decisão surpreendente: embarcamos em uma nave com destino ao palácio de Atlas, no outro extremo do continente.

Não sabia como seríamos recebidos, mas eu sentia que precisava estar ao lado do gigante vermelho naquele momento extremo de sua vida. As gêmeas concordaram, e partimos, com nossos corações apreensivos.

Talvez pudéssemos ajudar de alguma forma, se bem que eu não acreditava nisso. Tudo parecia estar acontecendo conforme os sonhos que, quase todas as noites, insistiam em me revelar o futuro de Atlântida. Naquela mesma noite, pouco antes de Sol me acordar, eu havia sonhado que imensas ondas, com mais de quarenta metros de altura, chocavam-se contra o cume da Grande Pirâmide de Posseidonis, que apresentava uma enorme rachadura em toda a sua extensão.

Chegamos rápido, como sempre, utilizando as supersônicas naves movidas a Vril. Naqueles dias, pouquíssimos sacerdotes poderiam manipulá-las com esse fim. O poder de manuseio sobre o Vril, mesmo com a quebra do bloqueio efetuado pelos mestres da época de ouro, tornava-se cada vez mais exclusivida-de dos mais poderosos sacerdotes.

Fazia muito tempo que eu não visitava o palácio de Atlas, desde antes da morte de Evelyn, quando fui até lá a mando de Gadeir para sondar as intenções do guerreiro vermelho. Porém, pouca coisa havia mudado; talvez somente a segurança, que agora parecia ser mais reforçada.

Mesmo assim, conseguimos entrar no palácio com relativa facilidade. A terrível tragédia que se abatera sobre o líder da raça vermelha havia atordoado todo mundo. Muitos soldados estavam ajoelhados à porta dos aposentos de Atlas, com os rostos cobertos de lágrimas, enquanto outros haviam fugido para as matas, com medo de um ataque sem precedentes por parte dos sacerdotes e do exército branco.

Quando chegamos à entrada do suntuoso quarto de Atlas, realmente digno de um rei, tivemos que pedir às pessoas que estavam ajoelhadas para que se afastassem. Elas atenderam nosso pedido e acompanharam nossos movimentos com olhares assustados. Desviando de uma e outra pessoa, apoiando-nos em seus ombros, finalmente transpusemos o limiar da porta.

Naquele instante, todos os sacerdotes fiéis a Atlas se viraram para nós três e nos observaram com olhares incrédulos. Era muita ousadia de nossa parte invadir o local de repouso do rei ferido.

Mestor deu dois passos à frente e disse, demonstrando revolta:

— O que vocês estão fazendo aqui? Retirem-se imediatamente! Se vocês desejam um duelo, que seja fora do local de repouso de nosso rei.

Eu ergui a mão e disse-lhes, com as gêmeas apoiadas em meus braços:

— Calma, nobre Mestor. Estamos aqui em paz. Desejo apenas visitar meu amigo Atlas e ver no que posso lhe ser útil.

O viril guerreiro ia retrucar, indignado, mas Atlas ergueu a mão e disse, com voz abatida:

— Deixe Andrey aproximar-se.

Todos ficaram em silêncio, boquiabertos com a presença insólita do inimigo aos pés do leito de morte do amado líder. Eu, então, ajoelhei-me ao lado da cama de Atlas e falei-lhe, enquanto segurava sua mão:

— Estamos próximos do fim, meu amigo.

E, olhando para o corpo ferido do gigante guerreiro, completei:

— O que aconteceu contigo é uma prova irrefutável disso.

Em seguida, descobri seu peito e observei, na região abdominal, a terrível chaga manipulada por Gadeir a distância.

No futuro, muitos trabalhos de feitiçaria tentariam utilizar-se do fluido cósmico universal para realizar estragos semelhantes a esse em vítimas distantes. Raríssimos conseguiriam tal êxito. Conforme já explanei, os magos atlantes eram incomparáveis nesta arte.

Entretanto, nos séculos seguintes, após o fim de Atlântida, a arte da magia negra foi desenvolvida no seio de vários povos, obtendo, obviamente, resultados bem inferiores, mas que causavam estragos preocupantes; ao ponto de a Alta Espiritualidade manter-se sempre vigilante com a ação dos magos negros que

Atlântida – No reino das trevas

se utilizavam de médiuns para esse fim. As próprias práticas de vodu são tentativas de utilizar técnica semelhante a essa que vitimou Atlas.

Ele tentou apertar firme minha mão e falou, em tom irônico:

— Aquele magricelo horrendo tornou-se melhor que eu nisso, não é mesmo, Andrey? E acho que também estou velho e fraco. Não consigo manter-me invulnerável ao ódio desse monstro como antigamente. Já faz semanas que minha saúde anda debilitada, meu sistema imunológico anda fraco. Talvez seja esse o motivo de seu êxito desta vez.

E, tornando a expressão do rosto severa, falou-me com voz firme e preocupada:

— Mas esqueça isso. Não há mais volta. Meus dias estão contados. Assim que eu morrer, Gadeir destruirá todo o meu povo.

Depois, ele olhou firme em meus olhos e prosseguiu, tentando conter a dor que lhe corroía por dentro:

— Você me prometeu que isso não aconteceria, que Gadeir não seria o soberano máximo da Grande Ilha. Andrey, cumpra sua promessa! Por tudo o que há de mais sagrado, cumpra!

Eu coloquei minha outra mão sobre a dele e respondi:

— Sim, isso acontecerá. Ninguém reinará sobre a terra de Possêidon. Em breve, todos nós estaremos mortos, vitimados por nossa iniquidade.

Ele suspirou e disse-me, sacudindo a cabeça:

— Andrey, não me venha novamente com essas conversas de religião. Precisamos ser práticos. Gadeir deve ser morto. Não temos tempo para esperar por intervenções divinas.

Eu, então, fiz com que ele olhasse pela janela e indiquei um ponto vermelho no céu, que era visível tanto à noite como de dia.

— Veja, Atlas, aquele é o sinal da intervenção divina. Observe-o diariamente nestes seus últimos momentos no mundo dos homens e perceberá que ele se aproximará mais e mais, até deflagrar o grande fim, dentro de poucas semanas.

Eu me sentei ao seu lado na cama e completei:

— Porém, não se preocupe, pois Gadeir estará morto antes de isso acontecer. Eu vi em meus sonhos e vou trabalhar pessoalmente para que isso se concretize. Ele matou Evelyn, como já tenho as provas. Faço questão de ser seu algoz. Quero sentir o prazer de matá-lo com minhas próprias mãos.

Atlas sorriu e falou, segurando meu braço como fazem os grandes amigos:

— Agora, Andrey, você está alegrando esse pobre homem que apenas pede um último desejo, antes de descer à laje fria da morte.

Eu sorri para ele e retruquei:

— Não seja tão dramático. Em breve, encontrar-nos-emos no Mundo Maior, e lá teremos outra peleia para enfrentar. Gadeir fez pactos com os dragões das trevas, durante todos esses anos, para vencê-lo. Esses seres inferiores vão querer dominar-nos, e isso eu jamais permitirei.

Ele concordou comigo e falou, com os olhos úmidos:

— Mate Gadeir, meu irmão, que irei até o inferno na outra vida para defendê-lo de qualquer coisa.

— Feito! — respondi a ele.

Naquele instante, a esposa de Atlas, Pleione, entrou no quarto com sua filha caçula, chamada Alcyone. A menina era doce e angelical, já sua mãe, uma matrona arrogante e desagradável. Era fácil perceber que a prerrogativa de ser esposa do rei havia lhe subido à cabeça.

As gêmeas ficaram hipnotizadas, admirando a beleza daquela menina contemplativa. Alcyone tinha um semblante majestoso e, ao mesmo tempo, humilde. O carinho com que tratava todos era algo cativante. Apenas cinco minutos em sua presença era suficiente para perceber a elevação de seu caráter.

Enquanto Pleione perguntava ao marido, nervosa, sobre nossa presença tão próxima, Lua e Sol foram conversar com Alcyone, de forma amistosa e cordial, desprezando os gritos nervosos da esposa do rei.

Entendi a preocupação de Pleione e não me ofendi. A guerra havia afastado nossas raças, portanto, ela entrar em seu quarto e ver um homem loiro, vestindo roupas e capa negras, debruçado sobre seu marido era algo realmente assustador.

Atlas logo a tranquilizou e pediu para que ela se afastasse. Ele desejava confidenciar-me algo que considerava muito especial e importante. Pleione retirou-se, desconfiada, e o grande guerreiro disse-me, olhando para a filha, que esboçava um sorriso simpático, ao conversar com as lindas gêmeas:

— Andrey, ouça-me. Alcyone, minha menina, é muito especial. Não quero que ela sofra nas mãos de Gadeir. Tenho medo do que esse monstro possa fazer com minha família, após eu realizar a grande viagem para a terra dos imortais. Temo por todos. Mas minha intuição me diz que você poderá ajudar apenas minha caçulinha.

Eu meditei sobre as palavras de Atlas, impressionado com sua altíssima percepção intuitiva, e lhe respondi:

— Ártemis e meus pais encontram-se neste instante construindo navios para enviar seiscentos discípulos para o mundo primevo da Terra. Mas isso ninguém pode saber!

Ele fez um gesto com a cabeça, como homem honrado que era, e prometeu:

— Você tem minha promessa de que levarei essa informação para o túmulo.

Eu fiz um sinal de que confiava em suas palavras e prossegui:

— Logo que Alcyone entrou, percebi que ela está na frequência da luz e pode migrar para o mundo primevo. Precisamos evitar que atlantes com a alma negra como nós se utilizem de seu poder e conhecimento para escravizar as raças do mundo primevo.

E, mirando firme em seus olhos, disse-lhe, apertando sua mão:

— Todos nós devemos morrer na terra de Possêidon. Por isso, nada revele aos seus sacerdotes; caso contrário, eles poderão fugir da Grande Ilha e comprometer os planos do Espírito Criador no mundo da terceira dimensão. A força inversa do Vril não pode ser levada ao mundo primevo.

Ele demonstrou compreender e disse-me:

— Leve apenas Alcyone, e eu te prometo que ninguém saberá de nada. Eu sei que ela é um espírito amorável e tem uma missão sagrada neste mundo. Minha menina é muito jovem para morrer. Ela é um grande potencial que deve ser preservado para enriquecer os planos do Espírito Criador em outras terras.

E, olhando para a filha, que parecia irradiar luz de seu peito moreno, vestindo apenas uma túnica branca de seda, prosseguiu:

— Ela gosta de estudar as estrelas. Esses dias, falou-me dessa mesma tragédia que você insiste em me contar. Alcyone disse-me que viu na abóbada celeste que estamos nos distanciando da estrela central de nosso céu, e que isso significava um período de escuridão e trevas para toda a humanidade da Terra. Mas os anjos lhe disseram que nos aproximaríamos novamente dela, no futuro, reiniciando a era da luz, na qual viveram os atlantes da época de ouro.

Ele ficou com um nó na garganta e concluiu, procurando segurar as lágrimas:

— Minha doce criança já havia me falado sobre isso em diversas ocasiões, mas só agora pude compreender suas palavras. Talvez seja a iminência da morte que abriu meus olhos para as questões transcendentais.

Atlas silenciou, e eu lhe disse, com segurança:

— Ártemis aceitará Alcyone. Eu tenho certeza. Porém, temos pouco tempo. Eu devo levá-la imediatamente, porque os barcos já devem estar partindo.

Atlas sorriu e se sentou na cama, com imensa dificuldade, dizendo a todos, inclusive à sua esposa:

— Amigos, a visita de Andrey tem um significado muito importante, que seria impossível lhes explicar neste momento. Ele vem em nome do Espírito Criador, Aquele que esquecemos em meio a esta batalha insana.

Ele respirou com dificuldade e voltou a falar:

— Andrey me prestará dois favores: o primeiro será destruir Gadeir, evitando que esse monstro elimine nosso povo após minha morte; e o segundo será levar minha filha Alcyone para uma missão muito especial. Ordeno que lhe permitam salvo-conduto, carregando meu mais precioso tesouro.

Mal Atlas terminou essas palavras, houve uma celeuma geral. Alcyone era muito querida por todos. Pleione e os sacerdotes protestaram, enquanto a delicada menina mantinha-se abraçada às gêmeas. Apesar das roupas negras de Sol e Lua, elas juntas pareciam três anjos iluminados.

Depois de muitos protestos, quando o ambiente se acalmou, ela mesma tomou a palavra para si e disse-nos:

— Minha mãe e fiéis servidores de meu pai, agradeço a inter-

Atlântida – No reino das trevas

233

venção de todos, mas não é necessária. Em minhas orações, já havia recebido a informação de que deveria seguir com os guardiões negros, que foram designados para a tarefa de me conduzirem ao mundo primitivo da Terra, onde devo realizar uma sagrada missão, que, segundo os imortais, não pode ser revelada. Peço a todos, de coração, que acatem esse último pedido de meu pai.

Atlas fechou os olhos, emocionado com a maturidade e consciência da filha, e sentenciou:

— Que assim seja! Cumpram a ordem de seu rei.

Eu, então, ergui-me, olhei firme para Atlas e beijei sua fronte. Por fim, falei:

— Em breve, ver-nos-emos no outro plano, querido irmão!

Ele fez um sinal afirmativo, com o rosto pálido, e saímos lentamente, conduzindo Alcyone. Os sacerdotes vermelhos nos observavam com um olhar firme e surpreso. Talvez nunca tivéssemos chegado tão próximos uns dos outros, em todos aqueles anos.

Ao sairmos, podíamos sentir suas respirações e observar seus profundos olhos negros. Eles também estavam impressionados em ver-nos de tão perto, admirados com o brilho de nossos olhos azuis, o tom claro da pele e os cabelos mais dourados que o trigo do campo.

Os últimos dois pelos quais passamos foram Mestor e Nereu. Eles mantiveram o cenho fechado, mas fizeram um sinal afirmativo com a cabeça, em respeito à decisão de seu líder máximo.

Quando cruzamos por eles, disse-lhes:

— Mantenham-se alertas. Assim que aqueles urubus perceberem que Atlas partiu para o mundo do espírito, virão com força máxima para destruir os sacerdotes da raça vermelha.

Nereu pareceu satisfeito com minha preocupação e respondeu, com uma voz confiante:

— Que venham! Lutaremos até a morte.

Eu, então, coloquei a mão em seu ombro e disse-lhe:

— Sei disso. Lute com honra e bravura, meu irmão. Quem sabe na outra vida lutaremos novamente, porém do mesmo lado!

Ele pareceu impressionado com aquelas minhas palavras, mas nada disse. Apenas expressou significativo olhar. Eu dei dois passos mais e me virei novamente para lhe dizer:

— E perdoe Arnach. Todos nós cometemos erros nesta vida.

Ele fez um gesto de contrariedade. Eu sabia que seria inútil convencê-lo naquele momento. Então, rapidamente descemos as escadarias, com nossas capas pretas por fora e escarlate por dentro esvoaçando ao vento.

E realmente lutamos juntos, tanto na época da unificação do Egito, ao lado de Menés, como, depois, no reinado de Akhenaton, quando eu era Radamés, e ele, o general Horemheb. Cem anos depois, o fato se repetiu ao lado de Moisés, quando vivemos as personalidades de Natanael e Josué.

Enquanto Alcyone se despedia de uma menina que parecia lhe ser muito próxima, preparamo-nos para a decolagem. Ela entrou na nave, e a jovem ficou nos observando, com os olhos úmidos.

Lua colocou a mão em meu ombro e disse-me:

— Meu amor, espere, leve a outra menina também. Não nos custa nada.

Eu virei para minha adorada morena e disse-lhe:

— Lua, nós não podemos abusar. Ártemis talvez não autorize dois embarques imprevistos.

Alcyone, em seguida, disse-nos, com sua voz suave e serena, impregnada de elevada autoridade:

— É minha irmã. Ela se chama Celena.

Sol tocou em meu braço com delicadeza e falou:

— Venha, Celena! Andrey, não se preocupe, Ártemis autorizará. Consigo ver a luz na aura dessa menina, assim como na de Alcyone.

Não discuti, até porque parecia que Alcyone é quem dava as ordens ali. Ela não pediu, mas senti que era sua vontade, portanto, resolvi consentir sem nada dizer.

Apesar de não termos pedido autorização a Atlas para levar outra de suas filhas, permiti seu embarque com um discreto gesto de cabeça. Eu havia notado que alguns de seus homens suspeitavam que nós faríamos algum mal à Alcyone, mas não tínhamos tempo para discutir.

Partimos rapidamente com as duas em direção ao litoral. As gêmeas estabeleceram um contato telepático com Ártemis e obtiveram a localização exata de onde encontrá-los. Dez em-

Atlântida – No reino das trevas

235

barcações já haviam partido nos últimos dias. Só faltavam duas, que seguiriam viagem dentro de pouças horas.

Naquele período, a única forma de comunicação a distância passou a ser a telepatia. Os telefones móveis, tão utilizados na época de ouro, necessitavam de grandes concentrações de Vril na atmosfera. Era por meio do quinto elemento que se estabeleciam as frequências de comunicação. E, como ele estava rarefeito, tornou as redes de comunicação inativas, assim como acontecia com as naves que não decolavam mais do solo fazia décadas, salvo raras exceções, como em nosso caso, em que poderosos sacerdotes do Vril manipulavam-nas manualmente.

Ártemis e Criste nos receberam carinhosamente, enquanto Násser e Atônis prosseguiam empenhados no trabalho dos preparativos para os últimos embarques.

Criste, então, aproximou-se de mim e me abraçou, dizendo:

— Saudades de você, meu filho.

Eu retribuí o abraço, mas não permiti que ela se deixasse levar pelos sentimentos.

— Vamos, Criste, temos muito trabalho a fazer! O embarque deve ser rápido.

Eu apontei para o céu, em direção ao asteroide que se aproximava rapidamente, e completei:

— Eles precisam partir logo, para que a embarcação se afaste a tempo de não ser tragada para o fundo do mar, com a Grande Ilha.

Ela concordou com um gesto delicado e foi continuar suas tarefas, com os olhos úmidos. Senti-me mal por desprezar seu amor, mas eu vivia em outro mundo, em que essas demonstrações exteriores de carinho deveriam ficar cada vez mais distantes.

Já as gêmeas não se importavam em demonstrar a afeição que cultivavam em seus corações. Por várias vezes, vi-as roubando beijos carinhosos de Ártemis e Criste. Elas conciliavam muito bem as trevas com a luz, mas minha psique perturbada não conseguia agir da mesma forma.

Tentando escapar dessa tormenta de sentimentos, fui apressar os jovens a recolherem os mantimentos que deveriam levar na viagem. Eles me olhavam com reservas, por causa de minha capa preta, porém me respeitavam, pelo imenso afeto que tinham pelos mestres.

Na hora do embarque, insistiram para que os mestres partissem com eles.

Násser, então, respondeu:

— Meus filhos, aqui termina nossa tarefa e inicia-se a de vocês. Estamos velhos e devemos seguir para a Pátria Maior, mas mantenham o coração em paz, porque estaremos sempre ligados a vocês, em espírito, trabalhando para o bom êxito dessa missão.

Os jovens abraçaram Criste e Ártemis, emocionados. Eles as chamavam de as grandes mães, assim como nós; e elas adoravam tal alcunha. Foi difícil convencê-los a partir sem os mestres. Não queriam abandoná-los ali, sem amparo na velhice.

Atônis percebeu a aflição dos jovens, colocou a mão sobre meu ombro e disse-lhes, causando-me admiração:

— Não se preocupem conosco. Andrey levar-nos-á à capital para que possamos morrer na cidade que foi nosso lar por tantos anos. Queremos estar lá para presenciarmos o fim daquela maravilhosa metrópole de outrora que ajudamos a construir.

Os jovens concordaram, um pouco mais tranquilos com meu amparo, e finalmente partiram. Naquela última embarcação, estavam Ravena, Alcyone e sua irmã, Celena.

Ravena fez um sinal para mim, cumprimentando-me a distância, com lágrimas de gratidão nos olhos. Seu destino estava sendo cumprido. Ela viveria ainda por longos anos e teria muitos filhos dignos e honrados, que seriam príncipes em suas comunidades.

Alcyone tornar-se-ia uma das primeiras grandes sacerdotisas do novo mundo. Junto aos gregos primitivos, ela estudaria mais profundamente o céu e a influência dos astros sobre a vida humana, tornando-se uma sábia filósofa que conduziria moralmente seu povo com verdadeira soberania pelo caminho da luz.

Ela também herdara parte do extraordinário poder com o Vril de seu pai, assim como previra Gadeir. Entretanto, jamais o utilizou em sua forma inversa; somente para curar e auxiliar no progresso dos gregos primitivos.

Alcyone foi uma sacerdotisa casta durante sua vida inteira. Não teve filhos, assim como Celena, sua irmã, terminando ali a fantástica linhagem de Atlas, o guerreiro gigante, que se tornaria um deus da mitologia grega.

Atlântida – No reino das trevas

Depois da morte de Alcyone, batizariam a estrela central de nossa galáxia com seu nome; aquela mesma que descobrira ainda quando vivia ao lado de seu pai e previra que a humanidade entraria em um período de doze mil anos de trevas por ela estar em um movimento de afastamento de nosso Sistema Solar, deixando de nos banhar com a ação benéfica de seu cinturão de fótons.

Se sabemos que nossa psique é influenciada pelas fases lunares, imaginem o quanto sofremos com relação à disposição da irradiação de uma estrela da magnitude de Alcyone, conforme já explicado no capítulo introdutório deste livro.

Aos poucos, os dois últimos navios foram sumindo, após as ondas do mar, em direção ao horizonte. De longe, abraçados, víamos os acenos e as irradiações de amor que eles dirigiam a seus mestres, em um misto de cores belíssimas.

Criste, com os olhos úmidos de emoção, disse:

— Cumprimos com admirável êxito nossa tarefa. Escolhemos bem os meninos. Eles serão focos de luz no novo mundo e trarão um grande impulso para as civilizações que ajudarão a formar na Terra primitiva.

Aquele grupo de jovens honrados que foram divididos em doze embarcações navegariam por semanas até encontrar praias distantes, conforme a vontade dos ventos e o "sopro de Deus".

Alguns aportaram no Vale do Nilo; outros, nas Américas; alguns rapidamente chegaram ao mediterrâneo e regiões próximas. Eles logo foram bem recebidos por causa de sua simpatia, luz interior e, com o passar do tempo, em razão dos avanços que trariam a essas civilizações primitivas.

Eram vistos como os deuses que abandonaram seu mundo distante para viver entre os mortais. Atlântida já não existia mais, e seus raros herdeiros desceriam definitivamente à vibração da esfera primeva da Terra. Do acasalamento entre essas duas "espécies" nasceriam, do ventre das gestantes, crianças férteis, que dariam origem a uma nova linhagem, os chamados "filhos dos deuses".

Eles aperfeiçoariam os povos primitivos em todos os aspectos, promovendo o avanço dessas civilizações. A partir de então, o mundo primevo da Terra deixou de ser designado como tal, tornando-se a única e definitiva plataforma de aporte de espíritos para evoluírem no cenário da vida humana terrena. A era da mítica Atlântida havia sido encerrada de forma melancólica.

Ártemis passou a mão pelos cabelos de Criste e disse-lhe:

— Sim, minha querida irmã, cumprimos nossa tarefa! Basta agora aguardarmos a vontade divina e seguirmos nosso destino rumo à nova etapa evolutiva em que nossos irmãos atlantes já vivem.

Elas se referiam aos atlantes da época de ouro, que haviam ascendido a uma esfera superior e não mais encarnariam na Terra; prerrogativa que também cabia a todos os mestres, ainda mais depois de todo o esforço que realizaram em Atlântida em nome do Grande Espírito.

Atônis, então, disse com um brilho nos olhos:

— Não, minha missão ainda não terminou! Eu ficarei na Terra e ajudarei os capelinos a evoluir. Pedirei ao Grande Espírito para seguir trabalhando no mundo por amor aos nossos irmãos que aqui em Atlântida iniciaram seu ciclo de encarnações na Terra e, também, por aqueles que já vivem no precário mundo primitivo deste planeta.

Os mestres se olharam em silêncio. Atônis mantinha o semblante sereno e iluminado por uma radiosa energia dourada, tão bela quanto o Sol. Ele estava com a razão: os mestres estavam muito engajados na evolução dos capelinos para abandonar a Terra. O mal que praticávamos não lhes causava revolta, mas sim compaixão. Apenas desejavam nos libertar das práticas anticrísticas, que são filhas diretas da ignorância espiritual.

E foi assim que eles ficaram ao lado dos agentes do Cristo na Terra. Trabalharam, tanto no plano espiritual como no material, por longos séculos. Retornaram juntos ao mundo físico, em várias ocasiões, até que, durante a décima oitava dinastia egípcia, desceram para preparar o povo da terra de Kemi para a chegada do Messias, o Grande Espírito.

Ártemis reencarnaria como Ramósis, o sumo sacerdote do templo de Osíris. Násser chegou ao mundo como o sumo sacerdote de Heliópolis, Meri-Rá. Criste reencarnou como a rainha Nefertiti, e Atônis chegou ao mundo como Akhenaton, o faraó do Deus Único, conforme narramos no livro *Akhenaton – A Revolução Espiritual do Antigo Egito* e suas sequências, *Moisés – O Libertador de Israel* e *Moisés – Em Busca da Terra Prometida.*

Capítulo 15

O último duelo do vril

Após a partida dos atlantes que levariam a avançada cultura e herança genética de nosso povo para o mundo primevo, regressamos à capital Posseidonis. Os mestres, ao chegarem lá, despediram-se cortesmente, e Atônis disse-nos:

— Meus filhos, obrigado por nos conduzirem até aqui. Agora, sigam seu rumo, pois temos destinos diferentes a cumprir. E, como sinto que não nos veremos mais nesta vida, peço para refletirem sobre o fato de que o Espírito Criador é um pai amoroso e está sempre de braços abertos, esperando o regresso de seus filhos que seguem pelo caminho das sombras.

Nós fizemos um gesto afirmativo, em silêncio, como crianças penitentes, e eles nos disseram, a uma só voz, antes de se afastarem:

— Que a paz do Espírito Criador esteja com vocês!

Repetimos, de coração, a saudação dos sacerdotes atlantes da época de ouro, coisa que não fazíamos há anos, e, então, eles seguiram lentamente pelas ruas tumultuadas da capital, sem serem reconhecidos.

Pareciam mendigos insignificantes, por causa de suas roupas surradas da vida na selva. Assim não causariam alarme, nem seriam descobertos por Gadeir, mesmo porque, com a provável morte de Atlas, os antigos mestres atlantes não lhe seriam mais úteis.

Nós partimos ao encontro de Arnach e Ryu, em uma pequena casa no campo, onde nos refugiamos de uma possível represália de nosso antigo líder. Seria uma questão de tempo para sermos os próximos alvos de sua mira, após o desencarne do grande líder da raça vermelha.

Quase duas semanas depois, Atlas finalmente sucumbiu. O gigante vermelho era duro na queda. Lutou contra a morte como pôde; talvez na expectativa de que eu matasse Gadeir antes de sua desencarnação. Isso evitaria o extermínio de sua família, de todos os seus sacerdotes e também de seu povo. Mas não tínhamos como lutar contra todos os sacerdotes da raça branca. Eles, reunidos, eram certamente mais poderosos, e talvez perdêssemos a única chance de obter êxito.

Nem dois dias haviam se passado da morte de Atlas, e Gadeir e seus fiéis assessores invadiram a Atlântida Oriental e guerrearam abertamente contra os sacerdotes rivais. A luta foi breve, apesar do esforço extremo de Nereu e Mestor, os únicos que poderiam rivalizar com nossos sacerdotes de primeira linha. Pelo menos eles conseguiram eliminar alguns importantes sacerdotes de Gadeir. Isso foi fundamental para nossos planos.

Quanto menos apoio ele tivesse, mais chance nós teríamos de vencê-lo. Contudo, em pouco mais de uma hora, todos os sacerdotes da raça vermelha haviam sido exterminados. Gadeir matou também a esposa de Atlas e suas filhas, com o objetivo de não deixar sucessores com poder sobre o quinto elemento entre os vermelhos.

O domínio do Vril não era algo genético; mesmo assim, ele não quis arriscar. Talvez alguma de suas filhas pudesse desenvolver no futuro aquele poder incrível que Atlas concentrava com tanta facilidade em suas mãos e, certamente, desejaria vingar a morte do pai.

Gadeir acreditava que reinaria por longos anos sobre toda a Atlântida. Os dragões lhe haviam prometido tal feito, e ele não acreditava no fim trágico de que tanto eu o alertava.

Galeato, então, aproximou-se e perguntou:

— Exterminaremos a raça vermelha agora com o Vril?

Gadeir sacudiu a cabeça de forma negativa e falou com sua voz cada dia mais cavernosa:

— Não, nós utilizaremos o "Sol Negro". Nossas pesquisas indicam que já é hora de realizarmos um teste definitivo com essa fantástica força destruidora.

Galeato sentiu um leve arrepio na coluna e protestou:

— Mas, mestre, a energia desprendida em um colapso de antimatéria é imprevisível. Podemos terminar destruindo todo o continente e, quem sabe, o mundo. Se usarmos o "Sol Negro" contra os vermelhos, no mínimo, toda a natureza da região morrerá, causando grave desequilíbrio em nosso ecossistema.

O ser sinistro se aproximou de Galeato, olhando-o firmemente, com seus olhos apagados, e finalizou a frase com uma sombria risada:

— E quem se importa com isso?

Galeato retrucou, tentando evitar o pior:

— O Vril é mais seguro. Conhecemos as implicações de sua utilização. O "Sol Negro" é imprevisível. Não temos como saber qual será o desfecho de seu uso.

Gadeir virou-se para ele e respondeu, com profunda irritação:

— Só saberemos o resultado se o utilizarmos. Eis o grande momento para isso.

Galeato silenciou, preocupado com a loucura de seu líder, mas preferiu não o contrariar. Eles, então, retornaram para Posseidonis com o objetivo de executar a terrível experiência.

Gadeir sempre foi fascinado pelo poder impressionante das armas de destruição em massa; tanto que, durante a Segunda Guerra Mundial, apoiou diretamente do astral o trabalho dos nazistas para a elaboração da bomba atômica. Como já afirmei, quase todas as iniciativas do Terceiro Reich tiveram a inspiração direta de Gadeir e de seus assessores: Galeato e Pantauér.

Eles aproveitaram que a cúpula do nazismo era ocupada pela reencarnação de antigos atlantes capelinos, sacerdotes do Vril de segunda linha, para intuí-los a realizar um projeto semelhante ao que tentaram implantar em Atlântida. A bomba atômica nada mais era do que a versão primitiva do projeto "Sol Negro" dos magos negros atlantes.

A colocação em prática do processo de fissão nuclear, resultando em uma consequente reação em cadeia, bem como todos os demais processos para materializar a tese da bomba atômica, foi acompanhada de muito perto por Gadeir, que protegia esses cientistas como se fossem seus próprios filhos. Além disso, inspirava-os o tempo todo a continuarem nas pesquisas dessa força destrutiva. Alguns cientistas não conseguiam parar nem mesmo para dormir e se alimentar, por causa da terrível obsessão realizada por Gadeir. Pensaram no projeto da bomba vinte e quatro horas por dia, até a realizarem.

Entretanto, ilude-se quem pensa que o lado negro é fiel a alguma pessoa ou facção. Gadeir logo percebeu que o nazismo fracassaria e passou a estimular os americanos a construir a bomba atômica. Utilizando uma das maiores armas das sombras – o medo –, eles manipularam inclusive o famoso cientista Albert Einstein, para que ele, instigado pelo temor de que os alemães desenvolvessem a bomba antes dos americanos, desse seu apoio à construção do artefato que ceifaria milhares de vidas japonesas e instauraria a era da Guerra Fria no mundo.

Gadeir, nos bastidores sombrios da guerra, também passou a alimentar as futuras desavenças entre capitalistas e comunistas, sonhando sempre com a concretização de um desastre nuclear, que felizmente nunca ocorreu, pelo trabalho paciencioso da Alta Espiritualidade da Terra.

As trevas sempre trabalham dos dois lados, procurando atender apenas seus interesses. Nunca duvide disso! Os senhores da escuridão jamais lutam defendendo um único lado. Oferecem seu apoio de acordo com as conveniências. No final, geralmente, eles ganham, enquanto todos perdem. Em toda a guerra temos um único vencedor: a morte.

Alguns dias depois, os mestres nos encontraram na casa de campo, não muito longe da cidade, onde definíamos estratégias para enfrentar os últimos sacerdotes do Vril de toda a Atlântida. Arnach ainda estava muito reticente. Ele não via necessidade de nos expormos daquela forma.

Por ele, pouco importava se Gadeir seria ou não o supremo soberano de toda a Atlântida. Nem mesmo a possibilidade de o mago negro exterminar todos os cidadãos da raça vermelha o preocupava. Arnach só desejava voltar à sua vida rotineira de conquistas. Aos seus olhos, meu plano era muito perigoso, pois, se não vencêssemos, seríamos mortos.

Atlântida – No reino das trevas

Segundo ele, talvez fosse o momento de negociarmos uma trégua, já que a luta entre as raças havia terminado. A morte de Nereu, que desejava vingar a irmã, fê-lo pensar que estaria livre de qualquer ameaça.

Na verdade, Gadeir nutria um ódio especial por mim. Ele sabia que Arnach, após minha morte, apoiá-lo-ia sem se tornar uma futura ameaça. Além disso, Gadeir acreditava no poder do Vril. Quantos mais mestres da grande energia estivessem ao seu lado, mais coeso e absoluto seria seu reinado.

Como já afirmei, ele não imaginava que o fim de Atlântida estava próximo, apesar de todos os avisos que a natureza nos dava diariamente. O poder o cegava cada vez mais.

Os mestres, então, aproximaram-se, e eu lhes disse:

— Fico feliz em vê-los uma vez mais, antes de nossa partida para a Vida Maior.

Eles concordaram com um gesto e olharam para o ponto vermelho no céu, que se aproximava cada dia mais da Terra. Em seguida, Násser disse-nos:

— Meus filhos, nós, ontem, recebemos informações do plano espiritual de que Gadeir planeja utilizar o "Sol Negro" em toda a extensão da Atlântida Oriental. O problema não seria tão grande, se a repercussão dessa explosão se restringisse à nossa dimensão. Os sábios engenheiros siderais dos planos superiores temem que ela fira gravemente a Terra como um todo. Gaia não pode ser afetada por essa ação terrível.

Ártemis ergueu as sobrancelhas, preocupada com esse desfecho, e completou, enquanto demonstrava sinais de ansiedade:

— Não havíamos previsto que ele conquistasse essa tecnologia antes do inevitável fim. É preciso impedi-lo, para que as gerações futuras do planeta possam viver dentro de uma biosfera adequada ao desenvolvimento humano.

Eu olhei para Arnach e perguntei:

— Esse motivo é suficiente, meu amigo?

Ele fez uma expressão de que estava convencido, mas não satisfeito; no entanto, aceitou, pouco conformado. Ártemis, em seguida, aproximou-se do inconstante Arnach e falou, olhando profundamente em seus olhos azuis:

— Meu filho, essa é a oportunidade que você tem de fazer

algo pelos outros. Você pode vir a se orgulhar dessa experiência, e ela pode ser a porta de que você necessita para se desvencilhar de seu ego e encontrar o caminho da luz. Vocês ainda não perceberam, mas estão entre o bem e o mal, sem definir-se por qual caminho seguir.

Ele concordou, com um gesto não muito empolgado; mais por vergonha de sua situação moral do que por um real desejo de ajudar.

Os mestres partiram, então, enquanto as gêmeas e eu ficamos meditando sobre suas palavras. Encontrar a luz! Será que isso ainda seria possível para almas como as nossas? E será que era isso o que desejávamos?

Arnach abriria mão de seu devasso estilo de vida para seguir por um caminho de abnegação, em nome do próximo? Ryu abdicaria de sua arrogância e intempestividade para tornar-se um ser cordial e gentil? E eu libertar-me-ia da revolta interna que me consumia? Meu desejo de vingança seria saciado, se eu matasse Gadeir? Electra estava morta, e parecia que nada mudara em minha alma, no sentido de aplacar minha ira.

Não sabíamos nem quem éramos nem o que queríamos para nossas vidas. Um incompreensível dilema tomava conta de nossas almas. Parecia que desejávamos fazer parte do grupo da exceção.

Quando nos demos conta, percebemos que as palavras dos mestres faziam sentido: não éramos parte nem da luz nem das trevas. Lutávamos dentro de um cenário intermediário entre essas duas forças antagônicas.

Atordoados com essas reflexões, decidimos imediatamente voltar para a sede do governo atlante e resolver, de uma vez por todas, aquele impasse que tínhamos com Gadeir fazia tantos anos. Era a hora do tudo ou nada.

Antes de partirmos, percebi que Lua e Sol estavam com roupas diferentes das tradicionais. Elas vestiam as usuais calças negras e apenas coletes com botões de pressão. Seus braços e ombros estavam nus, sendo que, na frente, o decote era vertiginoso. Também não usavam as capas escarlates, mas nos pés não dispensaram suas já tradicionais sandálias; a de Lua na cor prata enfeitada com diamantes e a de Sol dourada, com detalhes em oricalco.

Intrigado, perguntei:

Atlântida – No reino das trevas

— Algum motivo especial para essa vestimenta sedutora?

Elas sorriram, enquanto ajeitavam os cabelos de forma sensual. Sol piscou o olho para mim e respondeu:

— Ah, meu amor, essa é nossa arma secreta para o duelo.

Eu apenas arqueei as sobrancelhas, admirado com os olhares poderosos e sensuais de minhas mulheres, e resolvi não questionar mais. Já era hora de enfrentarmos nosso destino.

Ao nos aproximarmos da sede do poder atlante, ficamos estarrecidos com a gritaria nas ruas. O populacho comemorava a vitória na guerra, quebrando tudo o que via pela frente e bebendo de forma enlouquecida. Alguns guerreiros da raça vermelha, que eram prisioneiros de guerra, foram soltos nas ruas para serem agredidos e humilhados pelos cruéis vitoriosos.

Eram cenas gratuitas de violência proporcionadas por uma sociedade que havia mergulhado profundamente nos complexos labirintos do ódio. Muitos daqueles que agora se colocavam de forma ameaçadora diante dos vermelhos vencidos eram os mesmos que, no período da guerra, se escondiam de medo para não terem de lutar nas batalhas. Eram nada mais que ratos desprezíveis. Os verdadeiros soldados do exército da raça branca ainda se encontravam nos campos de batalha.

Olhei com desprezo para aquela gente que mereceria o triste destino que, em breve, viveríamos. Entramos logo no centro administrativo. Essas criaturas falsas e desprezíveis foram as que eu tive mais prazer em subjugar, depois que todos nós descemos para o submundo astral, e lá se estabeleceu o império dos magos negros atlantes.

Ao entrarmos no amplo prédio, todo decorado com ouro, prata e oricalco, não tivemos nem a oportunidade de nos dirigirmos aos nossos aposentos. Gadeir já se encontrava reunido com os demais sacerdotes no saguão central, provavelmente nos aguardando. Naquela época, nossos sentidos eram muito desenvolvidos. Era comum anteciparmos ações com base em nossa intuição, algo que o homem hoje em dia pouco explora, por ter esquecido suas origens milenares e também pela natureza primitiva dos corpos físicos da espécie *Homo sapiens*.

Os últimos remanescentes da classe sacerdotal de magos negros atlantes nos aguardavam para o derradeiro combate, com um olhar pouco amistoso. Era a hora de colocarmos à prova os "dois triângulos". Eu na frente, com as gêmeas cada qual em um de meus lados, meio passo atrás: Lua à direita e Sol à esquerda, enquanto Arnach e Ryu ficaram um pouco mais atrás de cada uma delas, formando um triângulo dentro do outro; uma formação coesa e imbatível, a qual utilizaríamos em muitos duelos no astral, por milênios.

Gadeir, então, levantou-se do trono do amplo salão, contorcendo seu corpo como se fosse um gafanhoto com longas pernas, e disse:

— Chegou o momento que eu tanto esperava. De hoje você não passa, caro Andrey.

Eu sorri e respondi, percorrendo o olhar por todos os sacerdotes:

— Será um prazer. Mas, antes de iniciarmos, quero dizer a todos os meus irmãos aqui presentes que esta luta não é de vocês. Os que abandonarem esse duelo agora serão poupados quando vencermos. Quem se mantiver aqui, enfrentando-nos, será morto.

Dei uma breve pausa e, olhando nos olhos de cada um, completei:

— Sem piedade.

A maioria dos sacerdotes riu, ironizando-nos, mas alguns ficaram pensativos. Eu aproveitei o momento de dúvida entre eles e insisti:

— Pensem, meus irmãos: vocês querem perpetuar no poder absoluto de Atlântida um lunático que deseja utilizar o "Sol Negro" para destruir metade de nossa pátria? Por mais que odiemos os inimigos da raça vermelha, isso é descabido e perigoso e poderá, inclusive, destruir nós mesmos.

Eu respirei profundamente e ameacei novamente:

— Quem ficar neste palco será exterminado. O lado vencido não será poupado.

Gadeir replicou minhas acusações sobre o uso do "Sol Negro", mas sua argumentação não foi convincente. Isso fez com que alguns sacerdotes se retirassem do cenário do confronto. Ele tentou revidar, dizendo:

— Aqueles que abandonarem o duelo serão punidos por mim, quando eu exterminar nossos rivais.

Eu rapidamente repliquei:

Atlântida – No reino das trevas

— Você está com medo de nos enfrentar em igualdade de condições? Essa luta é somente nossa, de nós cinco contra você e seus partidários mais próximos. Não comprometa todos os sacerdotes em uma luta que você pode conquistar de forma equilibrada.

Pantauér, então, mordeu a isca e disse, esfregando as mãos:

— Libere-os sem punição, meu mestre. Deixe comigo, que eu vou estraçalhar o pavãozinho com minhas próprias mãos.

Arnach, sempre debochado, começou a rir sem parar.

— Pavãozinho!

Eu olhei para ele e disse, irritado:

— Cale a boca, Arnach! Concentre-se na batalha.

Arnach era assim: difícil de conter-se e irônico.

— Ai, mas essa foi muito boa! Se sobrevivermos, não vou me esquecer disso nem por mil anos. Pavãozinho.

Ryu conteve o riso e se preparou para a batalha, enquanto as gêmeas esboçaram um sorriso leve com o canto da boca.

Sol, então, disse, em tom zombeteiro:

— É bom rirmos um pouco para relaxar, amor. A batalha será dura.

Enquanto isso, pouco a pouco, alguns sacerdotes foram saindo do amplo salão, que parecia um imenso tabuleiro de xadrez, por causa do piso de pedras brancas e pretas. Alguns abandonaram o desafio por não concordarem com as decisões extremas de Gadeir; outros por acreditarem que tínhamos grandes chances de vencê-lo.

Aquele duelo, que seria o último com o Vril na história da humanidade, desenrolar-se-ia assim mesmo, como um grande jogo de xadrez.

Ao contrário das batalhas no penhasco, esse seria um desafio de forças, disputado lance após lance, até que o definitivo xeque-mate fosse efetivado, destruindo a equipe inimiga. Peças derrubando peças, manipulações do Vril ocorrendo de forma inusitada, tudo para surpreender o oponente e neutralizar suas forças, com o objetivo de abrir as portas para o golpe final.

Os magos atlantes que desistiram do combate subiram ao mezanino para assistir de camarote àquele inigualável confronto. No fim, ficaram apenas oito sacerdotes com Gadeir, sendo os principais seus assessores próximos: Galeato e Pantauér. Esses nos dariam mais trabalho.

Um a um os componentes foram construindo suas combinações de forças com o Vril e as direcionando aos oponentes, a fim de estabelecerem correntes que eram sustentadas pela equipe rival.

As gêmeas eram excelentes nisso também. Era quase como um brinquedo para elas, que sorriam como se estivessem realmente jogando uma empolgante partida de xadrez e comemoravam a cada lance notável que realizavam, desestabilizando a estrutura emocional dos rivais.

Talvez nosso grande trunfo fosse a ausência de medo da morte. Nesse quesito, entre nós, talvez só Arnach fosse fraco. O galante conquistador adorava aquela vida de ilusões em que vivíamos. Provavelmente por isso tenha sido o último a abandoná-la.

Cada golpe ou jogada, como queiram, durava em torno de quinze minutos. A equipe rival sustentava o equilíbrio de forças usando o Vril e aguardava sua vez para revidar. O intervalo entre as jogadas também era de mais ou menos quinze minutos, momento em que estudávamos o inimigo e também reacendíamos o poder do Vril em nossas mãos, depois de recuperarmos as forças.

O som característico do quinto elemento aumentava e diminuía, à medida que executávamos cada jogada.

Não sei por quantas horas ficamos naquela luta sofrendo imenso estresse, mas, ao mesmo tempo, era emocionante, pelas jogadas brilhantes que todos realizávamos. Os sacerdotes que abandonaram o tabuleiro assistiam a tudo boquiabertos. O quinto elemento estava cada vez mais raro na atmosfera atlante, no entanto, realizamos manipulações fantásticas com a grande energia naquele dia.

O manuseio do Vril e a atenção a cada lance do grupo rival exigiam-nos concentração máxima. Ryu e as gêmeas mal piscavam. Arnach demonstrava certa dispersão, típica de sua personalidade, e eu me perdia em meus pensamentos confusos.

Minha mente, sempre reflexiva, fazia com que eu me desconcentrasse em certos momentos, perguntando-me sobre os porquês de cada experiência da vida. Mas eu rapidamente re-

Atlântida – No reino das trevas

cuperava a concentração máxima. Assim, várias horas se passaram, e o olhar confiante de Gadeir não esmorecia. Galeato ajeitava sua capa com determinação e também não dava mostra nenhuma de cansaço. Pantauér, o mais corpulento entre eles, também não desfazia o vinco em sua testa, demonstrando concentração e ódio extremo a nós, seus rivais.

A luta continuou assim, exaustiva, até que me precipitei e fiz uma combinação arriscada com o Vril, que terminou me deixando descoberto. As gêmeas e Ryu estavam com suas capacidades máximas comprometidas. Somente Arnach poderia intervir, mas isso lhe custaria muito caro; talvez a própria vida, porque Gadeir, naquela combinação de forças, teria como revidar e destruí-lo.

O sedutor amigo praguejou, olhando para mim muito irritado e nervoso:

— Droga, Andrey, droga! Eu falei que não deveríamos enfrentá-los.

Um grave silêncio tomou conta do amplo salão. Passados alguns segundos, Gadeir gargalhou e disse, estendendo a mão para o galanteador incorrigível:

— Arnach, é inútil reagir! Seja meu fiel discípulo, e todo esse período de rebeldia lhe será perdoado.

Eu olhei para as gêmeas e percebi que lágrimas silenciosas escorreram serenamente de seus olhos. Tudo estava perdido.

Elas, então, falaram-me:

— Meu amor, não tema. Em breve estaremos com você no plano do espírito.

Eu abaixei a cabeça, confuso. Não era assim que eu deveria terminar meus dias, conforme indicavam meus sonhos proféticos. Eu já havia confidenciado às meninas que morreríamos quando uma grande onda invadisse a capital Posseidonis, e eu estaria sentado no trono de um rei, com elas duas com suas cabeças deitadas sobre minhas coxas. Não fazia sentido o que estava acontecendo.

Naquele instante, percebi que Arnach me olhava, constrangido. Eu virei para ele e afirmei telepaticamente:

— Faça o que tiver que fazer, meu eterno amigo, e eu compreenderei.

Ele sacudiu a cabeça, com a mente perturbada, e pude perceber seus pensamentos:

— Desculpe, Andrey, tudo acabou. É inútil continuar lutando. Lamento!

Naquele momento, abaixei a cabeça e disse para mim mesmo, procurando algo em que me agarrar (nessas horas, as almas fracas na busca da luz se lembram sempre Daquele que geralmente se esquecem nos momentos de felicidade: o Criador dos mundos):"Estou de novo aqui, grande Pai, às portas da morte, e entrego a ti meu espírito. Faça de mim o que achar justo".

Eu sorri, embevecido com o sentimento de liberdade que sentia. Era o fim do ódio, do sofrimento, do desejo de vingança e das rivalidades antifraternas. Eu só queria encontrar o grande vazio; a mesma ilusão que muitos suicidas têm, quando procuram a morte. No lado de lá não existe vazio, e sim nossas próprias consciências, mais vivas do que nunca, cobrando-nos por nossos equívocos e pela fuga de nossos compromissos.

Jamais devemos fugir da vida, e sim adquirir sabedoria espiritual para enfrentar os dissabores que surgem durante a caminhada.

Arnach, a seguir, olhou para as suas próprias mãos, carregadas com o Vril, ao ponto de faiscarem, e deixou se envolver pelo mais belo dos sentimentos, esquecendo-se de seu ego. Ele se lembrou de nossa amizade, desde que éramos crianças, de nossos pactos de fidelidade mútua, tanto na infância quanto no momento em que me tornei mago negro, ao lado dele e de Ryu. Tudo isso passou por sua mente na velocidade de um raio.

Gadeir e seus asseclas haviam reduzido a concentração do Vril em suas mãos, já dando a vitória por certa, pois conheciam a personalidade de Arnach. Esse fator surpresa foi-nos de grande valia quando ele, inesperadamente, manipulou o Vril de maneira absoluta, sem reservas, e arremessou-o contra o sinistro ser esquelético de manto negro, gritando de forma selvagem, com toda a intensidade de sua alma.

O arrogante e esguio líder de nossa raça surpreendeu-se com o ataque e chegou a se desequilibrar, pendendo para trás, mas rapidamente refez-se do susto e revidou, realizando um equilíbrio de forças com Arnach; porém, infelizmente, Arnach

Atlântida – No reino das trevas

251

passou a ser consumido. Tivemos de observar, impotentes, seu corpo envelhecendo rapidamente, como se uma força sinistra estivesse vampirizando todas as suas energias, sugando o tônus vital de sua alma e de seu corpo.

Os olhos de Gadeir, então, brilharam, e ele cometeu seu grande erro: direcionou sua força máxima sobre Arnach, com a intenção de destruí-lo, dando-nos a liberdade de ação de que precisávamos. As gêmeas, sempre muito espertas, aproveitaram o momento e fizeram algo impensável: abriram seus coletes repentinamente e expuseram os seios exuberantes, lançando olhares sedutores sobre os rivais.

Elas sabiam que seus poderes iam muito além do que o Vril poderia nos proporcionar naquela batalha. Boa parte dos sacerdotes que davam cobertura a Gadeir, na segunda linha, sonhava em um dia vê-las nuas e, quem sabe, até mesmo possuí-las.

Os homens, em todas as épocas, sempre foram iguais nessa questão: jamais resistiram à beleza de uma linda mulher. Ainda mais nesse caso, em que eram duas quase idênticas. Sem contar que os seios de Sol e Lua eram verdadeiramente divinos.

Aquele gesto repentino das gêmeas terminou desconcentrando os sacerdotes que davam sustentação à energia de Gadeir. Eles tiveram repentina taquicardia, e seus cérebros perderam o foco na batalha.

Para manipular o quinto elemento, concentração é essencial. E isso eles não tinham mais. Então, logo o Vril despareceu das palmas de suas mãos. Ryu percebeu o enfraquecimento dos inimigos e partiu por trás das gêmeas, atacando-os, com o apoio das duas. Eles destruíram em poucos segundos os seis sacerdotes atônitos que cobriam nossos principais rivais.

Eu puxei a energia de Gadeir para mim, libertando Arnach, que já estava deitado no rico piso de pedras brancas e pretas, contorcendo-se de dor, como uma sombra viva do que fora. Seu corpo esfumaçava em razão da alta tensão energética que recebera.

Enquanto isso, Galeato e Pantauér ficaram boquiabertos com a perda do apoio que recebiam de trás, facilitando a ação das gêmeas e de Ryu, que os destruíram. Eles eram muito arrogantes e convencidos de seu potencial. A ideia da derrota não fazia parte de suas crenças. Olhavam para a situação ao seu redor sem acreditarem no que estava acontecendo, o que terminou por facilitar nossa ação.

Poucos segundos depois, eu disse:

— Adeus, Gadeir! Volto a te encontrar no inferno; isso se Atlas já não tiver acabado com você quando eu chegar lá.

O maquiavélico líder da raça branca apenas arregalou os olhos e tentou falar algo, mas, antes disso, também explodiu, tornando-se uma nuvem de pó diante de nossos olhos. O duelo estava encerrado.

Eu suspirei e disse, olhando para o Alto, sem dar-me conta de que um espírito voltado para o bem jamais espera vingança:

— Evelyn, minha querida, isso é por você. Sinta-se vingada.

Depois, corri até Arnach e virei seu rosto em minha direção. Ele parecia um velho decrépito com mais de duzentos anos. Seu corpo estava arruinado; os cabelos haviam caído; apenas alguns ralos fios longos saíam esparsos de sua cabeça, que mais parecia uma caveira; sua pele estava muito enrugada; e os dentes, sempre brancos e brilhantes, tornaram-se marrons e desidratados. Parecia um corpo putrefato, dentro das intocáveis belas vestimentas dos magos negros atlantes.

Ele olhava para as mãos e me dizia, horrorizado, com uma voz fraca e reticente:

— Andrey, mate-me! Por favor, mate-me!

Eu o aconcheguei em meu peito, sentado no chão, e falei, enquanto o embalava, assim como se faz com uma criança:

— Calma, meu irmão, calma! Nós daremos um jeito nisso. Temos as câmaras de rejuvenescimento na pirâmide. Você voltará a ser o que era.

Naquele instante, ele desmaiou, enquanto os sacerdotes que assistiam ao combate do mezanino passaram a nos aplaudir. Em seguida, todos desceram e se ajoelharam à nossa frente.

Um deles, então, perguntou:

— Quem entre vocês será nosso líder? Seguiremos suas decisões com fidelidade máxima.

As gêmeas eram minhas princesas. Ryu jamais desejou o poder; pelo contrário, tinha até aversão a ele. E Arnach encontrava-se em um estado deplorável. Mais uma vez, o destino pregava-me uma peça, quando Ryu espontaneamente disse:

— Andrey é nosso rei!

Atlântida – No reino das trevas

253

Todos aclamaram meu nome a uma só voz, e, depois, aquele que nos interpelou disse:

— Vamos comunicar a toda a Atlântida que ela tem um novo governante. Ficamos felizes por não termos de nos submeter a um líder instável e perigoso como Gadeir.

Percebi que aquela era uma bajulação comum entre aqueles que se utilizavam de gestos políticos para evitar represálias, mas não me importei. Apenas ordenei:

— Vamos adiar o comunicado por alguns dias. Deixem o povo comemorar a seu bel-prazer. Agora, preciso levar Arnach para a pirâmide. Todos estão dispensados. Aproveitem para comemorar a vitória.

Um dos sacerdotes, que apenas assistiu ao confronto, olhou para o rosto desfigurado de Arnach e falou:

— É inútil, pois este já está morto. Jogue-o porta afora e venha comemorar conosco. Será apenas mais um cadáver em meio às ruas.

Eu, em seguida, levantei-me, carregando nos braços o corpo de Arnach, que exalava o cheiro da morte, e disse-lhe:

— Reze para que ele viva, porque, se morrer, você morre também. Jogarei suas cinzas sobre o túmulo de meu amigo, em homenagem a ele, e colocarei sua cabeça cravada em uma lança para os corvos visitarem a sepultura de Arnach e, assim, abençoá-lo com seus cânticos sagrados.

O medíocre sacerdote de segunda linha se encolheu, assustado, sem nada dizer, e tenho certeza de que, naquele mesmo instante, já passou a sentir saudades de Gadeir.

Depois, corremos carregando Arnach até a Grande Pirâmide e lá subimos ao cume, no último andar, onde o colocamos nas câmaras de rejuvenescimento. Porém, o tratamento emergencial não surtiu o efeito esperado. Ele gemia sem parar, por causa das dores atrozes. Arnach estava muito fraco, e a incidência do Vril sobre ele estava sendo mortal.

Tivemos que desativar o processo e apenas colocá-lo imerso em uma solução líquida com o Vril para amenizar seu sofrimento. Seria impossível rejuvenescê-lo naquelas condições, pois seu corpo estava muito deteriorado.

O efeito balsâmico da solução aliviou suas dores, fazendo-o

cair em sono profundo. Enquanto dormia, meditamos sobre tudo o que tinha acontecido e estudamos alternativas para recompô-lo.

Arnach tinha arriscado a vida por mim. Eu não poderia abandoná-lo naquele estado. Quando ele acordasse, entraria em profunda depressão e desejaria morrer, caso não recuperássemos seu estado físico.

Sob forte impressão, levantei-me e me aproximei dele com passos lentos. Olhei fixamente para seu rosto carcomido por um envelhecimento relâmpago, coberto por cânceres de pele. Observei silenciosamente seus sempre bem cuidados cabelos, agora ralos e sem vida, e chorei abertamente, sem esconder as lágrimas.

Toda a vaidade que sempre cultuáramos durante a vida estava ali, completamente morta em Arnach; exatamente em quem era mais afeito a ela. O divertido amigo adorava passar horas diante do espelho, adorando seu próprio corpo: da cabeça aos pés. E agora estava ali, em sono induzido, mergulhado na solução de Vril, em um estado absolutamente repulsivo, mais parecendo uma múmia milenar do que o alegre e belo amigo que nos divertia com seus galanteios sensuais.

As carinhosas gêmeas, então, abraçaram-me, enquanto Ryu apoiava sua mão pesada em meu ombro, observando, com um olhar chocado, aquele corpo disforme que abrigava a alma rebelde de nosso querido irmão Arnach.

Capítulo 16

O apocalipse atlante

Nos dias seguintes à nossa vitória, assistimos a toda a sorte de desregramentos por parte da população. Com certeza, a capital era a cidade mais influenciada pelas vibrações inferiores. Os soldados responsáveis pelo policiamento do centro administrativo vinham com frequência perguntar-me se deveriam tomar alguma atitude.

Eu sinalizava com desdém e dizia-lhes, pouco interessado na segurança e na ordem:

— Deixem a ralé se divertir. Em breve, eles serão chamados à razão por uma força maior que todos os nossos soldados juntos. Apenas protejam nossos prédios e a Grande Pirâmide. Não quero gente não autorizada andando por lá.

Eles saíam sem entender minhas palavras, pois não revelamos a ninguém o que aconteceria, muito menos aos poucos sacerdotes do Vril que restaram, porque eles poderiam desejar pegar alguma nave e fugir para o mundo primevo. Todos nós deveríamos morrer na Grande Ilha, pois esse era o destino dos últimos sacerdotes do Vril da humanidade.

Os jovens que foram educados pelos mestres não tinham nem um quarto do poder que detínhamos. Suas aplicações com o Vril no mundo primevo seriam bem limitadas; apenas o suficiente para ajudá-los no desenvolvimento das nações. E era melhor assim, pois o poder corrompe. Somente almas nobres deveriam possuir aquela força maravilhosa que terminamos usando indevidamente para o mal.

Enquanto isso, o astro rubro crescia no firmamento. O povo se maravilhava com a beleza da nova estrela no céu. Os cientistas, típicos capelinos, diziam-se senhores da órbita do cometa e o identificavam como inofensivo ao planeta, mas, na verdade, eles apenas especulavam, com base em sua visão limitada das coisas, assim como ocorre nos dias atuais.

A raça branca era muito cética. Acreditava que a ciência responderia a todos os dilemas humanos. E isso realmente é verdade; o problema é que não temos a capacidade de compreender perfeitamente o mundo que nos cerca. Nossas experimentações e observações estão restritas ao nosso limitado nível de percepção; portanto, temos que possuir a grandeza de aceitar que existem muito mais coisas entre o Céu e a Terra do que podemos compreender.

Naqueles dias, Atônis, Criste, Ártemis e Násser já haviam abandonado a capital. Eles se dirigiram para o cume de uma montanha nos arredores de Posseidonis. Lá aguardariam o desfecho da tragédia que havia muito tinham ciência de que ocorreria, por terem os olhos abertos para um mundo muito além do que nossos cinco sentidos conseguem captar.

Enquanto isso, o cometa se aproximava rapidamente em direção à Terra. Ele era de natureza dimensional semelhante à de Atlântida, de ordem semimaterial, e, portanto, causaria um dano localizado nessa mesma dimensão intermediária.

Caso contrário, toda a vida no planeta sofreria severamente por um longo período. O impacto desse cometa e a consequente submersão de Atlântida apenas agravaram os eventos do final da última era glacial em que vivemos, por volta do ano dez mil antes de Cristo.

O calor que emanava dele atiçou as vibrações inferiores do povo, que terminou paralisando definitivamente todas as atividades produtivas e intensificou as comemorações pela vitória na guerra.

Os derrotados continuaram a ser humilhados, e eram utilizados para servir a todos os caprichos dos vencedores. As bebidas e as drogas foram consumidas em larga escala, naquelas últimas semanas, alucinando ainda mais as massas. A energia anticrística gerada intensificou as atitudes torpes entre todos, principalmente entre os mais ignorantes e afeitos a comportamentos animalizados.

Nós permanecíamos no prédio administrativo, que estava sempre sendo protegido pelos soldados, já que o povo enlouquecido poderia provocar algum ato de vandalismo. Eu sentia que o fim estava próximo e resolvi finalmente entrar nos aposentos de Gadeir e destruir o altar e o espelho de cristal. Aquele gesto talvez quebrasse o elo dos dragões com os magos negros atlantes. Essa foi a maior estupidez de Gadeir naquela vida.

Nós deixamos Arnach encolhido em sua cadeira de rodas e fomos até lá. O pobre amigo apenas acompanhava nossos movimentos com um olhar triste. Por duas vezes, as gêmeas tinham conseguido evitar que ele se matasse.

Em uma dessas ocasiões, eu me agachei diante de sua cadeira de rodas e disse-lhe:

— Aguente só mais um pouco, meu irmão. Temos que entrar juntos no mundo espiritual; caso contrário, poderemos ser pegos em uma cilada pelos dragões. Lembre-se daquela reunião que participamos com Gadeir. Eles venderam suas almas; nós não. Nossa união é nossa força. A forma como chegarmos ao outro lado pode definir nosso futuro. Se formos subjugados, talvez nunca mais consigamos nos levantar e recuperar nossa independência. Uma luta mais árdua nos espera no outro lado da vida.

Ele, então, suspirou, e grossas lágrimas correram por seu rosto decrépito, quase sem vida. As gêmeas o olhavam com infinito sentimento de piedade. Depois, o deixamos sentadinho na cadeira de rodas, todo encolhido, com os braços retorcidos, diante de uma janela, para que ele pudesse observar com seus olhos apagados o movimento caótico das ruas.

Ao entrarmos nos aposentos de Gadeir, rapidamente descemos ao subsolo e lá quebramos todos os seus amuletos e suas estátuas ritualísticas. Sol, impressionada com tudo aquilo, perguntou, com as mãos apoiadas em sua cintura curvilínea e sedutora:

— Que instrumentos de evocação estranhos são esses? Nunca vi algo igual.

Eu olhei para ela e respondi:

— Trata-se das formas primitivas de comunicação com os espíritos das sombras do mundo primevo. Nós, atlantes, sempre soubemos que a verdadeira magia é mental e prescinde desses elementos.

Eu joguei aqueles símbolos primitivos no chão, com desprezo, e prossegui:

— Mas Gadeir estava possuído pelo desejo de poder. Pagaria qualquer preço para vencer Atlas. E, como não conseguia com o Vril, acreditou que precisava de uma força desconhecida. Certamente, os ardilosos dragões o iludiram a seguir seus bárbaros rituais; tanto que ele deveria realizar sacrifícios de animais e até mesmo de humanos neste altar.

Lua concordou e disse-nos, com seu sorriso astuto:

— Entendo, Andrey. Então, quando desencarnarmos, nós devemos evitar essa hipnose que eles tentarão nos impor.

Eu concordei com um gesto e afirmei:

— Sim, eles tentarão fazer conosco o mesmo que fizeram com Gadeir e os demais sacerdotes. Procurarão nos atormentar e pressionar para aceitarmos sermos seus servos. Tentarão nos confundir, colocar-nos uns contra os outros, dividir-nos. Não podemos aceitar isso de forma nenhuma. E espero que Atlas possa nos apoiar. Tomara que ele não tenha sido subjugado. Creio que não, pois ele jamais aceitaria submeter-se a esses seres inferiores.

Eu suspirei, com um olhar pensativo, e concluí:

— A luta será árdua, ainda mais que estaremos mergulhando em um mundo desconhecido, mas não podemos admitir sermos escravizados por essas criaturas primitivas. Isso seria nosso fim. Nossos egos não suportariam.

Ryu concordou com minhas palavras em um gesto expressivo e manipulou o quinto elemento para desintegrar o altar de Gadeir, enquanto as gêmeas e eu liquefizemos o espelho de cristal. Em seguida, queimamos todos os elementos de magia negra elaborados por ele, utilizando o poder transformador da chama violeta, que era facilmente criada com o Vril, e falamos a uma só voz:

— Que esses elementos se desfaçam na atmosfera, retornando às suas formas originais da terra, sem fazer mal a nada, nem a ninguém, transmutando-os em energias positivas para serem reaproveitadas pelo Universo.

Depois daquelas palavras, ficamos nos olhando, admirados com nossa própria atitude. Realmente éramos luz e treva. Sem percebermos, em diversas ocasiões, resgatávamos atitudes nobres do tempo em que vestíamos as túnicas da luz.

Sol riu, divertindo-se com aquela situação insólita, em que magos negros agiam pelo bem do Universo, enquanto Lua me dirigia um significativo olhar, de canto de olho, como era seu costume, provocando-me profunda reflexão.

Logo depois, escutamos um gemido distante, como se fosse de uma fera sofrida. Havia muitas almas aprisionadas naquele ambiente e, com a destruição dele, elas foram todas libertadas. O recinto, que anteriormente estava com uma energia pesada, ficou mais leve. As meninas abriram algumas janelas de ventilação para arejar o local e dispersar os fluidos deletérios criados a partir dos rituais de magia negra de Gadeir.

Depois, subimos aos seus aposentos e analisamos toda a riqueza que ele havia acumulado em todos aqueles anos. As meninas observaram, deslumbradas, as joias trabalhadas por ourives geniais da época de ouro de Atlântida. Ryu se concentrou com interesse em quadros magníficos que o terrível Gadeir devia apreciar como poucos. Ele era refinado; isso ninguém poderia negar. E talvez esse seu esmerado gosto o tenha levado à ambição sem limites que lhe causou sua ruína.

Eu, então, caminhei até a ampla varanda de sua sala, que tinha vista para o mar e para a praça central do complexo administrativo do poder atlante, e surpreendi-me com o que lá encontrei. As gêmeas e Ryu perceberam meu assombro e correram até onde eu me encontrava.

Eles observaram o local onde eu repousava meu olhar impressionado e se depararam com um luxuoso trono. Os braços terminavam em cabeças de leões; os pés da cadeira real tinham o formato de patas desse animal; e, no encosto superior, havia o desenho de um símbolo muito significativo naquela época e nas sociedades iniciáticas do futuro: a pirâmide dourada, de oricalco puro, com um olho dentro, o "olho que tudo vê", elaborado a partir do mineral lápis-lazúli.

260   Roger Bottini Paranhos

Esse símbolo, hoje em dia, tornou-se muito popular e circula pelas mãos de bilhões de pessoas pelo mundo, pois ele é um dos elementos principais da nota de um dólar.

O "olho que tudo vê" simboliza a capacidade de observar tudo e todos; nada mais que a onipresença do Espírito Criador, algo tão cobiçado por nossa raça arrogante, que desejava ter, inclusive, o poder divino nas mãos. Além disso, o poder da onipresença significava jamais ser surpreendido pelos inimigos. A mística simbologia dos atlantes da Era de Ouro foi distorcida conforme nossos interesses, assim como os nazistas fizeram com o poder fabuloso da suástica.

No entanto, o interessante era o material do qual o trono fora confeccionado, oricalco maciço. Contudo, o que mais me impressionou não foi ele em si.

Eu olhei, então, para as meninas e disse-lhes:

— Aqui é o lugar em que estaremos na hora final. Esse é o trono de meus sonhos.

Ryu observou minhas palavras e lançou-me um olhar significativo; contudo, nada falou, como era de seu costume.

Cinco dias antes do impacto, algumas pessoas perceberam que o cometa iria colidir com a Terra. Houve uma histeria generalizada, e o povo começou a fugir da grande capital de Atlântida. Contudo, para onde fossem, parecia que o astro intruso os perseguia. Os cidadãos mais abastados correram para o litoral e ingressaram em grandes barcos para tentar escapar da catástrofe.

Finalmente, o cometa entrou na atmosfera terrestre, causando um estrondo mais alto do que mil trovões. A multidão gritou desesperada, sem saber para onde fugir. Todos correram sem rumo, uns pisoteando os outros.

Mas, ao contrário do que se imaginava, a grande pedra do céu caiu a milhares de quilômetros da capital. O impacto foi tão forte que dividiu o continente em três partes. Ele desprendeu-se do que hoje conhecemos por ilhas Canárias, Açores e Madeira, e dividiu-se ao meio, no local onde o cometa atingiu a Grande Ilha.

Os habitantes da outrora magnífica metrópole mal haviam respirado aliviados, quando se iniciou uma série de terremotos que derrubou os prédios maiores, soterrando milhares e milhares de pessoas, em todos os centros populacionais do imenso continente atlântico. O pânico foi total e não havia para onde fugir.

Logo começaram os incêndios por todos os lados, e uma erupção vulcânica surgiu repentinamente, a dois quilômetros da Grande Pirâmide. Por todo o continente, sucederam-se diversas explosões piroclásticas e tremores de Terra. A lava invadiu os centros urbanos, destruindo o que os terremotos não haviam arruinado. Ela invadia casas e queimava tudo o que cruzasse seu caminho.

Pessoas feridas rastejavam-se pelas ruas, com membros fraturados por causa dos escombros dos terremotos. Lentamente, a lava se aproximava e carbonizava seus corpos ainda com vida. A erupção dos vulcões lançou rochas e areia a até cem quilômetros de distância da explosão dos montes, que se elevavam repentinamente por todo o continente.

O céu ficou coberto por nuvens escuras, e ocorreu a ejeção de grande quantidade de cinzas vulcânicas e pedras-pomes, que se trata de fragmentos de uma rocha esponjosa de baixa densidade, comum nesses eventos. Em toda a Atlântida, parecia estar nevando, por causa da chuva intensa de pedras-pomes que cobria as cidades e sufocava os transeuntes.

As poucas pessoas dignas oravam, resignadas com o destino trágico da Grande Ilha, enquanto as almas criminosas choravam desesperadas, demonstrando sua covardia, depois de cometerem tantos crimes ímpios contra o planeta e contra seus irmãos de ambas as raças.

A inexorável lei de ação e reação cobrava seu alto preço contra a sociedade atlante. Tínhamos vasto conhecimento espiritual, legado por nossos ancestrais, entretanto, fecháramos os olhos para essa verdade, assim como faz o homem moderno hoje, em um importante momento da história da humanidade.

Em breve, também teremos que prestar contas, antes da Nova Era instalar-se definitivamente na Terra. A alienação espiritual da atual civilização custará muito caro a todos, pois relegamos a um segundo plano o objetivo maior da vida humana, que é evoluir em harmonia com nossos semelhantes e com Gaia, o mundo em que vivemos.

Algumas horas depois, um dos tremores de terra fez com

que a Grande Pirâmide de Atlântida rachasse, perto do cume. Ouvimos um estalido agudo e, em seguida, o som característico do Vril, quando estava em alta rotação. A energia da pirâmide passou a se dispersar na atmosfera, em uma profusão de luzes e cores, intensificando ainda mais o terror daquele cenário tétrico.

Depois, o Vril passou a emitir aquele som agudo que, ao meu entender, representava os momentos em que a grande energia estava aflita; algo como se fosse o grito sofrido de pássaros feridos. Era o canto da morte que se avizinhava da terra de Possêidon.

Eu observava aquele impressionante espetáculo, meditando sobre nossas vidas, quando Lua se aproximou e falou, com voz assustada, olhando para mim e para sua irmã, de forma tímida:

— Eu terminei o poema de nossas vidas, aquele que estava redigindo fazia meses.

Eu sorri para ela, tentando desviar a atenção daquele apocalipse terrível que fazia tremer o chão sob nossos pés, e disse-lhe, serenamente, tentando demonstrar equilíbrio, enquanto acariciava seu angelical rosto moreno:

— Que bom, meu amor! Leia para nós. Traga-nos um pouco de alegria, em meio a esse inferno.

Sol passou a mão nos cabelos da irmã e beijou-a, enquanto ela se preparava para recitá-lo, sem ler, pois já havia decorado o texto. Depois de alguns momentos de silêncio, ela começou a declamar a poesia que tocou fundo em nossas almas, de forma inenarrável; não tanto pela beleza poética, mas sim pela profundidade da interpretação que ela fez de nossas próprias vidas.

Isso é o amor?

Passo noites sem dormir.
Mal posso esperar para vê-los acordar novamente,
Retornar do Mundo Imponderável, onde em breve seremos mestres também.
Eu preciso de vocês sempre ao meu lado para me dizerem que está tudo bem,
Que estaremos sempre juntos,
Acompanhando o fluxo interminável dos milênios.
Vocês são minha luz e meu ar. Por vocês eu vivo, morro e renasço.

Será que isso que estou sentindo é amor?
Isso só pode ser amor.
Esse é o amor que me completa e me faz feliz.
Ao lado das almas gêmeas à minha, sinto-me leve e
realizada.

Eu não posso segurar esse sentimento;
Ele é mais forte que eu.
Ao lado de vocês encontrei a chave para abrir qualquer
porta.
Eu posso sentir meu amor por vocês crescendo cada vez
mais forte a cada dia.
Quero envolvê-los em meus braços e dar-lhes beijos e
afagos,
Durante todas as noites dos milênios sem fim.

Não importa de qual lado estamos: luz ou trevas,
Desde que estejamos juntos,
Estarei serena e em paz.
Nosso amor vencerá tudo e todos.

Nós três somos fortes sozinhos, porém invencíveis unidos. Somos um só!
Morreria por vocês, assim como sei que fariam o mesmo por mim.
Gêmeas guardiãs do dia e da noite, protegendo seu
mais importante tesouro.

Eu sou a luz da noite; Sol, o raio do dia; e Andrey, o
prisma que equilibra e dá direção às nossas forças.
Somos os mestres do Vril!
Nosso poder se fortalece pelo amor verdadeiro e infinito.
Não há poder maior!

Somos luz, sombra e cristal,
Faces de um prisma,
Energia que corre em nossas veias, Vril.

Caleidoscópio,
Beleza de um jogo de cores,
Teatro de luzes e sombras.
Somos personagens de nossa paixão.

Quantas faces tem o amor?

Três que se multiplicam em um jogo de espelhos,
Formam um diamante,
Uma joia eterna como nosso amor.
Juntos para sempre.

Um amor que aceita tudo,
Uma luz que mergulha na sombra,
Para seguir sendo una,
Sempre juntos,
Para sempre,
Não importa em qual dimensão.

Será que isso que estou sentindo é amor?
Isso só pode ser amor.
Esse é o amor que me completa e me faz feliz.
Ao lado das almas gêmeas à minha, sinto-me leve e
realizada.

Por vocês mergulho no escuro, de olhos fechados, sem
temor.

Sol e eu ficamos encantados com a alma que Lua colocou
em sua declamação. Seus olhares, a interpretação e os gestos
de amor incondicional que nos dirigia deixaram-nos absolutamente cativados, ao ponto de esquecermos completamente
a catástrofe que se desenrolava ao nosso redor e que servia de
pano de fundo para a bela cena teatral de que a doce morena
tornara-se protagonista.

Com os olhos úmidos, dissemos, a uma só voz:

— Também te amamos muito, Luazinha.

Nós três, então, abraçamo-nos, felizes por termos a certeza
de nossa indestrutível união. Como ela mesma disse no poema,
éramos um só! E era isto que nos dava uma força poderosa em
meio às trevas: o amor tornando-se o elo fundamental para vencermos em meio às sombras.

E, assim, envolvidos em uma felicidade mística, aguardamos o passar da noite, com os olhos vidrados nas explosões dos
vulcões que iluminavam a noite com o magma incandescente,
sem cessar. As reações energéticas da pirâmide também eram
assustadoras, como se fosse o vazamento de um combustível
radioativo, que lentamente debilitava a vida ao seu redor.

O Vril passou a vibrar em sua forma inversa, após a ruptura de seu maior templo. De alguma forma, até mesmo o símbolo máximo da inteligência atlante vingava-se de nós, os capelinos céticos e arrogantes, os amaldiçoados algozes daquele paraíso sagrado.

Talvez esse rompimento das paredes da pirâmide, liberando as cadeias de Vril, tenha contribuído para os fenômenos que até hoje ocorrem no Triângulo das Bermudas, como, por exemplo, o desaparecimento de navios e aeronaves, além da alteração da leitura dos instrumentos de navegação.

A energia Vril é autossuficiente. Se fosse trabalhada por sacerdotes hábeis, poderia tornar-se eterna, principalmente em um ambiente neutro e sem influências mentais, como o fundo do mar das Bahamas. A chama de Antúlio era uma prova disso, pois permaneceu incólume por séculos, até a sociedade atlante começar a se corromper.

Altas horas da madrugada, iniciaram-se tempestades selvagens no céu, misturando as nuvens naturais com aquelas oriundas do fumo dos vulcões. Fortes raios e muita chuva desceram do céu sobre algumas regiões, levantando vapores das lavas que escorriam dos vulcões em direção às cidades. Eu estiquei a mão para fora de nossa sacada e percebi que as gotas eram negras e ácidas. Era a chuva negra, a chuva da morte!

Ao amanhecer, quando tudo parecia ter se acalmado, gigantescas ondas do Oceano surgiram por todos os lados da capital dos atlantes. A sensação era de que o mar estava invadindo Atlântida, mas, na verdade, a Grande Ilha estava descendo para o fundo do Oceano, em decorrência da acomodação das placas tectônicas, que perderam sua sustentação durante a enorme ejeção de magma pelos vulcões.

Em questão de poucos minutos, as ondas chegaram sobre a grande Atlântida, e ela soltou seu último grito. Nós ficamos boquiabertos, na luxuosa varanda dos aposentos de Gadeir, observando o desespero das pessoas lá embaixo, correndo sem rumo pelas ruas e praças, enquanto os repentinos tsunamis varriam tudo o que encontravam pelo caminho, arrastando de forma violenta os corpos mortos de ricos e pobres, vencedores e vencidos, brancos e vermelhos.

Eu observava tudo aquilo sentado no trono de Gadeir, como primeiro e último rei absoluto de Atlântida. Na época de ouro, o governo era regido por um sistema de democracia descentralizada. Não existia um único governante absoluto. Isso é uma característica de impérios ditatoriais, que só se estabelecem pela força. Democracia é luz; ditadura é treva!

Que estranha ironia: o Espírito Criador parecia estar zombando de mim. Sol estava sentada aos pés do trono, com a cabeça recostada sobre minha coxa, à esquerda, enquanto Lua estava da mesma forma, mas do lado direito, como sempre faziam.

Naquele momento extremo, sussurrei para mim mesmo:

— Por que, Espírito Criador, você me coloca no centro desses acontecimentos tão fundamentais para a história de nossa humanidade?

Hoje sei o motivo. Segundo Hermes me informou, era para realizar a tarefa que eu faço agora: relatar essas experiências como testemunha ocular dos fatos, elucidando, assim, o que o tempo, os interesses dos poderosos ou apenas a incompreensão da época distorceram.

A Suprema Mente Divina já planejava, há doze mil anos, uma forma de tornar-me útil para o progresso e o despertar espiritual de nossa humanidade.

O leitor poderá protestar, dizendo: "Mas onde está o livre-arbítrio? Essa afirmação contraria as leis de Deus".

Certamente, não se trata de fatalismo. O que dá sentido à toda a criação divina é que temos livre-arbítrio para decidirmos nossos passos. Somos livres, e isso nos permite evoluir conforme nosso ritmo e desejo, tanto pela luz como pelas trevas. Entretanto, o Espírito Criador, em sua Mente Suprema, consegue prever com exatidão as ações de seus filhos com milênios de antecedência, apenas analisando seu perfil psicológico. Para Deus, o mistério absolutamente não existe. Logo, Ele sabia perfeitamente quais seriam minhas escolhas e como utilizá-las, segundo seus augustos desígnios.

Enquanto isso, Ryu se mantinha apoiado ao parapeito, com um olhar impressionado mas sereno, acompanhando o avanço das gigantescas ondas. Já Arnach gargalhava como um louco, sentado em sua cadeira de rodas, mal contendo a ansiedade de ser tragado pelo vagalhão incontrolável das águas do Oceano Atlântico.

Ele dizia, com os olhos vidrados:

— Venham, venham forças da natureza, libertem-me deste corpo miserável!

Enquanto isso, eu voltava a me perguntar, espantado com o que o destino havia me reservado:

— Por que, Espírito Criador? Por que devo morrer sobre esse trono que nunca cobicei?

Olhei para mim mesmo e vi um jovem muito viril, belo e cheio de energia. As gêmeas também ainda estavam assim, no auge da beleza, apesar de nossa avançada idade. Morreríamos no apogeu de nossa vitalidade. Porém, olhei para Arnach e o observei naquele estado deplorável; então, refleti: "Tudo apenas ilusão; nada mais que isso. A alma se torna bela pelos valores que adquire com suas honradas ações. Essa é a riqueza imperecível que não compreendemos a tempo".

O corpo físico está sempre fadado à degeneração gradual, com o passar do tempo. Nós é que burlamos mais essa regra da vida criada por Deus; tudo em nome de nossa incontrolável vaidade.

Espíritos maduros e sábios dedicam seu tempo principalmente à conquista de valores que tornarão suas almas ainda mais lindas e agradáveis. Já as almas infantis pensam somente na beleza do corpo físico, cultuando apenas seu aspecto exterior, terminando suas existências em um grande vazio interior.

Naquele mesmo instante, no pico de uma colina próxima à capital, os grandes mestres encontravam-se abraçados, em profunda oração, aguardando seu destino. Eis que, minutos antes do fim, surgiram anjos iluminados do Céu e os desligaram de seus corpos físicos, dizendo:

— Não existe injustiça na obra de Deus. Vocês não possuem carma, portanto, nada devem sofrer neste momento extremo de desligamento da terra que tanto amaram.

Seus espíritos levitaram, à medida que seus corpos caíam no chão sem vida. Logo o mar engoliu a terra de Possêidon, e eles puderam ver os barcos que tentaram fugir na última hora sendo tragados pelo repuxo das ondas que inundaram o imenso continente que outrora fora palco do progresso de uma avançada civilização.

Um redemoinho, então, formou-se, e todas as embarcações desceram com a Grande Ilha para o fundo do mar. Seus pupilos haviam partido fazia várias semanas; caso contrário, não teriam escapado às forças avassaladoras da natureza.

Os anjos celestes, antes de ascendê-los às esferas espirituais superiores, conduziram-nos pela imensidão do mar até alcançarem alguns dos barcos de seus alunos que se aventuravam rumo ao desconhecido.

Eles estavam em segurança, impressionados com as explosões e a luz incandescente que partiam de Atlântida, a centenas de quilômetros de distância do local em que se encontravam. O céu, por fim, tornou-se escuro, coberto pela poeira cinza das erupções. Por longas semanas, não se viu a luz do Sol.

O mar ficou rebelde com as transformações topográficas na região, e os barcos começaram a separar-se, conduzidos pela força das ondas após o grande cataclismo. Alguns foram dirigidos por mãos divinas para as Américas; outros, para a Ásia; e os restantes, para a região do Mediterrâneo e do Vale do Nilo. A Terra, naquele dia, entrava em mais um novo ciclo de evolução espiritual; mais um, de centenas que ela já viveu.

Enquanto isso, nós descíamos para as profundezas do mar, para o novo reino de Possêidon, o senhor dos mares, que ficou conhecido como Netuno entre os romanos. Lá uma nova batalha nos esperava.

Atlântida – No reino das trevas

Capítulo 17

Magos negros *versus* dragões

A esplendorosa Atlântida submergia lentamente em direção ao fundo do mar, como um navio indo a pique. Tentamos nos manter unidos, mas as águas nos arrastavam pelo redemoinho que se formara com a repentina acomodação das placas tectônicas. Por toda a volta, estátuas e colunas do prédio administrativo desciam vagarosamente rumo às profundezas do Oceano.

Apenas um impacto em alguma daquelas estruturas e seria nosso fim. Inclusive, o pesado trono de oricalco passou raspando por meu braço esquerdo. Milagrosamente, conseguimos evitar qualquer choque com aqueles milhares de entulhos, em meio à escuridão cada vez mais intensa, à medida que afundávamos.

Assim, depois de um tempo que não sei precisar, a Grande Ilha acomodou-se nas profundezas do Atlântico. Percebemos isso por causa do tremor sob nossos pés e pelo som surdo e fúnebre do impacto no fundo do mar. Logo ficamos aflitos para respirar. Além disso, a escuridão à nossa volta era angustiante.

Meditei por alguns instantes e logo saí à procura de meus amigos, nas profundezas do Oceano. Mesmo em meio à escuridão, rapidamente encontrei as gêmeas. Fiquei impressionado, porque era o mesmo que achar uma agulha em um palheiro.

Sol era mais sensível e logo começou a entrar em pânico, desesperada para suprir seus pulmões com oxigênio. Sua irmã a acalmou e tentou equilibrá-la emocionalmente.

Pouco depois, Ryu se aproximou, trazendo nos braços Arnach, que já não resistia mais. Ele estava inconsciente e com os pulmões cheios d'água. A situação ficava mais aflitiva e caótica a cada minuto.

Naquele instante, vários espíritos das profundezas do mar, da ordem dos dragões, aproximaram-se com máscaras de respiração artificial. Eles eram horrendos, com uma forma meio homem, meio animal. Possuíam características típicas dos répteis, peixes e anfíbios. Alguns outros não tinham pernas, e sim patas de cabra, além de medirem quatro metros de altura. Na cabeça, ostentavam chifres semelhantes aos de uma cabra.

As representações mitológicas do diabo na Terra têm sua origem na forma perispiritual desses espíritos que foram denominados dragões. Eles refletem em sua imagem a natureza animalesca de seu mundo interior.

Os homens que os descreveram na Terra tiveram contato com eles no astral, durante o repouso do corpo, e depois recordaram inconscientemente, para fazerem seus relatos. Já os magos negros foram descritos por esses viajadores do astral com as características que seriam imortalizadas, posteriormente, como o retrato perfeito dos misteriosos vampiros: belos, sedutores e insensíveis.

É, assim, caro leitor, que surgem as lendas. Inclusive, para evitarmos a degeneração natural do perispírito no plano astral, em decorrência de nossas mazelas, elaborávamos catalisadores energéticos, que eram verdadeiros caixões, onde repousávamos com o objetivo de mantermo-nos belos – dentro do possível –, fraudando, assim, as leis do Criador, da mesma forma que fizéramos na extinta Atlântida.

Porém, tudo não passava de mera ilusão. O Espírito Criador permitia, em silêncio, nossas fraudes, como faz o bom pai que aguarda, em certas situações, o natural amadurecimento de seus filhos. Ele sabia que um dia todos nós despertaríamos para o verdadeiro caminho e corrigiríamos nossos erros, sendo imensamente gratos por Sua misericórdia para conosco, no tempo em que vivíamos em sombras.

Um desses dragões, então, falou-nos:

— Submetam-se ao nosso comando, e lhes permitiremos respirar aqui mesmo nas profundezas do mar. Não há outra saída. Estamos muito longe da superfície; é impossível, assim, retornar a tempo.

Sol teve um impulso para jogar-se nos braços do ser grotesco, que, aliás, tinha quatro braços, com uma máscara em cada mão. Ela desejou pegar uma das máscaras, mas sua irmã a impediu, dizendo-lhe mentalmente:

— Calma, maninha, essa aflição já vai passar. Vamos resolver isso entre nós. Lembre-se das advertências de Andrey.

A loira querida pareceu compreender e aquietou-se nos braços da irmã, com uma expressão assustada.

Meus olhos, então, foram se acostumando à escuridão do local, e eu lhes disse:

— Afastem-se de nós! Não nos submeteremos aos dragões. Somos magos negros atlantes. Jamais um ser superior deve se curvar aos seus vassalos.

Aquele que parecia ser o chefe riu e sentenciou:

— Como queiram! Se essa é sua decisão, portanto, morram no fundo do mar, tornem-se alimento para os peixes.

Eles se afastaram, porém permaneceram nos espreitando a alguma distância. Eu me apoiei em uma das colunas dos templos de Atlântida, que agora repousavam nas profundezas do mar, tornando-se patrimônio de Netuno, e meditei: "Ártemis sempre nos ensinara que o mundo é mental, mas nossa consciência limitada da realidade em que vivemos faz com que não percebamos o todo. O mundo é muito mais amplo do que nossa limitada percepção das coisas nos mostra".

Naquele instante, percebi que não poderíamos mais estar vivos. Ninguém suportaria ficar tanto tempo sem respirar. Passamos um longo tempo submergindo até o fundo do Oceano. Deveríamos estar a mais de sete quilômetros de profundidade. Como poderíamos estar vivos? E, também, como foi possível termos nos encontrado tão rápido em meio àquela escuridão?

Tudo parecia muito real, muito físico, mas estávamos já no reino do espírito. Sim, estávamos mortos! Essa era a realidade. Então, por que aquele desejo desesperado para respirar oxigênio, se nossos corpos orgânicos deveriam estar em algum lugar no meio daqueles entulhos gerados pelos terremotos e pelo posterior afundamento da Grande Ilha?

Voltei-me para Lua e Ryu, que estavam mais lúcidos, e pedi para me observarem. Caso eu estivesse enganado, eles deveriam me socorrer. Em seguida, soltei o pouco de ar que ainda tinha nos pulmões e, profundamente concentrado, comecei a respirar dentro d'água. A princípio, senti uma dor lancinante queimando minhas vias respiratórias e a caixa torácica. Então, gritei mentalmente para mim mesmo: "Isso não é real! É uma ilusão! Não precisamos mais do oxigênio para viver. Estamos no reino do espírito!".

Esse talvez seja um dos maiores condicionamentos inconscientes que podemos ter, pois a respiração é algo essencial à vida, já que faz parte dos processos involuntários de nosso organismo para preservar nossa existência. Logo, torna-se muito difícil romper o paradigma de crer ser possível viver sem ar, mesmo no plano astral.

Eu fixei o olhar no chão arenoso do fundo do mar e prossegui inspirando e expirando água para meus pulmões. Apesar da aflição natural, passei a sentir uma normalização de meu sistema respiratório, como se eu estivesse respirando oxigênio líquido. Assim que me senti seguro, virei-me para Lua e Ryu para cientificá-los, mas os dois já haviam percebido e estavam fazendo o mesmo.

Arnach estava muito fraco, portanto, fui ajudá-lo e deixei Sol aos cuidados da irmã e de Ryu. Eu segurei firme o corpo decrépito de Arnach pelos ombros e disse-lhe, telepaticamente, olhando firme em seus profundos olhos azuis, único resquício de sua antiga beleza: "Meu irmão, a vida humana acabou. Liberte-se das impressões do mundo dos homens. Utilize seu grande poder mental para dominar o reino das sombras".

Silenciei por alguns instantes e, depois, falei mentalmente, de forma pausada, muito confiante, penetrando em todas as áreas de sua mente: "Chegou nossa hora de reinar e precisamos de sua inigualável força. Talvez você não tenha se dado conta disso ainda".

E, gritando mentalmente para ele, ordenei: "Respire! Respire! E, enquanto respira, recupere a esplendorosa beleza e força que você sempre idolatrou como se fosse divina".

Ele atendeu meu comando hipnótico e passou a respirar;

Atlântida – No reino das trevas

273

no início, de forma sôfrega, mas, pouco a pouco, foi se estabilizando, assim como acontecia com Sol naquele momento. A intensa hipnose com finalidade curativa que eu lhe dirigira fez com que os olhos apagados de Arnach, quase mortos, voltassem a brilhar como antigamente, em um azul celeste magnífico, e sua pele enegrecida e enrugada começou a recuperar-se rapidamente, causando-nos, ao mesmo tempo, espanto e alegria.

Os dragões logo perceberam que estávamos escapando da armadilha emocional que nos aplicaram e partiram para um ataque direto. Mesmo sem termos nos recuperado plenamente, utilizamo-nos do Vril pela primeira vez no plano espiritual, impedindo seus ataques, mas ainda estávamos fracos e nos adaptando ao mundo novo em que ingressávamos. Não conseguíamos neutralizar totalmente os ataques dos dragões.

Neste momento, então, Atlas e os sacerdotes vermelhos surgiram e nos socorreram. Eles já estavam ali, mas nossa consciência ainda não os percebia. Eu sabia que o gigante vermelho não se curvaria aos malditos dragões. Assim como ele havia me prometido em vida, deu-nos o apoio necessário para nos libertarmos daquele assédio que poderia nos aprisionar por séculos, caso sucumbíssemos nas mãos daqueles monstros.

Depois, ficamos sabendo pela boca de Atlas que Gadeir e todos os sacerdotes da raça branca haviam sido subjugados pelos dragões, em grande parte em razão do pacto de magia ritualística que haviam feito no altar do sinistro líder da raça branca.

Por intermédio das estatuetas colocadas no círculo sobre o altar, eles haviam conectado suas energias às dos dragões e, quando adentraram no plano espiritual, não conseguiram se libertar da terrível prisão energética que estabeleceram em vida.

Durante aquele embate improvisado, Atlas nos orientava, dizendo:

— Lutem com a mente, sem receio da morte, pois ela já não existe mais; cansa menos, e isso nos dá mais forças para concentrarmo-nos na batalha de fato. Agora, só a força da mente importa. Músculos são desnecessários.

Enquanto lutávamos com o apoio de Atlas e dos demais vermelhos, Arnach recuperava sua antiga forma anterior ao ataque que sofrera de Gadeir. Sua alegria era tanta que era possível ouvir suas gargalhadas enlouquecidas atrás da frente de batalha.

Pouco depois, ele surgiu ao nosso lado, tão ou mais forte que Atlas. Ele estava, inclusive, mais alto que nós, da altura do gigante vermelho, e partiu para cima dos dragões, estraçalhando-os com o Vril. Parecia um louco selvagem, gritando e movimentando-se como uma fera.

Arnach até fez alguns dragões sofrerem a mesma perda de vitalidade e envelhecimento acelerado, em seus corpos astrais, que ele havia sofrido. E gargalhava como um louco e urrava feito um animal. Em alguns momentos, metamorfoseava-se, adquirindo a forma de uma pantera ou um tigre, em decorrência da natureza ideoplástica do corpo perispiritual liberto da matéria.

Nossos inimigos foram praticamente dizimados por suas mãos.

A sorte deles foi que outra equipe de dragões foi resgatá-los. Arnach não queria permitir. Desejava escravizá-los e dominá-los. Parecia que estava possuído por uma força incontrolável.

Atlas acalmou-o, dizendo, com sua voz carregada de autoridade:

— Acalme-se! Você foi brilhante na batalha, mas a luta está apenas começando. Deixe-os ir. Tenho de inteirá-los de como as coisas funcionam neste novo mundo.

Eu fiz um sinal para Arnach, e ele concordou, agitando-se de um lado ao outro, com movimentos rápidos. Parecia que explodiria a qualquer instante, por causa das poderosas energias que vibravam dentro de si. Ele apertava os punhos, e as veias dos braços ficavam dilatadas e pulsantes, assim como as do pescoço. Em seguida, andava de um lado ao outro, submerso nas águas oceânicas, e urrava como um leão selvagem.

Atlas, então, levou-nos para um local onde estabelecera seu quartel-general no astral e nos informou sobre os planos dos dragões. Eles eram os espíritos mais poderosos do astral inferior da Terra e aguardavam nossa chegada para subjugar-nos. Estavam preocupados com nosso imenso poder com o Vril e planejaram uma estratégia para nos dominar assim que chegássemos ao mundo espiritual, aproveitando-se do momento em que ainda estaríamos fracos, confusos e vacilantes.

O fim de Atlântida causou o retorno de milhões de almas

para o plano espiritual. Os dragões estavam sedentos para dominar aquele imenso contingente que fortaleceria ainda mais seus domínios nas trevas; sem contar a mão de obra escrava que obteriam para seus projetos, durante um longo período, haja vista o mundo primevo da Terra não ter grandes civilizações que comportassem a reencarnação em massa dos falidos da Grande Ilha. Seriam necessários muitos séculos, até que aquele grande grupo de espíritos tivesse plataformas de reencarnação consolidadas no plano físico.

A Alta Espiritualidade da Terra já trabalhava em projetos para popular o planeta na dimensão primitiva o mais rapidamente possível, com o objetivo de atender essa iminente necessidade causada pela inevitável destruição do continente atlântico.

Nos primeiros milênios, a expectativa de vida girava em torno de trinta anos, com o objetivo de permitir encarnações rápidas e, assim, atender esse grande contingente de almas necessitadas de um corpo físico para resgatar suas dívidas.

Essa preocupação foi uma constante dos Planos Superiores, durante toda a Antiguidade. Isso pôde ser constatado principalmente quando Atlas, na personalidade de Moisés, o grande legislador hebreu, disse ao povo: "Crescei e multiplicai-vos", demonstrando a necessidade da época de atingir um alto nível populacional, a fim de atender as urgentes reencarnações de espíritos falidos no astral.

Hoje em dia, com as estruturas sociais mais civilizadas e os avanços da medicina, já atingimos um patamar populacional satisfatório na Terra, permitindo retornarmos às longas existências de até mais de cem anos, como ocorria em Atlântida, diminuindo, consequentemente, o elevado índice de natalidade.

Atlas, então, explicou que o consórcio de forças dos dragões com Gadeir, por meio do pacto satânico, visava exatamente a isto: dominar os magos atlantes para se apropriarem da multidão de espíritos vitimados na grande catástrofe; e em parte havia dado certo. Gadeir e seus sacerdotes brancos estavam sob o domínio dos dragões e, para vencermos aquela batalha, precisaríamos resgatar nossos antigos inimigos.

Arnach protestou, gritando nos ouvidos de Atlas e socando as paredes, completamente enfurecido:

— Você está louco! Somos seus inimigos. Ele o matou e quase tirou minha vida também! Como você ainda quer libertá-lo?

Atlas concordou com um gesto, já acostumado com o estranho comportamento rude que Arnach demonstrava, e falou:

— Sim, por mim Gadeir e sua turma apodreceriam nos calabouços dos dragões. Entretanto, precisamos de sua força e da de seus sacerdotes para vencermos esse entrave com os dragões. Temos de ser pragmáticos. Agora precisamos eliminar nossos novos inimigos; depois resolveremos as questões do passado.

Arnach pareceu concordar, mas falou, olhando para seu corpo musculoso e viril, com os olhos vermelhos flamejantes, mais parecendo um demônio:

— Sim, eu concordo. Mas, por mim, iria até o antro desses dragões e os destruiria com minhas próprias mãos. Eu quero o sangue dessas criaturas. Despedaçá-los com minhas próprias mãos é meu desejo.

As gêmeas me olharam preocupadas, mas nada disseram. A recuperação de Arnach havia lhe causado uma excitação mental muito grande. Seu organismo espiritual passou a liberar grandes quantidades de neurotransmissores, como a endorfina e a dopamina, produzindo sensações de imenso prazer e satisfação. Suas conexões neuroniais estavam banhadas de endorfinas, refletindo por todo o seu organismo. Ele se tornara um gigante musculoso e com traços ainda mais belos do que no mundo físico, fato que o envaideceu ainda mais do que já estávamos acostumados.

Nos dias seguintes, invadimos o local onde Gadeir e seus sacerdotes estavam aprisionados e os libertamos. Por causa da terrível indução hipnótica e energética que sofriam, foi difícil desligá-los dos dragões. Eles estavam profundamente subjugados. Olhei para Gadeir com desprezo. Como um ser tão poderoso como ele poderia permitir-se chegar àquele ponto?

Aqui cabe ressaltar a importância de jamais realizarmos esses pactos que consistem em obter poder no mundo físico com a venda de nossa própria alma para entidades sombrias do astral. Muitos encarnados ingênuos fazem isso em troca de poder, sexo e dinheiro no mundo físico. Depois, pagam um alto preço no plano espiritual. Libertar-se dessa subjugação é muito

Atlântida – No reino das trevas

277

difícil. O sofrimento é penoso, por um tempo incomensurável, e a tortura mental e psicológica que sofrem dessas entidades, algumas vezes, causa danos que exigem diversas encarnações para serem reparados.

Se não precisássemos de Gadeir e dos sacerdotes da raça branca para vencermos os dragões, creio que teríamos abandonado aquela missão. Perdemos muito tempo tentando libertá-los. Os dragões perceberam nossa invasão, e ali se iniciou uma extenuante batalha, onde tivemos de utilizar todo o nosso poder mental para não sucumbirmos às energias densas que recebíamos daqueles seres ferozes.

Este é o termo mais adequado para descrevê-los: eles eram piores que lobos raivosos.

Os dragões são espíritos primitivos, que concentram seus processamentos mentais na região do cérebro conhecida como reptiliana. Eis o motivo de serem designados por esse nome. Sua forma perispiritual torna-se animalizada, geralmente em forma de réptil, pois reflete diretamente a região cerebral de suas manifestações mais comuns. Eles não reagem diretamente por meio da emoção ou da razão, e sim por instinto. Parecem zumbis selvagens, seguindo o comando de seus líderes. E o ódio em seus corações é algo realmente assustador. Milênios voltados para o mal provocaram essa metamorfose em seus corpos espirituais. Seria um processo lento e difícil resgatá-los para o caminho da luz.

Já os magos negros são seres profundamente racionais e elegantes. Prezam pelo diálogo e pela negociação. Eles processam sua interação com o mundo externo por meio das refinadas estruturas do córtex cerebral: a área mais racional e nobre do cérebro.

Adoram hipnotizar suas vítimas, em meio ao diálogo. São verdadeiros vampiros! Raramente se alteram em uma discussão, pois sabem que, por esse meio, não obterão uma vitória consistente. Costumam realizar planos de longo prazo, enquanto os dragões geralmente são imediatistas.

Já a estrutura límbica, responsável pelas emoções, era utilizada por ambas as facções, porém não tinha o resultado esperado. Sensações de medo, insegurança, tristeza e desconforto inexistiam nesse confronto. Era um combate genuinamente fundamentado na força e no poder.

Isso foi uma surpresa para os dragões, que utilizavam esse expediente com os espíritos do mundo primevo que subjugavam. Eles estavam acostumados a explorar o medo de seus antigos inimigos e servos, mas não tiveram esse prazer conosco.

Para um homem comum, mil vezes enfrentar um dragão, mesmo com toda a sua selvageria e seu horror, do que ter de confrontar um mago negro, que pode lhe servir uma xícara de chá de forma gentil, à tarde, no entanto, antes da meia-noite, terá possuído sua alma, sem que perceba, por envolvente hipnose.

Felizmente, Galeato se recuperou do transe, pois era o mais lúcido entre eles, e nos deu o apoio que faltava para neutralizarmos a ação dos dragões e fugirmos daquele sombrio palácio subterrâneo, conduzindo todos os sacerdotes do Vril, ainda muito fragilizados.

Antes de escaparmos do covil dos inimigos, quando todos já haviam sido retirados, percebi uma criatura encolhida mais ao fundo, com o corpo enlameado e sofrendo estranha metamorfose. Eu me aproximei para ver se era um dos nossos e tive um choque. Era Electra!

Apesar de Evelyn tê-la socorrido no momento de sua morte, a vibração densa de sua alma a tinha arrastado para as zonas de trevas, onde fora capturada pelos dragões. Eu olhei para seu corpo e percebi que ela ainda mantinha os efeitos da condenação por desagregação molecular que lhe infligira. Mesmo depois da morte de seu corpo físico, o terrível processo continuava em seu corpo espiritual. A manipulação que eu havia realizado com o Vril fora tão poderosa que ultrapassou até mesmo os limites da morte.

Meu sentimento de ódio e vingança por ela ainda era muito grande. Eu, então, joguei seu corpo enfermo ainda mais para o fundo daquele calabouço horrível e disse-lhe:

— Morra de corpo e alma, ser demoníaco!

Ela apenas suspirou, sem forças, com um olhar vidrado no infinito. Creio que não tinha nem condições de saber quem era seu algoz naquele momento, depois de tanto sofrer nas mãos dos dragões.

Rapidamente, galguei os degraus e, quando estava me retirando junto aos demais magos negros, Atlas me interpelou, com sua poderosa voz de trovão:

— Andrey, aonde você vai?

Sem virar para trás, respondi-lhe:

— Resgatamos todos os nossos iguais. É hora de partirmos.

Ele me mirou com seu enigmático olhar hipnótico e perguntou, com severidade:

— E por que Electra ainda está no fundo daquele lodaçal pestilento?

Eu sacudi a cabeça, entendendo aonde ele desejava chegar, e retruquei, com certa irritação:

— Não vou resgatar aquela cobra venenosa. Você está muito enganado se acha que poderá me convencer.

O gigante vermelho apenas cruzou os braços sobre o peito e falou-me, olhando no fundo de meus olhos:

— Andrey, precisamos vencer os dragões. Electra tem o poder com o Vril. Não podemos nos dar ao luxo de prescindir de seu auxílio.

E, dando especial entonação na voz, concluiu:

— Algum dia você vai perceber que esta é a melhor decisão. E, enquanto procura perceber isso, desça lá, agora, e traga-a para mim.

Fiquei sem argumentos e desci lentamente naquele charco pestilento, olhando para ele de canto de olho, demonstrando minha indignação com sua arbitrária imposição. O poder mental de Atlas era muito forte para ser desafiado. Eu sabia que seria inútil protestar.

Em seguida, dirigi-me até a parte mais funda da gruta e a carreguei para fora em meus braços. Cansada de tanto sofrer, ela aconchegou a cabeça em meu peito, como um cão ferido. Isso me fez ter um pouco de piedade. Seu corpo ainda continuava a se desfazer, causando-me repulsa e, ao mesmo tempo, comiseração.

Eu rapidamente levei-a até Atlas e fiz menção de entregá-la a ele. O gigante apenas colocou a mão sobre meu ombro e sentenciou:

— Muito bem, Andrey, você pensou no coletivo. Leve-a ao nosso quartel-general nesta região.

Ele, então, virou-se, deixando-me atônito com aquele fardo nos braços. As gêmeas prontamente me auxiliaram a conduzi-la. Assim, nós três carregamos nossa vítima, em absoluto silêncio, durante todo o percurso.

Agora, não nos dividíamos mais entre brancos e vermelhos. Éramos apenas os magos negros atlantes que trabalhariam coesos para estabelecer um império nas trevas. As diferenças entre Atlas e Gadeir ficaram inicialmente sepultadas nas terras esquecidas de Atlântida. Nereu também esqueceu o ódio por Arnach; ainda mais que conseguiu encontrar Ariane no mundo espiritual e percebeu que ela estava bem melhor do que nós, sendo amparada por espíritos familiares que ela muito amava.

Ao ver a irmã recuperada e feliz, tornou-se, inclusive, amigo de Arnach.

Atlas prosseguiu sutilmente, convencendo-me a atender seus objetivos. Ele me persuadiu, com poderosos argumentos, a anular a ação inversa do Vril que eu havia realizado sobre Electra, desfazendo a terrível punição.

Mais uma vez, olhando fundo em meus olhos, ele me questionou:

— Andrey, você vai curá-la agora ou vai esperar que os dragões nos levem ao limite de nossas forças para fazê-lo?

Eu me aproximei de minha vítima, meio contrariado, e recordei-me de Evelyn, ajudando-a no momento da morte. Aquilo aliviou meu coração. Fazer algo que a alegrasse motivou-me a socorrer Electra. Eu sabia que minha vibração astral impossibilitaria um contato com Evelyn, mas me contentava em agradá-la a distância.

Enquanto eu utilizava o Vril em sua forma sagrada, propiciando a cura de Electra, recordei-me das viagens que fazia com Evelyn, amparando almas sofridas pelo mundo. Aquela mesma onda de dúvida entre o bem e o mal voltava a assaltar meu coração instável; porém, a luta precisava continuar. Não havia tempo nem espaço em nossas mentes para pensarmos no bem novamente. Era necessário estabelecermos nosso império no submundo astral.

Em poucos dias, Electra estava restabelecida e com poder máximo. Ela agradeceu a intervenção de Atlas, de joelhos, jurando-lhe fidelidade. Eu sentia que, apesar de tudo, ela também desejava obter meu perdão. Mas não lhe dei essa alegria e continuei a odiá-la por milênios.

Só conseguimos estabelecer uma relação harmoniosa novamente quando reencarnei como Radamés, e ela, como Kermosa, na época do faraó Akhenaton, conforme já relatado no livro *Akhenaton – A Revolução Espiritual do Antigo Egito*. Mesmo assim, como o leitor já sabe pela leitura daquele relato, só conseguimos nos libertar definitivamente do ódio recíproco cem anos depois, durante a libertação do povo judeu da escravidão no Egito, realizada por Moisés, que era o próprio Atlas, o mesmo que ali me induzia a curá-la, fato narrado nos livros *Moisés – O Libertador de Israel* e *Moisés – Em Busca da Terra Prometida*.

A lei de ação e reação é perfeita, ligando-nos, vida após vida, aos nossos desafetos, até que nos libertemos dos grilhões de ódio que nos aprisionam.

Electra havia causado dor e sofrimento a Evelyn, mas esta não respondeu na mesma moeda, tornando-se livre de qualquer dívida cármica com aquela. Electra devia à Lei, e não à Evelyn, que não se sentia ofendida com a ação maléfica da preferida de Gadeir.

Assim funciona a Lei: somente quem se sintoniza com o mal está ligado a ele. Não necessariamente devemos reencarnar com desafetos. Isso ocorre somente se existe ódio entre as duas partes. Caso somente um cultive o rancor profundo, ele será ligado a pessoas que estejam nessa mesma vibração, para assim aprender a amar; a não ser que a vítima generosa deseje submeter-se a uma encarnação com seu algoz para auxiliá-lo a libertar-se de seu triste mundo de ilusões, que geralmente se baseia em sentimentos enfermiços.

Foi o que fez Evelyn, reencarnando como filha de Electra na época de Moisés. O generoso amor filial de Rute por Rebeca libertou a Electra de outrora, finalmente, do caminho do ódio.

Dessa forma, prosseguimos em nossa luta. Dia após dia, nosso poder com o quinto elemento tornava-se mais forte na atmosfera densa do astral inferior, levando os dragões a cederem espaço. A força deles era fundamentada no medo. Na verdade, nem tinham tanto poder assim. Eles apenas conseguiam intimidar suas vítimas por causa do tamanho e das formas horrendas de seus corpos espirituais. Os espíritos que chegavam do plano físico do mundo primevo eram ainda muito incipientes e fáceis de manipular, por isso os dragões haviam dominado todo o planeta.

Mas nós não tínhamos medo de nada, nem de ninguém. Éramos capelinos exilados de nosso mundo. Já estávamos acostumados à rebeldia e ao desterro. De qualquer forma, seria apenas uma questão de tempo para utilizarmos nossa avançada inteligência e perspicácia para dominar o astral inferior da Terra. Se os capelinos bons estavam promovendo o progresso no mundo físico, nada mais natural que nós dominássemos o próprio inferno.

Na verdade, isso foi muito bom para os planos do Criador na Terra. Enquanto os espíritos iluminados regiam e replanejavam o Céu para o novo ciclo de evolução que se iniciava, nós organizávamos o inferno. Nossa chegada ao astral inferior foi responsável por uma administração mais sóbria e equilibrada de tal região, permitindo avanços nos processos de despertar das almas renitentes no mal, que se encontravam nas camadas mais primitivas de nosso mundo.

Por incrível que possa parecer, disciplinamos a ação dos carrascos sobre a turba desregrada. Antigamente, o objetivo era fazer sofrer gratuitamente, sem uma finalidade educativa; com nossa chegada, mesmo de forma arrogante e autoritária, estabeleceu-se um processo que visava provocar reflexões nas almas falidas, fazendo-as ver quais eram seus defeitos e valores, para que, assim, pudessem se tornar pessoas melhores em existências futuras.

Com essa nova atitude, os magos negros atlantes passaram a ser respeitados pelas altas esferas espirituais. Os mestres da luz, sabiamente, aceitavam nossas decisões, mesmo quando não concordavam com nossas técnicas, que eram, algumas vezes, imorais e excessivamente violentas.

Atlas foi o principal administrador dessa nova dinâmica. Realmente, ele se mostrou muito competente, tanto na luz como nas trevas, uma vez que instituiu importantes melhorias nessas regiões sombrias, antes de iniciar sua caminhada rumo à luz, onde também executou trabalhos notáveis, principalmente na perso-

Atlântida – No reino das trevas

283

nalidade de Moisés. Ele evoluiu, ou seja, adquiriu aprendizado positivo, com notável habilidade pelas duas linhas: luz e treva.

Assim, algum tempo depois, subjugamos completamente os dragões, os quais se tornaram nossos servos. Ora, eles, no mundo físico, ainda lutavam com tacapes, enquanto éramos senhores do Vril em Atlântida. Como poderiam vir a nos dominar? Isso seria inconcebível!

Inclusive, amarrei o pescoço daquele ser desprezível que fizera o pacto sinistro com Gadeir e o prendi como um cão sarnento ao pé de meu trono, conforme havia prometido. Mas logo o libertei. Gostava de pessoas bonitas, luxo e requinte ao meu redor. Além disso, ele não combinava com o mobiliário do palácio que erigi no astral, ao lado das gêmeas.

Arnach e Ryu também construíram seus impérios particulares. No início, dividimos o reino dos magos atlantes entre os mais poderosos: Atlas, Gadeir, Galeato, Pantauér, Ryu, Arnach e eu e as gêmeas.

Electra preferiu ficar a serviço de Gadeir, seu grande mentor, mesmo tendo anteriormente jurado fidelidade a Atlas. Ela era assim mesmo, não era uma pessoa em quem se poderia confiar. Mas tudo isso é passado. Hoje em dia, todos nós estamos mudados.

Depois da vitória sobre os dragões, coube-nos apenas manter e administrar nossos reinos. A aparente tranquilidade fez com que Arnach e Ryu passassem a se preocupar apenas com as conquistas, submetendo diversas mulheres aos seus comandos. Outras tantas corriam atrás deles enlouquecidas de paixão. Já as gêmeas e eu resolvemos criar um mundo ilusório, onde tínhamos até mesmo nossas praias ensolaradas, mesmo em zonas profundas do astral inferior.

Sol adorava o Astro-Rei e não poderia viver sem a força da luz solar.

Vivíamos como reis, tendo todo o luxo, o conforto e o requinte que desejávamos. Nosso poder mental se expandira de forma impressionante no plano espiritual, permitindo-nos criar absolutamente tudo o que queríamos. Sabíamos que, na condição de filhos de Deus, éramos cocriadores do Universo. Entretanto, utilizávamos esse poder, que faz parte da essência de todos os filhos de Deus, somente para criar coisas do interesse de nossos próprios egos.

Atlas e Gadeir, sempre sedentos por poder, tiveram seus atritos por séculos, mas nada que fugisse à realidade cotidiana das regiões do astral inferior, onde poder, ambição e rivalidade são uma constante.

Com o passar do tempo, todos aqueles que foram treinados pelos genuínos magos negros atlantes receberam essa mesma denominação. Mas, em sua maioria, eram apenas antigos atlantes que nunca possuíram poder nenhum com o Vril; no entanto, destacaram-se na complexa hierarquia do lado negro, no transcorrer dos milênios.

E assim o tempo foi passando, sem muitas novidades, até que, certo dia, fui comunicado de um fato notável. Atlas havia abandonado seu imenso império para retornar ao caminho da luz. Ele aceitara um convite de Ártemis para reencarnar no plano físico e auxiliar no progresso da humanidade. Isso ocorreu em torno de dois mil anos após a submersão de Atlântida.

Eu já havia até esquecido nosso passado. Nunca mais me lembrara de Ártemis ou até mesmo de Evelyn. As gêmeas e eu havíamos criado um mundo só nosso, muito feliz, e isso me bastava. Com elas ao meu lado, tinha tudo de que precisava e o que poderia desejar.

Apesar de termos ficado impressionados, não demos muita importância ao retorno de Atlas, mas Gadeir, seu maior rival, obteve poder quase que total no astral inferior. Naquele período, Arnach também começou a sentir cada vez mais desejo de poder e passou a subjugar-nos, em uma tentativa de rivalizar com Gadeir.

Eu procurei reagir, mas tinha uma grave falha para quem deseja ser senhor da escuridão: eu amava as gêmeas e temia por elas. Esse sentimento fraterno de querer bem enfraquece as forças dentro da esfera do lado negro. Arnach não se importava com nada nem ninguém; logo, seu poder aumentava dia após dia, de forma assombrosa.

Ao contrário dos seres trevosos, que têm o corpo espiritual mutilado ou, então, adquirem a forma de esqueletos, Arnach se tornava mais belo e sedutor a cada novo milênio; tudo em razão do grandioso poder de sua mente e dos "caixões de revitalização energética" com o Vril, na esfera espiritual.

Em pouco tempo, ele terminou dominando todos os componentes do antigo grupo dos dois triângulos, quebrando nossa sagrada amizade. Ele estava enlouquecendo, porque nada mais lhe satisfazia, assim como uma criança mimada que recebe tudo dos pais sem esforço nenhum.

Eu, então, disse-lhe, com voz fraternal, lembrando-lhe de nossa longa amizade:

— Por que você está fazendo isso, Arnach? O que temos aqui, além de ilusão? A única coisa real é nossa amizade. Não jogue fora a única coisa que ainda temos de valor: aquilo que nos faz diferentes desses seres infelizes que habitam esta região.

Ele ficou pensativo, e eu prossegui:

— Tenha o que quiser, seja o senhor de tudo o que construímos, mas não destrua nossa amizade. Só temos isso para nos agarrar, na alegria e na dor. Sem isso, enlouqueceremos. Quero continuar chamando-o de "meu irmão". Por tudo o que há de mais sagrado, não destrua isso. Não me importo de que você seja o maior entre todos nós, mas, por favor, respeite nossa amizade.

Ele refletiu por alguns instantes e disse-nos que pensaria sobre aquilo no momento oportuno. Jamais reconheceu aceitar o que eu lhe disse, mas pouco a pouco foi nos libertando, restabelecendo nossa igualdade de condições, como era desde o princípio.

Arnach sentia saudades de nossas conversas amigáveis, momento em que podia contar suas façanhas. Só voltamos a tratá-lo como um irmão no momento em que nos libertou definitivamente.

A personalidade de Arnach é tão complexa que ela, por si só, já daria um bom tema para um livro inteiro, de muitas e muitas páginas. Nossa existência em Atlântida e, posteriormente, no reinado das sombras foi tão marcante que, ainda hoje, mesmo depois de toda essa caminhada de volta, ainda é difícil nos libertarmos de alguns dos resquícios de egocentrismo e soberba que adquirimos naquele longínquo período.

Tínhamos todo o poder aos nossos pés e, assim, ficamos mergulhados por milênios dentro de uma estrutura ilusória, que parecia ser muito mais atraente do que a vida aparentemente submissa daqueles que procuram a maior vitória, que é a vitória contra si mesmo, libertando-se do ego e das imperfeições da alma. O poder e o excesso de conforto cegam.

Muitos séculos foram necessários para descobrirmos o caminho da verdadeira felicidade. Mas tudo isso foi fruto também de nosso avançado conhecimento e capacidade. Se fôssemos seres comuns e sem todo aquele poder, talvez rapidamente colocássemos o "rabo entre as pernas" e regressássemos para o caminho correto, de onde não deveríamos ter nos afastado, naquela importante existência, na extraordinária Atlântida.

Em algumas épocas desse longo período, as altas esferas espirituais da Terra tentaram nos impor reencarnações compulsórias, mas nós abortávamos os fetos nos úteros de nossas futuras mães, impedindo o definitivo aprisionamento em um corpo físico, que poderia ser o início de nossa remissão.

Arnach, então, ria abertamente dos mentores espirituais que planejavam o intento e dizia-lhes:

— Nunca vocês conseguirão me fazer nascer no corpo de um "macaco". Eu sou filho de uma raça superior, os poderosos atlantes. Não nascerei na dimensão primeva da Terra jamais!

E assim prosseguimos, em nossos mundos ilusórios, perdendo a completa noção da passagem do tempo. Mas não vivíamos absolutamente distanciados da luz, pois tínhamos consciência de que, na verdade, Deus, o Espírito Criador, é quem rege ambos os reinos: tanto o da luz como o das trevas. Por fim, tornamo-nos definitivamente os "senhores do carma", nas regiões densas do astral da Terra, assumindo, em parte, as atividades que eram exercidas anteriormente por Atlas.

Seguidamente, espíritos instrutores dos planos superiores reuniam-se conosco para estabelecerem os projetos que visavam a impulsionar as almas renitentes no mal que estavam sob nosso poder. Conforme já relatamos, éramos os responsáveis por estimulá-los a evoluir, por meio de nosso severo chicote.

Algumas almas mais densas, enrijecidas no ódio e na animalidade, necessitam das forças das sombras para serem estimuladas à busca da luz. E sabíamos que Deus utilizava-se de nossos domínios para promover o progresso de toda a sua criação. Respeitávamos isso e nos sentíamos honrados em auxiliar. Era uma forma de justificar nossa condição desvirtuada.

O que fazer com quem comete violências gratuitas e abusos contra menores e incapazes? O lado da luz sabia que estes deveriam ficar sob nossos cuidados. O lado sombrio saberia como estimulá-los a uma nova conduta, por intermédio da dor e do sofrimento. Nós não executávamos esses processos pessoalmente, pois não desceríamos a tal nível. Nossos capatazes eram encarregados disso, seguindo nossas diretrizes à risca.

Como tínhamos muitos espíritos sob nosso domínio, não nos importávamos em libertar grandes levas gradativamente, permitindo-lhes novas experiências no plano físico, no decorrer dos séculos. Já os dragões não entendiam esse processo e confrontavam os trabalhadores da luz, estabelecendo graves transtornos no astral.

Várias vezes tivemos de intervir em favor da luz. E, como os dragões nos temiam, terminavam cedendo. Gadeir, com o passar dos séculos, também causou alguns atritos, extrapolando sua esfera de ação, rompendo acordos que tínhamos estabelecido com a luz. Mas as coisas eram contornadas sistematicamente pela sabedoria dos espíritos superiores.

Até hoje em dia, a ação dos magos negros atlantes é pouco compreendida. O lado negro nada mais é que a outra face do lado da luz. São espíritos que possuem sabedoria milenar, no entanto, seguem em um processo evolutivo alternativo. Necessariamente, deverão caminhar pela trilha da luz para desenvolverem o amor, mas estão adquirindo uma importante evolução consciencial também na estrada das sombras. Tudo é uma questão de momento, e Deus sabe bem como utilizar todos os seus filhos, seja em que panorama for.

É lamentável, portanto, observar, às vezes, alguns doutrinadores espíritas tentando catequizar espíritos desse quilate com uma retórica ultrapassada e pouco consistente. Eles conhecem tudo o que falamos com mais profundidade que qualquer encarnado; apenas estão trilhando por outro caminho. Para trazê-los para a luz, devemos estabelecer uma ligação de amor, respeito e consideração, compreendendo que eles são tão filhos de Deus quanto aqueles que seguem pela seara da luz. Infelizmente, algumas criaturas despreparadas os tratam como criminosos desprezíveis e, com isso, colocam todo o trabalho da Alta Espiritualidade a perder.

Em certas ocasiões, eu presenciei médiuns sendo condicionados a submeterem-se à pobre retórica de doutrinadores despreparados, estabelecendo uma comunicação anímica, enquanto o mago negro virava as costas e dizia para os mentores espirituais que daquela forma não era possível dialogar. Lamentavelmente, alguns médiuns não compreendem que necessitam estudar muito para melhor servir os planos superiores, por meio dessa abençoada faculdade que é a mediunidade.

Creio que foi assim que conseguimos levar Arnach de volta ao caminho da luz, posteriormente. Depois de dez anos de trabalhos neste sentido, somente nesta atual vida, sempre respeitando suas considerações, ouvindo-o e reconhecendo seu valor, fomos cativando seu coração e trazendo-o para nosso lado.

Em um primeiro momento, ganhamos seu apoio para ações conjuntas do bem no reino das sombras e, depois, libertamo-lo definitivamente do caminho do mal.

Esse foi um esforço que também levou muitos séculos no plano espiritual. Não se convertem espíritos com tal bagagem espiritual em duas ou três sessões mediúnicas.

Outro fator que facilitou esse trabalho foi o fato de eu ter sido um mago negro atlante no passado. Eu entendia bem seus anseios e suas dificuldades para retornar ao caminho da luz. Nossas histórias eram muito parecidas. Graças a Deus, os resultados que obtivemos na seara do bem terminaram despertando a curiosidade do querido amigo Arnach, estimulando-o ao seu definitivo retorno, ainda antes do fim da transição planetária para a Nova Era. Ainda havia tempo de uma única e derradeira chance para ele na Terra, antes da consumação do Grande Exílio.

Foi assim que, sete mil anos depois do apocalipse atlante, Ártemis e Atlas compareceram ao nosso palácio. As gêmeas e eu estávamos nos banhando nas piscinas aquecidas do amplo salão, tomando uma saborosa garrafa de guaianás. Eu percebi que Atlas se colocava humildemente ao lado da nobre Ártemis, como se fosse apenas um servidor de minha antiga mãe de criação. Isso me impressionou muito.

Atlântida – No reino das trevas

Ela, então, disse-nos com delicadeza, mas com plena autoridade:

— Atlas e eu estamos aqui para convidá-los a participarem de um grande empreendimento. Durante esses últimos sete mil anos, desde o desaparecimento de Atlântida, o mundo primitivo da Terra amadureceu e tornou-se apto para suas primeiras experiências na busca de uma consciência superior. A Alta Espiritualidade deseja que a mensagem crística seja levada a todas as culturas, para estabelecer-se na Terra a premissa que todos os povos deverão seguir no futuro, rumo à aquisição da consciência espiritual superior. Essa premissa é: ama ao teu próximo como a ti mesmo e não faça aos outros aquilo que não gostaria que te fizessem; a mesma mensagem que o nobre Antúlio trouxe à nossa terra, a esquecida Atlântida, faz alguns milênios.

Portanto, Atlas e eu, associados a almas que lhe foram queridas no passado, retornaremos à matéria para participar desse grande momento da história da humanidade.

Eu, então, interrompi-a, de forma brusca e indelicada, e disse-lhe, com certa frieza, porém com um tom de voz vacilante:

— Sim, torço pelo sucesso de seus empreendimentos. Mas o que vocês desejam de nós? Ártemis, se você precisar da ação de nosso império de alguma forma, será um prazer. Você sabe que sempre fui muito grato por tudo o que me ensinou.

Os olhos dela ficaram úmidos, por causa da forte e inesperada emoção. Nossa ligação era muito grande; na verdade, sempre fora, uma vez que era um amor recíproco, entre mãe e filho, que se tornou, no futuro, o amor entre um pai e um filho.

Aquela minha reação ríspida a desconcertou. Naquele instante, Atlas percebeu que era o momento de tomar a palavra para si e falou:

— Andrey, o trabalho que os grandes mestres, que lhe foram tão caros no passado, realizarão será de natureza puramente espiritual. Mas, para isso ter sustentabilidade, nós necessitaremos estabelecer um reinado coeso no país em que viveremos.

As terras do Vale do Nilo estão em guerra faz séculos. Precisamos unificar o Alto e o Baixo Egito, para estabelecer a paz e permitir que, a partir do progresso obtido em um reino estável, seus habitantes possam transcender em busca de experiências maiores, como a espiritual. O homem só encontra tempo para se espiritualizar quando consegue atender necessidades básicas, como alimentação, saúde e segurança.

Portanto, reencarnarei entres eles e tomarei o cetro do poder em minhas mãos, para estabelecer um reinado justo e coeso, abrindo espaço para que os grandes mestres da Espiritualidade façam seu trabalho em um terreno fértil e estável.

Atlas suspirou por alguns instantes e concluiu:

— Caro Andrey, nossa visita aqui tem a finalidade de convidar você e as gêmeas para participarem deste grande projeto, retornando ao mundo físico em uma nova existência. Eu ficaria muito honrado de tê-lo ao meu lado nessa empreitada, caro irmão. Eu preciso de líderes eficazes e que tenham personalidade cativante para comandar exércitos. Você, Sol e Lua são notáveis nesse quesito.

Ele, então, silenciou, esperando nossa manifestação. As gêmeas e eu cruzamos olhares, levemente emocionados com as palavras do grande guerreiro. Depois de refletir por um tempo, deixei o orgulho falar mais alto e respondi-lhes:

— Não temos nada a fazer nesse mundo primitivo e pouco nos importa o futuro desses seres grotescos. Para mim, a existência humana morreu com o fim de Atlântida. O mundo primevo não é vida. Desejo-lhes sucesso.

Ártemis me olhou com compaixão e falou abertamente:

— Meu filho, já está na hora de seu retorno. Não protele mais a caminhada de volta aos braços do Espírito Criador. Você, Sol e Lua já trabalharam pela Vontade Maior, por meio da face da sombra, por longo tempo. Foram dignos dentro dessa caminhada e, por esse motivo, estão sendo convidados para realizar essa experiência, agora, pelo verdadeiro caminho, que é o da luz, do bem e do amor. Atlas já percebeu isso faz um bom tempo e veja o quanto ele cresceu interiormente, desde que abandonou o mundo em que ainda vocês insistem em viver.

Eu fiz um sinal negativo, desconfortável com aquela conversa, e pedi para que fossem embora.

Ártemis perguntou, então, qual seria a decisão das gêmeas. As duas me abraçaram e disseram, a uma só voz:

— Estaremos sempre com Andrey.

A grande mestra abaixou a cabeça e concluiu:

Atlântida – No reino das trevas

— Que assim seja, então! Deus nos dá o direito do livre-arbítrio. Nossos destinos estão tão somente em nossas mãos. Caso mudem de ideia, basta que dirijam o pensamento àqueles que os amam desde que chegaram a esse planeta, há tanto tempo atrás. E estaremos juntos a vocês.

Nós agradecemos, comovidos, enquanto ela e o gigante guerreiro saíram lentamente de nosso palácio. Nossos soldados apenas os acompanhavam com um olhar assustado. Eles nunca estiveram tão próximos de espíritos de tal quilate espiritual, em todos aqueles séculos servindo-nos.

As gêmeas e eu ficamos em silêncio, pensativos, durante todo aquele dia. Fundamentalmente, o que mais me tocou foi a reação de Ártemis, chegando às lágrimas por ver-nos. As palavras foram secundárias; elas trabalharam apenas superficialmente no campo consciente de nossas mentes, já os sentimentos da nobre mentora mergulharam profundamente na misteriosa área do inconsciente de nossas almas, provocando-nos libertadora reflexão.

Conversamos depois com Arnach e Ryu sobre tudo aquilo. O sedutor amigo foi taxativo:

— Isso é uma loucura! Nosso mundo é aqui. Jamais reencarnarei no plano material. Tire essa ideia louca da cabeça, Andrey.

Eu, então, insisti:

— Pense, Arnach. Nossa vida não nos traz novidades faz séculos. Há quanto tempo estamos nessa mesma situação? Nem mesmo guerras são necessárias para manter nosso império. Gadeir e seus asseclas estão mais preocupados em manter seus domínios no astral e influenciar negativamente os povos do mundo físico. Como não temos dado trabalho a ele, praticamente nos desconsidera, sem intervir em nossos domínios.

Os amigos desconversaram, entediados com minhas reflexões, e Arnach, naquela mesma noite, preparou uma festa grandiosa em seu palácio, para tentar desviar minha atenção da visita luminosa que tínhamos recebido.

As gêmeas e eu ficamos silenciosos, entediados com tudo aquilo. Nossos corações não sentiam mais prazer naquele mundo de ilusões. Pouco a pouco, o "maia" foi se desfazendo. Tudo aquilo que nos alegrara por milênios parecia, então, tão vazio e fútil. Passamos a sentir saudades de Ártemis, Criste e dos demais mestres, que viviam segundo uma filosofia de vida superior. Nossa consciência começava a se abrir para algo maior.

E, quando isso acontece, não existe mais volta. Isso se chama evolução. A ampliação da consciência liberta; e a submissão a modelos religiosos não é o que "angeliza", mas sim perceber algo maior, muito além de ritos e crenças. Evolução é sentir basicamente a energia de Deus pulsando dentro de si e compreendê-la, externando-a a seus semelhantes.

Perceba, caro leitor, que os grandes mestres da humanidade estavam acima das religiões, utilizando estas somente como instrumentos para fluírem seu amor e sua sabedoria. Portanto, não se prenda aos "meios", e, sim, busque os "fins"; não se atrele demasiadamente às doutrinas religiosas, como se elas fossem o todo; elas são apenas os meios pelos quais evoluímos nossa consciência para melhor compreendermos Deus. As religiões são instituições humanas, e as mensagens incólumes dos grandes mestres, que procuramos resgatar por meio de nossos relatos, é que foram divinas. Pense sobre isso.

As religiões são como rodinhas auxiliares de uma bicicleta infantil; quando aprendemos a nos equilibrar, não necessitamos mais delas. Insistir em manter essas rodinhas, após aprender a andar de bicicleta, prejudica e atrasa o deslocamento, fazendo-nos perder os melhores momentos do passeio.

A aquisição da verdadeira consciência espiritual nos faz compreender os caminhos que devemos seguir para alcançarmos a verdadeira felicidade, independentemente de crenças sectárias.

Aquele que se liberta do mundo das ilusões e de seus traumas inconscientes torna-se um iluminado, percebendo o todo como ele realmente é, sem as distorções típicas decorrentes de nossas percepções limitadas.

É por isso que os iniciados costumam afirmar que os grandes mestres enxergam a "face de Deus"; esta é uma simbologia para explicar que eles compreendem o Criador e seu grande projeto de forma mais ampla que a humanidade em geral.

No final da noite, voltamos para nosso palácio e nos deitamos silenciosamente no imenso leito nupcial dos aposentos

Atlântida – No reino das trevas

293

reais. Ficamos observando, indiferentes, toda a magnífica riqueza que nos cercava. Não conseguíamos pregar os olhos. Até que finalmente nossas consciências mergulharam em total reflexão, e nosso castelo se desfez. Em poucos segundos, todo o nosso império desapareceu, e nos vimos nus, com nossos belos corpos feridos e sujos, em meio a um lamaçal sem fim. A realidade se apresentava de forma nua e crua. O mundo é definitivamente mental.

Sol se viu em meio a uma escuridão terrível, que cegou seus olhos, enquanto Lua sentia-se sendo queimada por uma luz de intensa atividade. Nossas consciências começavam a entrar em um processo perigoso de autopunição, do qual havíamos fugido por milênios.

As zonas de sofrimento nas trevas nada mais são do que construções mentais inerentes a cada um de nós. Luz e treva são apenas reflexos de nossa forma de ver e agir no mundo, conforme nossas crenças. Ninguém precisa padecer séculos em zonas purgatoriais somente porque praticou o mal. A simples disposição para o aprendizado e a correção dos equívocos, de forma sincera e verdadeira, já abre amplos caminhos para o retorno da alma ao caminho da luz.

Deus não deseja impor sofrimentos aos seus filhos. Nós é que nos autopunimos por causa dos arcaicos modelos religiosos a que fomos submetidos por séculos. Não há a necessidade de alimentar culpas, mas sim de construir um caminho voltado verdadeiramente para a luz, independentemente das regras ou dos rituais impostos pelas religiões, que são modelos ultrapassados de espiritualização.

Assim, entregamo-nos a um enfermiço processo de autopunição, e isso permitiu que entidades muito inferiores a nós pudessem nos atormentar. Vozes infernais passaram a nos acusar e perseguir.

Fizemos muitas maldades, coisas terríveis nesse longo período nas trevas, mas o objetivo desta obra não é angustiar ou deprimir os leitores com narrativas que são exemplos do que não devemos fazer. A finalidade deste livro é convidá-los a uma reflexão sobre nosso comportamento evolutivo no transcorrer dos séculos.

Além disso, sinto certo desconforto em narrar meus crimes. É como se eu estivesse arrancando, sem piedade, feridas que ainda não estão plenamente cicatrizadas. Peço ao leitor que se compadeça da fraqueza deste escriba que lhe narra e perdoe-me por não descrever claramente até onde nossas almas desceram durante esse distante período sombrio de nossas existências.

Cento e vinte séculos se passaram desde o afundamento da Grande Ilha. É um longo período para o homem; contudo, não passa de um breve suspiro dentro da eternidade.

Fico também um pouco curioso em saber como os leitores julgarão minhas ações e meus comportamentos descritos neste relato, os quais ocorreram há tanto tempo. Entretanto, sei que fui sincero e verdadeiro. Tive coragem de expor minhas mazelas e fraquezas por amor ao ideal que abracei, que é o projeto de esclarecimento espiritual que a Alta Espiritualidade me delegou: o Universalismo Crístico.

Talvez alguns leitores me critiquem ou sejam até mesmo sarcásticos, mas isso é natural. Até mesmo Jesus não agradou todas as pessoas. Por que eu, apenas uma formiga comparada ao grande Mestre, teria melhor êxito? Os fariseus estão presentes em toda a parte, assim como estiveram no passado. Isso não podemos mudar, pois é algo que deve nascer de dentro do coração de cada um deles. Contudo, tenho fé de que um dia, em breve, eles perceberão que têm muito mais a oferecer à humanidade do que apenas realizar julgamentos pejorativos a trabalhos que ainda não compreendem.

Em minhas reflexões, percebo que todo o mundo, em seu caminho rumo à luz, já passou, ou vai passar, por seus momentos de sombras. Assim, antes de me julgarem, talvez o mais prudente seja perguntar a si próprio: "E eu, o que fiz no passado? Que crimes cometi?". Ou, então: "Que carmas terei de resgatar?".

Quem poderia jogar a primeira pedra, atestando não ter passado por momentos semelhantes em sua evolução? Muitos dos espíritos de escol da atualidade, que nos alegram com palavras de amor e de esperança, foram os mesmos que jogaram pedras na cruz do Cristo ou praticaram gestos dessa natureza em passado remoto.

Ademais, a intenção deste relato é trazer aos leitores sub-

Atlântida – No reino das trevas

sídios filosóficos e morais que os auxiliem no aperfeiçoamento de suas personalidades, com o objetivo de tornarem-se pessoas melhores. Decididamente, não me importo se irão crer nesses fatos ou se simplesmente os lerão como ficção, mesmo porque a verdade absoluta de Deus é bem mais ampla que essa que interpretamos com nossos limitados sentidos físicos.

Que cada um creia naquilo que lhe faz feliz. Porém, caro leitor, por favor, jamais abdique da reflexão sobre suas próprias crenças. Isso é que separa os seres que evoluem daqueles que permanecem por séculos estacionados, vendo o tempo passar, sem nada acrescentarem às suas almas.

Arnach e Ryu foram prontamente nos socorrer, sem entender o que estava acontecendo. Logo perceberam que não éramos mais os mesmos.

O terrível galanteador da extinta Atlântida observou-nos com desprezo e falou a Ryu:

— Vamos embora, amigo, pois eles fracassaram. Entregaram suas consciências às reflexões da luz. Isso é um mal de que jamais devemos sofrer.

Logo depois, eles foram embora, abandonando-nos nas mãos dos seres perversos. Eu abracei as gêmeas e disse-lhes:

— Isolem a mente da ação das trevas e vamos orar, pedindo o amparo do Espírito Criador.

Pouco tempo depois, Ártemis surgiu acompanhada de Evelyn e Criste, trajando vestes reluzentes que afugentaram os seres sombrios. As gêmeas e eu choramos como crianças perdidas que foram encontradas. Logo em seguida, desmaiamos pelo esgotamento emocional. Ártemis carregou meu corpo desfalecido no colo, enquanto Evelyn conduziu Sol, e Criste amparou Lua.

Uma nova caminhada estava por começar em nossas vidas. Em breve, estaríamos sendo preparados para nossa primeira existência no mundo primevo da Terra. No entanto, os mestres entenderam que seria melhor reencarnarmos separados.

Os sete mil anos que passamos unidos haviam criado elos inquebrantáveis entre nós. Éramos como trigêmeos siameses. Não conseguíamos ficar longe uns dos outros por mais do que trinta minutos, pois sentíamos um esgotamento energético inexplicável.

Fazia milênios que dormíamos todas as noites com os corpos entrelaçados e vivíamos diariamente sempre unidos. Não sabíamos mais viver sem estarmos juntos.

As pessoas, quando têm relacionamentos afetivos e sexuais muito intensos, terminam agregando em si as características e os traços da personalidade umas das outras. Inclusive, por terem uma ligação energética muito próxima, terminam gerando compatibilidade para transplantes de órgãos, mesmo não tendo a mesma herança genética, por causa da "fusão de auras" em que vivem.

Reencarnamos, então, em tribos diferentes do dividido Vale do Nilo. Eu reencarnei próximo a Atlas; Sol e Lua, em tribos separadas também, porém do Alto Egito. Mesmo assim nossa ligação era muito forte e logo nos descobrimos, intuitivamente, mesmo a quilômetros de distância, e voltamos a formar um tríplice casal, lutando ao lado do grande faraó Menés, que era Atlas reencarnado.

As duas eram hábeis guerreiras. Dominavam o arco e a flecha como ninguém, ganhando a confiança do terrível Menés, que admirava grandes guerreiros e guerreiras.

Junto a ele unificamos o Alto e o Baixo Egito, abrindo as portas para o desenvolvimento da maior civilização da Antiguidade. Ártemis, naquele período, reencarnou como Toth, que viria a ser posteriormente endeusado como o deus da escrita e da sabedoria entre os egípcios, por causa de sua sabedoria fantástica para a época, fato que permitiu grande avanço espiritual, durante um longo período da história da terra de Kemi.

Toth seria conhecido no futuro pelo nome de Hermes Trimegisto, "o três vezes grande", por causa do intercâmbio com a civilização grega. Durante o período da dominação dos gregos sobre os egípcios, o deus Toth foi assimilado ao deus Hermes dos gregos, e desse sincretismo resultou a denominação Hermes Trimegisto, que é o nome que nosso sábio orientador e coordenador do projeto Universalismo Crístico na Terra utiliza até os dias atuais.

Mas essa é outra história, que futuramente poderemos contar, se for da vontade do Espírito Criador.

Atlântida – No reino das trevas

Capítulo final

O retorno de Arnach

O livro *Atlântida – No Reino das Trevas* estava pronto. Só Deus sabe o quanto lutamos para neutralizar as conspirações do lado sombrio, com o objetivo de que ele não fosse concluído. Hermes e a equipe de apoio trabalharam incansavelmente, protegendo a execução desse importante projeto de luz.

Assim, em determinada noite, enquanto eu desfrutava de um justo repouso, percebi uma presença luminosa em meu quarto. Abri, então, os olhos do espírito e vi a presença gentil de Ramiro, ao pé da cama.

Meu duplo espiritual sentou-se na cama e perguntei:

— O que fazes aqui, irmão? Hermes me liberou para descanso por alguns dias. Tu sabes. O livro está pronto — disse-lhe, sorrindo, com um brilho no olhar.

Ele retribuiu a expressão simpática e falou:

— Caro irmão Roger, não estou aqui hoje para convocá-lo ao trabalho, mas sim para convidá-lo a participar da despedida de nosso querido irmão Arnach. Ele partirá para o mundo humano pela primeira vez, desde que Atlântida submergiu nas águas profundas do Atlântico.

Eu fiquei surpreso por alguns instantes, e, depois, metralhei-o com várias perguntas:

— Ele já está pronto? Vai iniciar o processo de redução à

forma fetal? Quem será sua mãe? Ela é preparada para esse grande desafio?

Depois, olhei para o lado direito, com as vistas miradas para baixo, realizando um diálogo interno comigo mesmo: "Seus pais terão de exercer o belo trabalho de formação espiritual e educacional de seu filho com maestria. Arnach não é uma criança índigo, mas talvez possa ser até mais que isso, se bem orientado por seus genitores. Ele é um espírito genial. Necessita apenas despertar para as verdades eternas e vencer seus desejos incontidos. Todos esses séculos no lado negro lhe permitiram uma evolução paralela interessante, assim como ocorreu conosco, antes de retornarmos para a luz".

Ramiro sinalizou de forma afirmativa e completou:

— Ele reencarnará em um corpo feminino. O objetivo é colocá-lo dentro de uma situação inversa, na tentativa de frear seus impulsos sexuais. Mas tu bem sabes que isso não será suficiente. Ele terá de realizar uma luta interna muito grande. Todavia, a interessante missão que receberá lhe permitirá focar sua inteligência brilhante em obras notáveis. Isso poderá facilitar muito a vitória sobre si mesmo. Arnach tem seus méritos. A evolução pela linha negra, que obteve no passar dos séculos, permitiu-lhe algumas prerrogativas no lado da luz. Suas ações pela seara do Cristo, colaborando conosco nos últimos anos, foi, também, fundamental para isso. E não te preocupes, os pais foram escolhidos com muita atenção por Hermes. Percebo que nosso mentor está muito engajado na tentativa de propiciar a Arnach uma rara oportunidade para resgatar seu passado.

Eu sorri com a notícia e disse-lhe:

— Vamos lá! Não vejo a hora de fazer uma piada sobre ele reencarnar como mulher.

Ramiro se preocupou com meu comentário e alertou-me:

— Não abuses muito, Roger. Ele está bem tenso com sua reencarnação. Lembre-se de que para ele isso é uma novidade. Faz milênios que Arnach não sabe o que é passar por esse processo. E, na terra da terceira dimensão, em um corpo biológico primitivo, será sua primeira experiência. Pega leve!

Eu concordei com um olhar e falei:

— Podes deixar, vou somente fazer umas brincadeiras para ele relaxar. Não serei chato demais.

Eu, então, levantei-me, segurei no braço do amigo, e nos dirigimos até um amplo hospital, no Mundo Maior, que é um dos responsáveis por processos de reencarnação no plano físico.

Lá chegando, caminhamos pelos amplos corredores, onde diversos técnicos da Espiritualidade trabalhavam freneticamente para dar conta dos contínuos processos de reencarnação na Terra.

O "nascer" e o "morrer" são uma constante que acontece a cada segundo em nosso mundo, por causa do satisfatório nível populacional que já atingimos. É uma tarefa grandiosa participar desses dois processos fundamentais, que são os portais entre a vida espiritual e a humana.

Claro que se trata de um processo descentralizado. Cada país tem sua unidade com esses fins, mas, mesmo assim, a atividade é intensa em qualquer desses centros.

Ramiro, então, conduziu-me a um quarto no final de um dos corredores e falou:

— Aqui está nosso irmão! ⚘

Eu concordei com um gesto e abri a porta. Arnach estava sentado sobre a cama, com um olhar cabisbaixo. Com nossa entrada repentina, ele despertou de seus devaneios, abriu um largo sorriso, e gritou:

— Ei, Andrey, que saudades, meu irmão!

Eu o abracei carinhosamente e disse-lhe, com minha mão direita sobre seu ombro:

— Pensei que tu estavas cansado de minha companhia, depois desse extenuante trabalho que tivemos para escrever o livro *Atlântida – No Reino das Trevas*.

Ele apertou meu braço, retribuindo o carinho, e falou:

— Que nada! Foi um prazer te ajudar. Além do que, a elaboração deste livro que conta nossas experiências do passado me ajudou muito. Ele me fez decidir definitivamente a enfrentar a experiência da vida humana, sem poderes absolutos e excessos.

Eu fiz um gesto afirmativo com a cabeça e disse-lhe:

— Sim, Hermes já esperava que surtisse esse efeito em tua alma.

Arnach sorriu e completou:

— Sim, não sei como, mas ele sempre sabe, não é mesmo, Andrey?

Fiz um gesto afirmativo com a cabeça e prossegui:

— Ainda não te agradeci, meu irmão, por teu auxílio na elaboração do livro. Hermes sempre me diz que prefere que eu conte os fatos que iremos narrar, em vez de ele fazê-lo sob sua ótica, para que o livro gere uma especial empatia aos leitores, já que ele está muito distante da vida humana. E eu te digo que tua ajuda para narrar esses fatos da extinta Atlântida foi muito útil nesse aspecto também. Tu deste, meu irmão, uma energia especial a esta obra.

Ele sorriu e falou, dirigindo-se a mim e a Ramiro, olhando-nos com um carinho especial:

— Sim, eu sou quem está mais próximo das trevas entre nós três. O que narramos está mais vivo em mim do que em vós, que já iniciastes, há séculos, o caminho de volta.

Naquele momento, Ramiro instantaneamente modificou sua forma espiritual e assumiu sua personalidade como Ryu, antes de dizer:

— Sim, Arnach! Mas isso, em breve, será passado, assim como foi para mim e para Andrey.

Ryu voltara das trevas um bom tempo depois de mim. Entretanto, sua transformação definitiva ocorreu somente quando viveu junto a mim e Hermes, na época em que Jesus desceu ao cenário da vida humana para trazer-nos sua mensagem libertadora. As experiências por que passou naquela existência mudaram radicalmente seu entendimento da vida e lhe permitiram um avanço espiritual notável nos séculos seguintes.

Assim como eu, ele ainda tem muito a caminhar. A asa do conhecimento é bela e forte, mas a do amor ainda é frágil e pode se quebrar em tempestades mais intensas. Essa é a vida! Alguns crescem mais rápido no amor, outros no conhecimento integral, até alcançarmos o equilíbrio que nos torna anjos de Deus.

Ficamos alguns segundos nos observando. Vestíamos as roupas sacerdotais da época de Atlântida, mas agora, novamente, na cor branca, assim como nos tempos de nossa juventude. Nossas fisionomias eram as mesmas que haviam conquistado milhares de mulheres, mas, pelo menos, o olhar de ambição e poder havia desaparecido.

Atlântida – No reino das trevas

Eu, então, sorri e brinquei com Arnach:

— Tenho certeza de que tu serás uma bela menina e encantarás a todos. Pobre de teu pai, que terá de te afastar dos conquistadores de plantão, que encherão de gracejos sua querida filhinha.

Ele também sorriu, meio envergonhado, e depois gargalhou:

— Nem me fales, Andrey! Não consigo me ver no corpo de uma mulher, mas creio que será importante. Hermes me disse que, a princípio, por causa da missão que a infinita misericórdia de Deus me propiciou, receberei pais amorosos e especiais e que, se eu me mantiver convicto na prática dos bons valores espirituais, surgirá alguém muito especial com quem poderei dividir o afeto sincero, desviando-me da tentação que ainda vibra tão forte em meu ser. Farei o possível para ocupar minha mente com as atividades da fantástica missão que deverei realizar.

Depois, ele ficou com um olhar preocupado e prosseguiu:

— No entanto, se eu me perder, desprezando o afeto paternal que receberei, e deixar fluir toda a arrogância e intolerância que ainda vive dentro de mim, perderei os benefícios que estão me concedendo.

Ramiro, agora na personalidade de Ryu, prosseguiu, já que Arnach parecia ter ficado com um nó na garganta:

— Sim, Andrey. Além disso que Arnach já te falou, ele também passou por um processo de reprogramação de seu DNA perispiritual para que as toxinas agregadas à sua alma, em decorrência de milênios no campo do mal, não desçam para o corpo físico imediatamente, dando-lhe tempo para sublimá-las por meio de pensamentos e ações voltadas para o amor. Contudo, se ele despertar forças negativas e falhar em sua missão, o processo inverter-se-á, provocando uma degeneração celular irremediável. Ao sintonizar-se e irradiar energias negativas por um período estipulado pelos técnicos, será acionado o processo de falência genética. Ele morrerá em pouco mais de seis meses, vítima de alguma doença ainda incurável.

Aquelas palavras de Ramiro me deixaram pensativo. Será que eu também tinha uma "bomba-relógio" dentro de mim mesmo, que seria detonada caso eu abandonasse a luz e promovesse o mal com minha mediunidade? Também havia a questão do poder com o Vril. Não! Não! Não poderia ser. Fazia muito tempo que voltara. Arnach estava chegando naquele momento e necessitava de freios mais drásticos, em caso de falência ou descontrole em sua encarnação.

Eu olhei para ele, espantado com tudo aquilo, e disse-lhe, procurando passar-lhe tranquilidade:

— Vai dar tudo certo, meu amigo. Tem fé!

Ele me abraçou e completou:

— Sei que sim, pois já tem dado tudo certo contigo. O amparo dos mestres é muito grande. Percebo como eles lutam por teu sucesso. Hermes me disse também que, por causa das atividades que deverei executar para auxiliar a implantação da Nova Era na Terra, serei abençoado com uma satisfatória mediunidade, capacitando-me a perceber melhor os assédios das sombras e ter lucidez nesse mundo das ilusões, no qual os encarnados vivem hipnotizados.

Arnach, então, despertou-me de minhas reflexões íntimas, perguntando-me:

— E como é viver no corpo físico desse mundo?

Eu sacudi os ombros e falei para ele, de forma indiferente:

— Nada tão difícil. É um organismo primitivo comparado com o que já tivemos no passado. Mas, pelo menos, já está muito mais avançado do que naquele tempo em que vivíamos em Atlântida. Posso te garantir que os habitantes do mundo primevo da Terra já são bem mais do que "macacos falantes".

Arnach riu com minha lembrança remota da forma pouco fraterna como ele se referia aos habitantes da esfera primitiva da Terra que estavam dando seus primeiros passos no processo evolutivo. O *Homo sapiens*, naquele período, havia evoluído dos primatas tradicionais fazia poucos milênios. Hoje em dia, nossos organismos estão bem mais avançados para atender as necessidades evolutivas da atualidade.

Depois, ele saltou da cama e disse-nos, demonstrando leve nervosismo:

— Vamos para lá, então. Já está na hora. É só uma questão de eu me adaptar. E também o relativo esquecimento do passado, quando se encarna, ser-me-á proveitoso. Logo serei uma menina comportada, vivendo confortavelmente em um corpo humano.

Ele nos abraçou carinhosamente, olhando para a esquerda e para cima, procurando rememorar o passado, e falou:

— A hora da verdade. Os trabalhadores da última hora. Caso eu não vença agora, um novo exílio me espera. Mais uma vez serei expurgado para outro mundo de ordem inferior. Isso tem que parar. Rezai por mim, amigos!

Nós o abraçamos firme e dissemos a uma só voz:

— Rezaremos, sim, meu irmão. Podes ter certeza disso.

Ele segurou o forte abraço por alguns instantes e depois perguntou:

— Andrey, tu estarás próximo a mim? Precisarei de teu bom-senso para controlar meus ímpetos. Tu já estás familiarizado com a vida humana. Controla-me no período da adolescência e juventude, principalmente. Peço-te isso de coração!

Eu concordei com um significativo olhar e respondi:

— Farei tudo o que estiver ao meu alcance. Hermes, no momento certo, saberá como conduzir-nos para que possamos nos ajudar.

Algumas pessoas podem questionar como um mago negro poderia, em uma única encarnação, obter o ingresso para viver na Terra do terceiro milênio. Entretanto, Paulo de Tarso, o grande evangelista cristão, era um assassino de cristãos antes de encontrar-se com Jesus na estrada para Damasco, e, em uma única existência, abandonou a personalidade criminosa para tornar-se um homem santo.

As mudanças internas dependem tão somente de nós. E cada um imprime a velocidade que deseja e tem capacidade em sua ascese evolutiva. Temos que respeitar, também, o poder de transformação interna que um anjo negro é capaz de realizar.

Depois, dirigimo-nos calmamente para uma sala que aparentava ser cirúrgica; contudo, nela não era necessário realizar a assepsia tão comum dos hospitais humanos. Lá encontramos Hermes. Sempre elegante e sorridente, ele nos abraçou e passou a mão nos cabelos de Arnach, desarrumando-os de forma divertida, com o objetivo de descontraí-lo e dar-lhe forças para a luta que se avizinhava.

Em seguida, ele disse-nos, com sua voz harmônica e cativante:

— Hoje é um dia de festa pelo qual lutamos por tantos anos. Nosso querido irmão Arnach retorna ao caminho da luz.

Todos aplaudimos, felizes por aquele momento há tanto esperado. Só então, naquele instante, eu vi mais ao fundo, Lua e Sol, abraçadas à Crystal (Evelyn). Ao ver as três mulheres mais importantes de todas as minhas vidas, não contive a emoção e deixei as lágrimas correrem livremente por minha face, enquanto eu as observava, encantado com aquela visão idílica.

As gêmeas, lindas como sempre, correram sorridentes para me abraçar. Estavam com o cordão prateado ligado à base da nuca, assim como eu, indicando que estavam no momento encarnadas no plano físico. Logo em seguida, Crystal se aproximou, suavemente, e uniu-se ao nosso abraço, de forma carinhosa.

Hermes observou nosso afeto mútuo, com um olhar amoroso. Lágrimas de infinita saudade escorriam de nossos olhos, refletindo o que sentíamos no íntimo da alma. Lembrávamo-nos de tudo o que vivêramos e que tínhamos narrado com tanta emoção. O sábio mentor se aproximou, abraçou-nos e disse, com infinito carinho:

— Meus queridos irmãos, que a luz se faça presente em vossas vidas hoje e sempre!

Não consegui mais controlar-me e solucei, em um choro convulsivo, apertando ainda mais aquele amplexo fraterno com almas tão importantes para mim, tentando trazê-las para mais perto de meu coração.

Sim, caro leitor, trata-se da árdua luta pela vitória da luz, tanto no mundo como em nossos corações. Vencer o mundo externo e o interno, eis o desafio para a absoluta "angelização" da alma.

Hermes, então, passou a mão em minha cabeça, como fizera com Arnach, e falou-me:

— Recupera-te, Andrey! Este é o momento de Arnach. Ele precisa de nossas forças para ingressar na matéria em perfeita harmonia.

Eu me recompus rapidamente e disse-lhe:

— Sim, meu mestre. Tens razão.

As gêmeas e Crystal também contiveram a emoção, e voltamos nossa atenção para o querido amigo, que já estava deitado em uma maca, recebendo instruções dos técnicos espirituais.

Naquele instante, surgiram na sala seus futuros pais, em desdobramento espiritual, que o abraçaram fraternalmente.

Atlântida – No reino das trevas

Eles estavam semilúcidos e por isso não perceberam nossa presença. Eram pessoas muito boas e cientes de suas responsabilidades espirituais. Já tinham outros filhos, e isso lhes dava maior experiência para melhor educar o antigo poderoso mago das sombras que receberiam no lar. Isso me tranquilizou.

Eu orei em pensamento pelo sucesso deles, dizendo:

— Deus os abençoe e lhes dê discernimento para saber educar uma alma assim tão especial como Arnach!

Quem dera os homens deixassem um pouco de lado seu interesse quase que exclusivo por futebol e trivialidades da vida humana, e as mulheres, também, desligassem-se um pouco das futilidades do dia a dia e de suas novelas, que, em geral, pouco acrescentam à sua conquista por sabedoria espiritual, para ambos voltarem suas mentes e seus corações para a aquisição do patrimônio maior da vida, que é a aquisição de consciência espiritual e o cultivo de bons valores; duas riquezas imperecíveis aos olhos de Deus. Dessa forma, tornar-se-iam aptos para bem educar seus filhos, e, certamente, teríamos uma sociedade melhor e não veríamos mais o crescente índice de criminalidade e consumo de drogas, estes tão comuns nos dias de hoje, assim como aconteceu na extinta Atlântida, em seus anos derradeiros.

Infelizmente, a busca pela sabedoria espiritual é algo bem raro atualmente, mesmo com todo o avanço no acesso à educação e à informação. Falar sobre espiritualidade parece ainda ser algo que causa vergonha, em razão da alienação da humanidade com relação a esse instigante tema.

Não precisamos utilizar uma linguagem religiosa ou piegas. Isso não é necessário. Basta que as pessoas se dediquem ao salutar hábito de estudar e filosofar sobre esse assunto, junto à família, e, assim, muitas portas de luz abrir-se-ão em suas vidas.

As crianças do terceiro milênio, que estão reencarnando já há algumas décadas, estão passando por um difícil processo de adaptação ao mundo humano, por não encontrarem em seu esteio mais próximo, que é a família, o apoio e o entendimento espiritual necessários para se compreenderem e, assim, cumprirem suas tarefas no mundo em que vivem.

Elas chegam ao mundo humano ávidas por realizarem suas missões especiais, que visam a transformar o planeta para o terceiro milênio, e encontram nos lares que as recebem uma família de alienados, que não estão aptos a esclarecê-las e instruí-las.

Confusos, muitos desses jovens que realizariam missões brilhantes terminam se frustrando, por não compreenderem o mundo ao seu redor. Isso acaba tornando-se um passo para buscarem respostas nas drogas ou desejarem regressar mais cedo para a pátria do espírito, usando o gesto inconsequente do suicídio.

Ryu, então, cutucou-me, pedindo minha atenção. Arnach iniciava o processo de regressão à forma fetal, e deveríamos todos ficar em estado de oração, dirigindo-lhe bons fluidos e pensamentos.

Em seguida, ele começou a se contorcer na maca, sentido um intenso desconforto, e seu corpo perispiritual começou a rejuvenescer rapidamente, fazendo o caminho inverso a que nós estamos acostumados, o da infância à maturidade.

Em um tempo relativamente curto, ele havia alcançado a forma fetal. Os técnicos fizeram um sinal de que o trabalho havia sido concluído com êxito e implantaram o querido amigo no útero espiritual de sua futura mãe, que estava deitada, em espírito, na maca ao lado.

Cinco dias antes, ela e seu marido conceberam na matéria a matriz que viria a ser a nova personalidade física de Arnach. O estágio pré-embrionário, conhecido como blastócito, havia sido concluído, permitindo a ligação do espírito ao feto. Naquele instante, a reencarnação ocorria de fato no plano astral.

Sua futura mãe regressaria para o lar, e, assim que se acoplasse ao seu duplo físico, Arnach faria o mesmo, adaptando-se passivamente ao feto que germinava em seu útero, concluindo todo o processo.

Dentro de nove meses, o grande sacerdote do Vril, mago negro por milênios, um dos maiores imperadores das trevas, aquele que afirmara jamais reencarnar no "mundo dos macacos", ingressaria definitivamente no plano físico da Terra. Os milênios o haviam transformado lentamente.

Que ele, agora na personalidade de uma mulher, tenha a benção de Deus e o discernimento para utilizar a poderosa força do Vril, ainda latente em seu seio, para fazer o bem, curar almas e corpos; jamais para fazer o mal, elegendo-se, dessa forma,

Atlântida – No reino das trevas

a utilizar todo o seu assombroso potencial para semear luz e amor durante toda a sua vida.

"Bem-aventurados os mansos e pacíficos, porque herdarão a Terra", como alertou-nos Jesus.

Naquele instante, eu disse, mentalmente, para o amigo que já não podia mais escutar-me, em decorrência do profundo processo de redução fetal a que fora submetido:

— Vem, meu amigo! Vem para o palco da vida humana, para ajudar-nos a libertar a humanidade de sua incompreensão sobre a vida imortal. Sê mais um Don Quixote das verdades espirituais para lutar contra os moinhos de vento da alienação humana.

Terminado todo o extenuante processo para a equipe de apoio, eu me apoiei na parede atrás e escorreguei, sem forças, completamente exausto. Eu estava esgotado fisicamente, espiritualmente e emocionalmente.

Hermes, então, aproximou-se, apoiou-me em seus braços e falou:

— A batalha foi intensa desta vez, não é mesmo, Roger?

— Sim! — respondi com voz fraca e reticente. As sombras lutaram com todas as forças para que não concluíssemos este trabalho. Sofri ataques diretos das sombras e também sutis, por intermédio de pessoas de bem que eram ingenuamente manipuladas para prejudicar nosso trabalho, e nem sequer percebiam isso. Graças a Deus, tive teu insuperável amparo.

Ele me abraçou, enquanto literalmente me carregava, em decorrência de meu esgotamento. Hermes sabia o quão difícil havia sido toda a narrativa para mim e também para Arnach e Ryu.

Com total segurança, ele falou, sem afetação:

— Sempre terás nosso apoio, meu amigo. Basta que tu queiras nossa presença, e lá estaremos, hoje e sempre. Estejas conosco, e estaremos contigo.

Eu demonstrei um ar preocupado e muito cansado, antes de dizer-lhe:

— Mestre, eu preciso de um descanso. Lutamos incansavelmente há dez anos para implantar essa nova visão espiritual para a humanidade, mas nossos livros ainda têm um alcance muito restrito.

Não estamos atingindo nosso objetivo. Infelizmente, a humanidade ainda está presa à "velha forma de pensar" sobre os temas espirituais ou não está nem interessada nessa busca.

E, com um olhar de súplica, completei:

— Por favor, preciso repousar um pouco, ter uma vida normal. Deixa-me descansar, pois estou exausto.

Ele concordou com um gesto e me disse:

— Roger, tu sabes que estamos aqui para te auxiliar. A obra é tua. Somos apenas teus auxiliares.

Eu ri, meio anestesiado com o profundo desgaste emocional que sofrera, e disse-lhe, como se estivesse embriagado:

— Fala sério, Hermes!

Ele se divertiu com meu hilário estado e perguntou:

— É cedo ainda para pensares em parar, querido irmão. Tu estás apenas esgotado deste livro intenso que te fez rememorar um passado tão doloroso. Descansa, meu amigo! No ano que vem, conversaremos sobre novos projetos literários. Cada coisa a seu tempo.

A Era da Luz está chegando. Temos convicção de que, a partir dos primeiros dias do ano de 2013, nossa mensagem será mais bem compreendida até mesmo pelos alienados, e aí tu poderás te regozijar, colhendo os belos frutos de teu plantio, em uma época de limitada compreensão dos homens.

Lembra-te: somos desbravadores, pioneiros, construindo a estrada pela qual todos trafegarão no futuro.

Eu fiz um gesto afirmativo com a cabeça, quase desmaiando, e disse-lhe:

— Deus te ouça, meu mestre! Tanto esforço não pode ser em vão. Por Deus, não pode.

Ele afagou minha cabeça, como um pai faz a um filho, compadecido com meu desânimo, depois de tanto trabalho, e voltou a falar:

— Não será, tem certeza disso! E quanto à desativação das outras três pirâmides hipnóticas? Tu vais querer seres dispensado dessa tarefa também?

Eu me reanimei um pouco e fiz um sinal negativo. Em seguida, respondi:

— Não, eu faço questão de estar em todas elas. Ajudei a construir, tenho o dever moral de desativá-las. E Arnach, ele poderá ir conosco?

Hermes fez um gesto proibitivo.

— Não. Essa é uma atividade muito intensa para um recém-encarnado. Somente depois dos quatorze anos de vida, ela, já que será uma menina, poderá nos ajudar nessas atividades. Mas Ryu estará conosco. Ele também faz parte dessa história.

Acompanhei as palavras do mentor querido com atenção e lembrei-me, então, de Galeato, que tanto nos tentou impedir, durante a desativação da primeira pirâmide, e perguntei:

— E Galeato, sensibilizou-se?

Hermes respirou profundamente e respondeu:

— Não, ainda não. Mas, como tudo na vida, é só uma questão de darmos tempo ao tempo. O destino de todos os filhos de Deus é tornarem-se, algum dia, anjos celestiais. Será assim com Galeato e também com Gadeir, em seu devido momento.

Eu concordei com um gesto significativo e fiquei observando as gêmeas, que estavam sendo conduzidas para suas casas por nossa competente equipe de apoio. Elas me acenaram, com um brilho nos olhos, e eu fiz o mesmo, expressando em meu rosto abatido a imensa saudade que sentia delas. Sol sorriu, de seu jeito ingênuo e cativante, enquanto Lua me dirigia seu enigmático e inesquecível olhar, de intenso amor, com um semblante meditativo.

Angustiado com aquela nova separação, perguntei a Hermes:

— E as gêmeas, onde estão? Quem são elas no mundo físico? São irmãs? Posso encontrá-las? Sinto-me tão só neste mundo alienado sobre as coisas do espírito. São raras as pessoas com quem posso conversar de igual para igual; ou não me levam a sério ou não possuem compreensão sobre as profundas divagações da alma. Sinto-me só!

O nobre mentor sorriu, divertindo-se com minhas eternas lamúrias, e falou:

— Elas estão encarnadas no plano físico também, desenvolvendo suas habilidades para executarem suas missões. E tu poderás encontrá-las. O afastamento que sofrestes nas encarnações passadas, apesar de burlardes algumas vezes, já não é mais necessário. Inclusive, vós vivestes juntos no período da Revolução Francesa. Tenho certeza de que, quando tu encontrares uma delas, ou as duas, teu coração te dirá.

Eu sorri com aquela boa notícia e adormeci nos braços do

mestre, completamente esgotado, mas com um sorriso angelical nos lábios. O iluminado Hermes Trimegisto me carregou, então, pessoalmente em seus braços, até meu apartamento. Ele não precisou de qualquer esforço para isso, pois minha alma estava leve como uma pluma, liberta dos demônios interiores, fruto dos conflitos de minha vivência na mítica Atlântida.

Em nossas crenças egípcias, na terra de Kemi de três mil anos atrás, ao desencarnarmos, éramos convocados a comparecer ao Salão da Dupla Verdade, o Amenti, onde seríamos julgados por quarenta e dois juízes, sob o olhar inquisidor de Osíris.

Ali apresentávamos nossas alegações para sermos aceitos na Terra do Poente, também chamada de Reino do Ocidente, onde o Sol se punha. Se o réu fosse julgado digno, seria declarado "de voz verdadeira".

Em um segundo julgamento, Anúbis, o deus do embalsamamento, que possuía corpo de homem e cabeça de chacal, colocava o coração do indivíduo em um dos pratos de uma balança e, no outro, uma pluma. Se a balança se mantivesse em equilíbrio, ou seja, se seu coração fosse leve como uma pluma, sem mazelas, ele poderia seguir para o reino de Osíris; caso contrário, seria atirado para uma criatura com corpo de crocodilo e cabeça de hipopótamo, chamada de "o devorador de corações".

Em analogia a essa lenda egípcia, creio que com esta narrativa meu coração ficou leve como uma pluma, permitindo que minha consciência viva em paz com relação a esses fatos tão longínquos na história de nossa humanidade.

Chegando ao meu quarto, Hermes me deitou sobre meu duplo físico. Minha alma ficou flutuando a uns vinte centímetros do corpo. Ele se sentou ao meu lado e ficou me observando, viajando em seus pensamentos.

Aquele era um fato verdadeiramente incomum: o nobre Hermes, sempre ocupado com mil atividades, havia dispensado os auxiliares e ele mesmo vinha realizar aquela simples tarefa, normalmente designada aos técnicos da Espiritualidade. Em seguida, ele me conectou definitivamente ao corpo físico e energizou-me com suas poderosas e abençoadas mãos, procurando restabelecer-me das fortes emoções da noite.

Antes de sair, ele beijou minha fronte e falou, com voz profética, com seu belo rosto moreno emoldurado por um leve sorriso luminoso:

— Dorme, meu filho, e descansa, porque tua caminhada apenas começou.

Para mais informações sobre o autor, seus livros e o projeto Universalismo Crístico na Terra, acesse o *site www. universalismocristico.com.br*.

ATLÂNTIDA - NO REINO DAS TREVAS
foi confeccionado em impressão digital, em abril de 2025
Conhecimento Editorial Ltda
(19) 3451-5440 — conhecimento@edconhecimento.com.br
Impresso em Luxcream 80g. – StoraEnso